U0560399

CHONGWENGUAN

读古人书　友天下士

百余年前，崇文书局于武昌正觉寺开馆刻书，成晚清四大书局之一。所刻经籍，镌工精雅，数量众多，流布甚广，影响巨大。为赓续前贤，昌明国学，弘扬文化，本社现致力于传统典籍的出版。既专事文献整理，效力学术，亦重文化普及，面向大众。或经学，或史论，或诸子，或诗词，各成系列，统一标识，名之为"崇文馆"。

崇文馆

中国古典诗词校注评丛书

曹丕全集【汇校汇注汇评】

林久贵　胡涛　编著

长江出版传媒　崇文书局

前　言

一

　　魏文帝曹丕,字子桓,曹操第二子,东汉中平四年(187)冬生于谯县(今安徽亳州),母卞氏。魏黄初七年五月丁巳(公元 226 年 6 月 29 日)逝于洛阳嘉福殿,终年四十岁。

　　曹丕自幼聪敏过人,文武双全,博览经传,泛观诸子。建安二十二年(217),他击败弟曹植,被立为魏王世子。建安二十五年(220),父曹操逝世,曹丕继任丞相、魏王。同年,受禅登基,以魏代汉,结束了汉朝四百多年的统治,建立了魏国。曹丕在位期间,采纳吏部尚书陈群的建议,于黄初元年(220)定九品中正选官之制。随后,对内平定青州、徐州一带的割据势力,完成北方的统一;对外消除边患,击退鲜卑,和匈奴、氐、羌等少数民族修好,恢复在西域的建置。但他年寿不高,享祚不永,做了不到六年的皇帝便去世了。他虽然算不上是中国历史上著名的思想家、政治家,但在当时特定的历史条件下,也曾在政治、经济,尤其是文学等方面,有过不少建树。

二

　　曹丕于诗、赋、文辞皆有成就,尤擅五言诗,与其父曹操、弟曹

1

植,并称"建安三曹",今存《魏文帝集》二卷。另外,曹丕著有《典论》,其中的《论文》是中国文学史上第一部有系统的文学批评专论作品。

曹魏时期著名的邺下文人集团是"建安文学"的主体,它的形成首先是曹操善为罗致的结果,但邺下文人集团最重要的实际组织者却是曹丕。曹丕同建安七子的关系较之曹植与七子的关系也更为密切。曹丕在编纂七子文集的过程中详细阅读并研究了七子的文辞书赋,并加以对比,从而作出了恰当的评价,进而在此基础上形成了自己的文学理论,在中国文学史上开辟了新的一页。

曹丕的文学理论集中体现在《典论·论文》和《与吴质书》中。他提出"审己以度人",认为文学批评的重要前提是评者必须克服文人相轻的毛病,客观地认识别人的著作;提出"文本同而末异",即文章的社会属性是一样的,但体裁、形式却是多样的,在艺术上不能用一个标准要求或评判不同体裁的文章;提出"文以气为主",把中国古代哲学领域"气"的概念引入文学批评,从而赋予文学以气度的属性,这是他对中国文学的又一大贡献;主张高扬文章的社会功能,认为写好文章是"经国之大业""不朽之盛事"。

曹丕的诗赋共百余篇(首),现存完整的诗歌约四十首,而《燕歌行》则是中国现存最早的文人七言诗。他的创作具有如下几个特点:一是"尚实",不仅诸多散文式的书、序、论、文中浸透着一种重视现实的精神,而且诸多诗赋同样泛溢着现实主义气息。如《浮淮赋》,将建安十四年曹操兵败赤壁后再次大兴水军自谯东征的情景生动地展现在读者眼前。二是"夸张",尤其是写景的诗赋,将文学的夸张与现实主义精神有机结合。三是"重情",其诗赋尤重情感的寄托,常常流露出人道的哀伤,他描写战士出征在外思念故乡和家中妻子怀念丈夫的诗赋,尤为感人。四是"咏志",他继承了歌以咏志的传统。比如《芙蓉池作》将情、景、志融为一体,通过歌咏西园夜景,把自己的情怀和慕仙期寿之思融入其中。

三

曹丕的文学成就巨大,影响深远。后世对曹丕及其作品进行研究的著作有很多,传记年谱类的有张可礼《三曹年谱》(齐鲁书社,1983年版)、王巍《三曹评传》(辽宁古籍出版社,1995年版)、张作耀《曹操评传:附曹丕、曹植评传》(南京大学出版社,2011年版)、方北辰《曹丕:文豪天子》(北京大学出版社,2013年版)等等;文集编选注评类的有余冠英选注《三曹诗选》(人民文学出版社,1979年版)、陈庆元《三曹诗选评》(上海古籍出版社,2002年版)、张可礼等编选《曹操 曹丕 曹植集》(凤凰出版社,2009年版)、魏宏灿《曹丕集校注》(安徽大学出版社,2009年版)等等。

除此之外,还有很多论文对曹丕及其作品进行了多方面的研究。比如,陕西师范大学袁继灵的硕士论文《三曹及其诗歌》、东北师范大学闫月珏的硕士论文《论三曹文学的生命意识》、河南师范大学何青春的硕士论文《三曹对中国诗体的贡献》、东北师范大学任秀馨的硕士论文《从曹丕诗文看其丰富的情感世界》、东北师范大学郜琳琳的硕士论文《论曹丕的文学理论建树及其创作实践》等等。

本书在参考以上著作、论文的基础上,对曹丕作品进行了全面收集,残篇佚文也都收入编中。同时,参考诸本,对曹丕作品原文进行了校注;每篇作品前写有解题,对该作品的写作时间、缘由以及艺术风格有简要的介绍;作品之后精选历代文学评论家对该作品的评点。这些工作,对于读者了解曹丕及其作品当有较大帮助。

编著者

2017 年 12 月

凡　例

一、本书以文体形式为依据，将曹丕作品分类编排，并将其残篇佚句附在最末。

二、本书以张溥辑《汉魏六朝百三名家集》中的《魏文帝集》为底本，以严可均《全上古三代秦汉三国六朝文》、丁福保《全汉三国晋南北朝诗》、逯钦立《先秦汉魏晋南北朝诗》以及《艺文类聚》《太平御览》等为参考进行校勘。

三、本书每篇作品均有题解，简要介绍了该作品的写作时间、原由以及艺术风格，作品之后选列有历代文学评论家对该作品的评点。原文中的繁体字、异体字，一般均改为通行简体字，以便阅读。

四、本书"汇评"部分参考了河北师范学院中文系古典文学教研组编《三曹资料汇编》（中华书局，1980 年版）、傅亚庶《三曹诗文全集译注》（吉林文史出版社，1997 年版）、韩格平等《全魏晋赋校注》（吉林文史出版社，2008 年版）、魏宏灿《曹丕集校注》（安徽大学出版社，2009 年版）、张可礼等《曹操　曹丕　曹植集》（凤凰出版社，2009 年版）、张作耀《曹操评传：附曹丕、曹植评传》（南京大学出版社，2011 年版）等著作。

目　录

赋

诏

令

策

教

表

书

序

论

议

诗

赋

浮淮赋①

建安十四年,王师自谯东征②,大兴水军③,泛舟万艘。时余从行④,始入淮口⑤,行泊东山⑥,睹师徒⑦,观旌帆⑧,赫哉盛矣! 虽孝武盛唐之狩⑨,舳舻千里⑩,殆不过也。乃作斯赋云:

溯淮水而南迈兮⑪,泛洪涛之湟波⑫。仰岩冈之崇阻兮⑬,经东山之曲阿⑭。浮飞舟之万艘兮,建干将之铦戈⑮。扬云旗之缤纷兮⑯,聆榜人之喧哗⑰。乃撞金钟⑱,爰伐雷鼓⑲。白旄冲天⑳,黄钺扈扈㉑。武将奋发,骁骑赫怒㉒。于是惊风泛,涌波骇。众帆张,群棹起㉓。争先遂进㉔,莫适相待㉕。

【题解】

《三国志》载曹操在建安十三年(208)与吴、蜀联军会战于赤壁。曹操大败,引军北还,后来孙权率军围攻合肥。为了巩固北方的统一,解除合肥之围,曹操于建安十四年三月率大军至安徽谯县,制作轻舟,整治水军。七月,曹操带兵从涡水进入淮河,在合肥驻军。此赋是曹丕随军出征时所作,歌颂了这次出征的盛况。

【注释】

①《北堂书钞》《太平御览》题皆作《溯淮赋》。严可均校辑《全三国文》题下有"并序"二字。《北堂书钞》《艺文类聚》《初学记》《太平御览》均有此赋。

②建安十四年：公元209年。王师：天子的军队、国家的军队，这里指曹操的大军。

③军：严可均校辑《全三国文》作"运"，误。

④予：我。严可均校辑《全三国文》作"余"。

⑤淮口：入淮水处淮河入河口，其地在今安徽怀远境内。

⑥泊：原本作"沰"，章经济堂本作"泊"，据改。泊，停留，停顿停泊。

⑦师徒：军队、师旅、兵士。

⑧旌帆：旌旗与船帆，代指战船。

⑨孝武：指汉武帝刘彻。《汉书》记载，元封五年（前106年）汉武帝"行南巡狩，至于盛唐"。盛唐：指帝尧地名。狩：狩猎、出巡。

⑩舳舻（zhú lú）：指首尾相接的船只。

⑪溯：逆流而上。

⑫洪涛：巨大的波涛。湟波：汹涌的大浪。

⑬嵓：同"岩"，山冈、山岩。崇阻：崇岩险阻。

⑭曲阿：本指房屋的曲角，这里指山角转弯处。一说是地名。

⑮建：建立、树立。干将：古代名剑名。

⑯云旗：画有熊、虎等装饰的旗帜，飘荡似云彩，故称云旗。

⑰聆：聆听。榜人：船工。喧哗：大声喊叫说笑。

⑱金钟：金属制成的响器，中空，敲时发声。

⑲爰（yuán）：于是。

⑳白旄：用白色牦牛尾装饰的军旗。

㉑黄钺（yuè）：用黄金装饰的斧形兵器。扈扈：形容光彩鲜明。

㉒骁骑：勇猛无畏的骑兵。赫怒：震怒，指士兵斗志昂扬。

㉓棹：划船的工具，状如桨，也可借指船。

㉔争先逐进：争先恐后、竞争。

㉕适：闲适，引申为等待、停止。

【汇评】

杜台卿曰：魏文帝虽有《浮淮赋》，止陈将卒赫怒，至于兼包化产，略无

所载。(《全隋文》卷二十)

沧海赋

美百川之独宗①,壮沧海之威神②。经扶桑而遐逝③,跨天涯而托身④。惊涛暴骇⑤,腾聊澎湃⑥;铿訇隐潾⑦,涌沸凌迈⑧。于是鼋鼍渐离⑨,泛滥淫游⑩;鸿鸾孔鹄⑪,哀鸣相求;扬鳞濯翼⑫,载沉载浮;仰唼芳芝⑬,俯漱清流⑭;巨鱼横奔,厥势吞舟⑮。尔乃钓大贝⑯,采明珠⑰,搴悬黎⑱,收武夫⑲。窥大麓之潜林⑳,睹摇木之罗生㉑;上塞产以交错㉒,下来风之泠泠㉓;振绿叶以葳蕤㉔,吐芬葩而扬荣㉕。

【题解】

据《三国志·武帝纪》记载,建安十一年(206)"秋八月,公东征海贼管承,至淳于。遣乐进、李典破之。承走入海岛"。曹操曾作"东临碣石,以观沧海"即写此行。曹植《求自试表》亦云:"臣昔从先武帝,南投赤岸,东临沧海。"沧海,即渤海。此赋运用夸张的手法描绘了大海的恢宏气象。见《艺文类聚》卷八。

【注释】

①美百川之独宗:大海独以作为百川的归宿为美。宗:宗主、归向、归宿。

②壮沧海之威神:以作为威武的沧海之神而雄壮。

③扶桑:古代神话传说中的东方海岛,后用以称古日本。遐逝:远远流逝最后看不见。

④托身:寄生、栖身。

⑤暴骇:强大且迅猛。

⑥腾聊：《艺文类聚》作"腾踊"，形容波涛腾跃，互相冲击。

⑦铿訇(hōng)：形容波涛所发出的响声轰鸣。隐潾：波浪突起回旋。

⑧涌沸：翻涌沸腾。凌迈：波涛上涌。

⑨鼋鼍(yuán tuó)：泛指甲鱼和扬子鳄一类的鳞甲动物。渐离：逐渐分离。

⑩淫游：没有方向的乱游，随水浮游不定。

⑪鸿、孔：皆"大"义。鸾：凤凰之类的神鸟。鹄：天鹅。

⑫扬鳞濯翼：扬：振动、掀起；濯：梳洗。

⑬唼(shà)：形容鱼、鸟吃东西的声音。此句是说鱼或水鸟抬起头来吃食物。芝：芝兰、香草。

⑭俯漱：俯：低头；漱：含水洗涮。

⑮厥：代词，其。吞舟：把船吞下，形容鱼体形巨大。

⑯大贝：大贝壳类软体动物。

⑰明珠：宝珠、珍珠。

⑱搴(qiān)：拔取，拾取。悬黎：古代的一种美玉。

⑲武夫：似玉的美石，也作"珷玞""碔砆"。

⑳大麓：大山脚下。

㉑摇木：即"瑶树"，传说中玉白色的树，是一种藤本植物，枝叶随风飘摇。罗生：分布、排列、罗列、丛生。

㉒蹇产：屈曲缠绕。

㉓来风：回招来的风、旋风。泠泠：象声词，形容幽凉冷清。

㉔葳蕤(wēi ruí)：形容草木茂盛的样子。

㉕葩：草木之花。扬荣：指草木开花或结果。

【汇评】

该赋盛赞沧海之博大和雄壮。……在语言的表达和运用方面很有特色。……作品虽篇幅不长，但展现于读者面前的是一幅又一幅活灵活现的动感镜头，令人目不暇接，美不胜收。（《历代赋评注·魏晋卷》）

济川赋

　　临济川之层淮①,览洪波之容裔②。澌腾扬以相薄③,激长风而亟逝④。漫浩汗而难测⑤,眇不睹其垠际⑥。于是龟龙神嬉⑦,鸿鸾群翔。鳞介霍驿⑧,载止载行。俯唼菁藻,仰餐若芳⑨。永号长吟,延首相望⑩。美玉昭晰以曜晖⑪,明珠灼灼而流光⑫。于是游览既厌,日亦西倾⑬。朱旗电曜,击鼓雷鸣。长驱风厉⑭,悠尔北征⑮。思魏都以偃息⑯,托华屋而遨游⑰。酌玄清于金罍⑱,腾羽觞以献酬⑲。

【题解】

　　"济川"是水名,即古济水。此赋所作时间说法不一,为曹丕渡济水时所作,通过对济水波翻浪涌的气势和周边景色、物产的描写,表达了作者当时豪迈开朗的心情。

【注释】

　　①层淮:《全三国文》卷四作"鲁淮"。济川:即济水,其下游北面是古鲁国,南面是淮水流域,所以此处说"鲁淮"。

　　②洪波:汹涌的波浪。容裔:也作"容与",形容水波涛汹涌的样子。

　　③澌(pī):江河大水猛涨或暴发的声音。腾扬:波涛翻腾扬起。薄:逼近、逼迫,形容水势湍急,一浪紧接一浪。

　　④激长风:受到大风的激扬。亟:急速。

　　⑤浩汗:也作"浩瀚",辽阔无边。

　　⑥眇:同"渺",深远、辽远。垠际:边际。

　　⑦神嬉:尽情地嬉戏。

　　⑧鳞介:有鳞和甲的水生动物。霍驿:也作"霍绎",快速移动。

5

⑨餐：《全三国文》作"飧"，吃的意思。

⑩延首：伸长脖颈、翘首以盼。

⑪昭晰：润泽，明亮。曜晖：闪耀光辉。

⑫灼灼：耀眼、光亮。流光：光彩流动、闪闪发光。

⑬西倾：西斜。

⑭厉：迅猛、迅捷。

⑮悠尔：形容长驱直入没有阻碍。

⑯魏都：魏国首都。偃息：停止。

⑰华屋：装饰华丽的住室，此处指曹丕乘坐的马车。

⑱玄清：玄酒，清酒。金罍(léi)：青铜制的精美酒器。

⑲腾：高举、传递。羽觞：状如鸟雀的酒杯。献酬：相互敬酒。

临涡赋有序①

上建安十八年至谯②，余兄弟从上拜坟墓，遂乘马游观，经东园③，遵涡水④，相伴乎高树之下⑤，驻马书鞭⑥，作临涡之赋。曰：

荫高树兮临曲阿⑦，微风起兮水增波。鱼颉颃兮鸟逶迤⑧，雌雄鸣兮声相和。萍藻生兮散茎柯⑨，春水繁兮发丹华⑩。

【题解】

涡水在淮河北界曹丕家乡谯县附近。建安十八年（213）五月，汉献帝册封曹操为魏王。之后，曹氏父子回乡祭拜祖坟。曹丕这篇赋即是祭祖后在涡水游玩时所作。此赋描绘了涡水恬静、平和的景色，情调明朗欢快，可以想见曹丕父子当时沉浸在喜悦的心情之中。

①《全三国文》此赋题下注"并序",今据补。

②上建安十八年:原本无"上""十"字,《全三国文》卷四作"上建安十八年",《初学记》同,当从之,今补。上:指曹操,当时被封为魏王。

③东园:地名,在谯县。

④遵:循着、沿着。涡(guō)水:淮河的支流,在淮河北界曹丕家乡谯县附近。

⑤相佯:同"徜徉",随意漫步、徘徊。

⑥驻马:停马。

⑦荫高树:在高树下乘凉。曲阿:《全三国文》作"曲涡"。

⑧颉颃(xié háng):上下来回游动。逶迤:盘旋飞翔。

⑨萍藻:水面上的浮萍。茎:草木的主干。柯:草木的枝蔓。

⑩繁:繁盛。丹华:红色的花。

述征赋有序①

建安十三年②,荆楚傲而弗臣③。命元司以简旅④,予愿奋武乎南邺⑤。

伐灵鼓之硼隐兮⑥,建长旗之飘飘⑦。跃甲卒之皓旰兮⑧,驰万骑之浏浏⑨。扬凯悌之丰惠兮⑩,仰乾威之灵武⑪。伊皇衢之遐通兮⑫,维天纲之毕举⑬。经南野之旧都⑭,聊弭节而容与⑮;遵往初之旧迹⑯,顺归风以长迈⑰。镇江汉之遗民⑱,静南畿之遐裔⑲。

【题解】

曹操基本统一北方后,在建安十三年(208)七月带兵南下征讨荆州刘表。曹丕兄弟当时也随军出征,此赋就作于行军途中。

【注释】

①此赋的开头四句与正文不同,可能是序言被混入了正文。述征:记述征战之事。

②建安:《艺文类聚》本"建安"下有"之"字。

③荆楚:湖北、湖南一带,指荆州刘表。弗臣:不愿称臣。

④元司:将领、元帅、主帅,指曹操。简旅:选派部队。

⑤奋:振作,鼓劲,振动。南郢:郢城的南边,指荆州。

⑥伐:击打、敲击。灵鼓:古代乐器。硼隐:响亮而沉闷的鼓声。

⑦长旗:高举的旗帜。飘飖:同"飘摇",飘动。

⑧跃:踊跃、激进。皓旰:光明亮丽。

⑨浏浏:也作"溜溜",畅通无阻。

⑩凯悌:也作"恺悌",和乐平易,是形容士兵善良仁慈,是仁义之师。丰惠:丰盛的恩惠。

⑪乾:《易·说卦》:"乾,天也。"乾威即天威。灵武:神武、神威。

⑫伊:语助词,无实义。皇衢:大道。遐通:通向远方。

⑬维:发语词,无实义。天纲:国家纲纪、国法。毕举:全部施行。

⑭南野:即荆州。旧都:指荆州治所,在襄阳。

⑮聊:姑且。弭节:停车、驻车。容与:从容自得、安逸。

⑯遵:沿着。往初:当初。旧迹:原路。

⑰归风:顺风。长迈:长驱迈进、远行。

⑱镇:镇守、安抚。江汉:即荆州一带。

⑲静:镇静、安定。畿:古代靠近国都的地方,是天子所辖之地,此处指国家的疆域。遐裔:远方的子孙。此指荆州的民众。

校猎赋①

高宗征于鬼方兮②,黄帝有事于阪泉③。愠贼备之作庆兮④,忿吴夷之不藩⑤。将训兵于讲武兮⑥,因大蒐乎田隙⑦。

披高门而方轨⑧,迈夷途而直驾⑨。长铄纠霓⑩,飞旗拂天。部曲按列⑪,什伍相连⑫。峙如丛林⑬,动若奔山⑭。抗冲天之素旗兮⑮,靡格泽之修旒⑯。雄戟趌而跃厉兮⑰,黄钺扈而扬鲜⑱。超崇岸之层崖⑲,厉障滋之双川⑳。千乘乱扰,万骑奔走㉑。经营原隰,腾越峻岨㉒。彤弓斯彀㉓,戈铤具举㉔。列翠星陈㉕,戎车方毂。风回云转,埃连飙属㉗。雷响震天地,噪声荡山岳㉘。遂蹋封豨㉙,籍麈鹿㉚,捎飞鸢㉛,接鹙鸧㉜。聚者成丘陵,散者填溪谷㉝。流血赫其丹野㉞,羽毛纷其翳日㉟。考功效绩㊱,斑赐有叙㊲。分授甘炰㊳,飞酌清酤㊴。割鲜野享㊵,举爵鸣鼓。銮舆促节㊶,骋辔回翔㊷。望雀台而增举㊸,涉幽潜之花梁㊹。登路寝而听政㊺,总群司之纪纲㊻。消摇后庭㊼,休息闲房㊽。步辇西园㊾,还坐玉堂㊿。

【题解】

古代的校猎既是一种生产活动和体育活动,也是一种准军事行动。秦末汉初,更成了一种政治比喻。曹魏此次校猎即是针对刘备和孙权的。建安十八年(213),曹操被封为魏公,建安十九年秋冬时节,曹操出猎,曹丕、陈琳、王粲、应场、刘桢等都随从出猎,而且都有赋作。曹丕此赋描写了帝王将士围猎的激烈场面,从侧面反映了曹军的军威。

【注释】

①此赋《初学记》《艺文类聚》等类书所载均不完整,文句较破碎紊乱,现依《全三国文》所列次序排列。

②高宗:即武丁,殷王。鬼方:殷周时西北部族名。

③有事:指战事、战争。阪泉:地名。

④愠(yùn):气愤、恼怒、发怒。备:刘备。作戾:作乱、造反。

⑤忿:忿恨、怨恨。吴夷:即孙权。不藩:不作为曹魏的属国、属地,意

即不投降。

⑥讲武：讲习武事。

⑦因：因此、于是。大蒐(sōu)：大规模地打猎。古代春、秋季节时候打猎称为蒐。田隙：田地间空隙的地方。

⑧披：打开。高门：即皋门，外城之门。方轨：两车并行。

⑨夷途：平坦的道路。

⑩铩(shā)：古代兵器，如长矛。纠霓：弯曲、缠绕的虹霓。纠：缠绕，联结。

⑪部曲：古代军队的编制单位。列：排列、陈列。

⑫什伍：军队的基层编制。五人为伍，十人为什。

⑬峙：耸立，比喻将士们像丛林般耸立着。

⑭奔山：比喻军队雄壮的走势。《艺文类聚》卷六十六作“崩山”。

⑮旄：古代用牦牛尾装饰的旗子。

⑯靡：同“麾”，挥舞。格泽：星名，一名鹤铎。旃：红色曲柄的旗子。

⑰雄戟：古兵器名，《史记索隐》称戟中小孑刺者谓雄戟。趪：陈列。跃厉：形容威猛。

⑱黄钺：用黄金制作的斧钺。扈：随从。扬鲜：散发出闪亮的光芒。

⑲崇岸：高峻的堤岸。层崖：重叠的山崖。

⑳厉：迅速踊起、飞扬。澨(shì)：水涯、水边。

㉑乘：古代一车四马为一“乘”。骑：古代一人一马为一“骑”。

㉒经营：经过、经历。原隰：广平低湿的地方。腾越：奔腾翻越。峻岨：高峭险要的地势。

㉓彤弓：朱红色的弓。斯彀(gòu)：拉满弓弩。

㉔戈鋋：戈矛之类的兵器。具：全部。

㉕列：排列、布列。星陈：像星星一样的排列。

㉖戎车：兵车、战车。方毂：两辆战车并排走动。

㉗埃：尘埃。飙：狂风、疾风。

㉘荡：激荡、震荡。

㉙躏：践踏、碾压、追击。封豨(xī)：大野猪。

㉚罻:捕捉。麈(zhǔ)鹿:野兽名,鹿类,尾巴可做拂尘。

㉛捎:射杀。鸢:老鹰,鸱鹰。

㉜接:绑缚鸟的翅膀。鸑鷟(yuè zhuó):水鸟名。

㉝填:填满、充满。

㉞赫:鲜明的赤色。丹野:形容鸟兽的血把郊野的土地染红了。

㉟纷:多而乱。翳目:遮蔽视野。

㊱考功效绩:考核并记录每人的功绩。

㊲班赐:颁赐、分赐。斑,同"班"。叙:同"序",按规定的等级次第授予官职,按功劳的大小给予奖励。

㊳分授:《全三国文》卷四作"授受"。甘脄:美味的食物。

㊴飞酌:形容快速的斟酒、喝酒。清酤:清酒。

㊵鲜:新杀的鸟兽。野享:不受约束地享受。

㊶銮舆:天子的车驾,此指曹操的车驾。促节:乐调高而急促,这里指曹操的车驾伴着高昂的乐调前行。

㊷骋辔:驾驭着车马驰骋。

㊸雀台:即铜雀台。增举:增高,指从远到近,看到的铜雀台慢慢由小到大、由低到高。

㊹幽:幽深。壥:同"堑",护城河。花梁:有花纹图案的桥梁。

㊺路寝:天子、诸侯的正室。听政:处理政事。

㊻总:汇总、聚合。群司:百官。纪纲:治理、管理。

㊼消摇:逍遥自得。

㊽闲房:供闲暇时休息的房间。

㊾步辇:轿子或用人力拉的车子。西园:即铜雀园。

㊿还:回来、回还。玉堂:宫殿名。

登台赋 有序①

建安十七年春,上游西园②,登铜雀台,命余兄弟并作。

其词曰：

登高台以骋望③，好灵雀之丽娴④。飞阁崛其特起⑤，层楼俨以承天⑥。步逍遥以容与⑦，聊游目于西山⑧。溪谷纡以交错，草木郁其相连⑨。风飘飘而吹衣，鸟飞鸣而过前。申踌躇以周览⑩，临城隅之通川⑪。

【题解】

建安十五年(210)冬天，曹操筑铜雀台于邺，十七年，曹操出兵征孙权之前，驻军邺城，并率诸子登铜雀台，使各作一篇赋。从序中看，此赋就作于当时。这是一篇歌咏铜雀台华美壮丽的小赋，犹如一幅优美的春景图。笔调细腻清新，堪称咏物赋的佳作。

【注释】

①原本无"有序"二字，今据《全三国文》补。

②上：原本无，《全三国文》作空格，文意不顺，今据文意补。上指曹操。西园：指铜雀园，因位于邺都正殿的西侧而得名。

③骋望：极目眺望。

④灵雀：指台上铜雀。丽娴：美丽娴静。

⑤飞阁：凌空而建的连接两端的阁道，因架越空中，故曰飞阁。崛：崛起、突起。

⑥层楼：高楼，《邺中记》："邺宫南面三门，西凤阳门，高二十五丈，上六层反宇。向阳下开二门，未到邺台七八里，遥望此门。"即指此。俨：谓层楼整齐壮美。承天：连接天空。

⑦容与：悠闲自得。

⑧游目：目光随意观览。西山：西方的山。

⑨溪谷：小溪流。纡：曲折。

⑩申：反复、重复。踌躇：从容自得。周览：四周观览。

⑪通川：指漳水。

登城赋

孟春之月①，惟岁权舆②。和风初畅③，有穆其舒④。驾言东道⑤，陟彼城楼⑥。逍遥远望，乃欣以娱⑦。平原博敞⑧，中田辟除⑨。嘉麦被垄⑩，缘路带衢⑪。流茎散叶⑫，列倚相扶⑬。水幡幡其长流⑭，鱼裔裔而东驰⑮。风飘飘而既臻⑯，日掩菱而西移⑰。望旧馆而言旋⑱，永优游而无为⑲。

【题解】

赋题"城"即指邺城。描绘了阳春三月作者在城中游览时所看到的美景，写出了大自然的生机勃勃，也写出了邺城的富饶和宁静。

【注释】

①孟春：春季的第一个月，初春。

②权舆：开始、起始。

③和风：春天温和的微风。

④有：语助词，无实义。穆：柔和、和穆。舒：伸展。

⑤驾：驾车。言：语助词。

⑥陟：登。

⑦欣、娱：欢欣、愉悦。

⑧博敞：广博开阔。

⑨中田：即田中、田间。辟除：扫除，指开辟、开垦。

⑩嘉麦：生长得特别好的麦苗。被垄：覆盖着田地。

⑪缘：顺着。衢：四通八达的路。

⑫流茎散叶：麦的茎秆枝叶随风摆荡。流：移动不定。散：散布、舒展。

⑬列倚：细密地排列。相扶：相互支撑、扶持。

⑭幡幡(fān)：翻动起伏。

⑮裔裔：鱼儿自由自在地游动。

⑯飖飖(yáo)：飘荡。臻：到达。

⑰掩薆(ài)：日落，昏暗。

⑱旋：往回走、返还。

⑲优游：悠闲自得。

【汇评】

　　这篇小赋在艺术上很有特色。语言质朴、流畅。句式整齐而富有变化，由四言而六言，且多偶对。在词语选择上，使用一系列动词和摹状词，将一幅幅初春动态美景呈现于读者眼前。而这些特征都是魏赋诗化、骈化的标志，也是魏赋新的艺术走向。(《历代赋评注·魏晋卷》)

感物赋有序①

　　丧乱以来②，天下城郭丘墟③，惟从太仆君宅尚在④。南征荆州⑤，还过乡里，舍焉⑥。乃种诸蔗于中庭⑦，涉夏历秋，先盛后衰。悟兴废之无常，慨然永叹，乃作斯赋：

　　伊阳春之散节⑧，悟乾坤之交灵⑨。瞻玄云之翁郁⑩，仰沉阴之杳冥⑪。降甘雨之丰霈⑫，垂长溜之泠泠⑬。掘中堂而为圃⑭，植诸蔗于前庭。涉炎夏而既盛，迄凛秋而将衰⑮。岂在斯之独然⑯？信人物其有之⑰。

【题解】

　　建安十三年(208)，曹操率军南征荆州，曹丕随军出征。第二年，曹操

14

又东征，曹丕也随从。看到连年征战、民不聊生，曹丕写了这篇感物伤怀之作，以甘蔗的盛衰，慨叹了兴废无常和物在人亡的悲哀之情。

【注释】

①原本无"有序"二字，据《全三国文》卷四补。

②丧乱：指东汉末年的战乱。

③城郭丘墟：城邑变成了废墟。

④从太仆：前太仆。太仆是官名，汉时为九卿之一，掌管皇帝舆马。宅：住宅。

⑤南征荆州：指建安十三年曹操南征荆州刘表。

⑥还过：返回经过。乡里：家乡。舍焉：住在这里。

⑦蔗：甘蔗。中庭：即庭中。

⑧伊：发语词，无实义。阳春：温暖的春天。散节：春天草木发芽。节：竹子或草木茎分枝长叶的部分。

⑨乾坤：天地。交灵：天地阴阳两气交合，孕育万物。

⑩玄云：黑色的云。翁郁：密集、浓密。

⑪沉阴：阴云久聚。杳冥：幽暗。

⑫甘雨：及时雨。丰霈：众多、盛多。

⑬长溜：连续不断的雨线。泠泠：清脆的雨水声。

⑭中堂：即"中庭"，院落。圃：菜圃、园圃。

⑮迄：至、到。凛秋：寒冷的秋天。

⑯独然：单独这样。

⑰人物：人和物。

【汇评】

这篇小赋以时间为线索，从温暖的春季起笔，……涉夏历秋，种植于庭院中的甘蔗亦由旺盛而凋零。……就其主题而言，作者"悟兴废之无常，慨然永叹"，视"有常"为"无常"，提出"信人物其有之"，为我们认识当时社会提供了真实的材料，具有很强的时代感。（《历代赋评注·魏晋卷》）

感离赋有序①

建安十六年，上西征②，余居守③，老母诸弟皆从，不胜思慕，乃作赋曰：

秋风动兮天气凉④，居常不快兮中心伤⑤。出北园兮彷徨⑥，望众墓兮成行⑦。柯条憯兮无色⑧，绿草变兮萎黄⑨。感微霜兮零落⑩，随风雨兮飞扬。日薄暮兮无惊⑪，思不衰兮愈多。招延伫兮良从⑫，忽踟蹰兮忘家⑬。

【题解】

建安十六年（211），关中马超、韩遂等人背叛曹操，拥兵十万，据守潼关。七月曹操亲率大军西征，曹丕的母亲和弟弟曹植都随军出征，曹丕一人留守邺城，写此赋表达了和亲人分别的不舍和对亲人的思念之情。

【注释】

①有序：《全三国文》作"并序"。此赋也载《艺文类聚》卷三十，已不全。

②上：指曹操。

③居守：留守邺城。

④天气：原作"大气"，今据《艺文类聚》改。

⑤居常：平常、日常。

⑥北园：邺城魏宫内的北园。

⑦墓：原本作"墓"，疑误，据下文当作"木"。

⑧柯条：枝条。憯：万分悲怜、凄惨。

⑨萎黄：枯萎变黄。

⑩感：接触、受到。微霜：薄霜。零落：凋零、凋谢。

⑪薄暮：接近傍晚。惊：欢乐、乐趣。

⑫招:引起、招致。延伫:久立等待、久留。良从:很想跟从。良:甚、很。

⑬忽:即惚,恍惚、失意。

【汇评】

全篇赋作借物言情,以秋风秋雨中凋零的草木形象,寄托作者对亲人的无限思念。(《历代赋评注·魏晋卷》)

离居赋

惟离居之可悲,廓独处于空床①。愁耿耿而不寐②,历冬夜之悠长③。惊风厉于闺闼④,忽增激于中房⑤。动帷裳之晻暧⑥,彼明烛之无光⑦。

【题解】

此赋残存的这四句保存在《艺文类聚》卷三十和《初学记》卷十八中。此赋借刻画独守空房的女子怅然寂寞的悲切形神,间接表达了曹丕在太子身份未定时期的心态。

【注释】

①廓:空旷、空廓。独处:独居。

②耿耿:心中挂怀,烦躁不安的样子。

③历:经过、度过。悠长:漫长。

④惊:惊恐。风厉:即厉风,猛烈的冷风。闺闼(tà):女子内室。

⑤激:激烈。中房:房中。

⑥帷裳:帷幔。晻暧:昏暗。

⑦彼:《全三国文》作“对”。

戒盈赋有序①

　　避暑东阁，延宾高会②，酒酣乐作，怅然怀盈满之戒③，乃作斯赋：

　　惟应龙之将举④，飞云降而下征⑤。资物类之相感⑥，信贯微之通灵⑦。何今日之延宾？君子纷其集庭⑧。信临高而增惧⑨，独处满而怀愁⑩。愿群士之箴规⑪，博纳我以良谋⑫。

【题解】

　　曹丕在邺都时，经常与王粲、刘桢等建安文人在东阁讲堂赋诗、聚会，此赋即是与建安诸子在邺下宴游之时所作，表达了"登高增惧""处满怀愁"、居安思危的思想，希望广开言路，集思广益。

【注释】

①有序：《全三国文》作"并序"。

②东阁：即东阁讲堂，是邺都的宫殿。延宾：延请宾客。高会：盛大的聚会。

③怅然：忧思失意的样子。盈满之戒：即"满招损，谦受益"的警戒，居安思危。

④应龙：神话中有翅膀的龙。举：出现，起飞。

⑤征：远行。

⑥资：凭借，依托。物类：自然万物。相感：互相感应、影响。

⑦贯微：上下贯通，无微不至。通灵：与神灵相通，灵异。

⑧君子：指参加宴会的宾客。集庭：聚集在厅堂。

⑨临高：登临高处。增惧：增加恐惧心理。

⑩独：唯独、特殊。处满：处在极盛之势。怀愁：心怀忧愁。

⑪群士:指参加宴会的众人。箴规:箴言、规劝。
⑫博纳:广泛采纳意见。

永思赋

　　仰北辰而永思①,溯悲风以增伤②。哀遐路之漫漫③,痛长河之无梁④。愿托乘于浮云⑤,嗟逝速之难当⑥。

【题解】

　　这篇赋现存已不全,书写了人的寿命短暂,而人生的征程又不是一路坦途,表达了蹉跎了岁月,一事无成的伤感。

【注释】

①北辰:即北极星。永思:长久的思念。
②溯:迎着。悲风:悲凉的风。增伤:增加忧伤。
③遐路:长路、远道。漫漫:长远、漫长。
④痛:哀叹。长河:大河,即黄河。梁:桥梁。
⑤浮云:浮在空中的云。
⑥嗟:嗟叹、哀叹。逝速:即"速逝",时光很快地流逝。当:即"挡",阻挡、抵挡。

悼夭赋有序①

　　族弟文仲,亡时年十一②,母氏伤其夭逝,追悼无已③。余以宗族之爱④,乃作斯赋:

　　气纡结以填胸⑤,不知涕之纵横⑥。时徘徊于旧处,睹灵衣之在床⑦。感遗物之如故，痛尔身之独亡⑧。愁端坐而无聊⑨，心戚戚而不宁⑩。步广厦而踟蹰⑪，览萱草于中庭⑫。悲风萧其夜起⑬，秋气憯以厉情⑭。仰瞻天而太息⑮，闻别鸟之哀鸣⑯。

【题解】

此赋是为悼念族弟的夭折而作，文辞哀婉，描写了族弟夭折之后自己的悲痛和哀思，情感动人，读来很有感染力。

【注释】

①有序：《全三国文》作"并序"。

②文仲：人名，曹丕同族的兄弟。

③无已：不已、不停。

④余：《全三国文》作"予"，我。

⑤纡结：愁苦在胸中郁结。

⑥涕：眼泪。纵横：眼泪很多，纵横交错。

⑦灵衣：死者入殓时穿的衣服。

⑧尔：你，指族弟文仲。

⑨端坐：端正地坐着。无聊：内心愁闷。

⑩戚戚：忧惧、忧伤。宁：宁静、安定。

⑪广厦：宽敞的房屋。

⑫萱草：又名鹿葱、忘忧、宜男、金针草。古人认为佩戴它可以帮助人们忘记忧愁。

⑬悲风：凄厉的寒风。萧：凄清、萧肃。

⑭憯（cǎn）：悲惨、惨痛。厉：激烈、强烈。

⑮仰瞻：抬头向上看。太息：叹息。

⑯别鸟：离群之鸟。哀鸣：哀伤的鸣叫。

寡妇赋 有序①

陈留阮元瑜,与余有旧②,薄命早亡。每感存其遗孤,未尝不怆然伤心③,故作斯赋④,以叙其妻子悲苦之情。命王粲等并作之。

惟生民兮艰危⑤,于孤寡兮常悲⑥。人皆处兮欢乐,我独怨兮无依⑦。抚遗孤兮太息⑧,俯哀伤兮告谁⑨?三辰周兮递照⑩,寒暑运兮代臻⑪。历夏日兮苦长,涉秋夜兮漫漫⑫。微霜陨兮集庭⑬,燕雀飞兮吾前⑭。去秋兮就冬⑮,改节兮时寒⑯。水凝兮成冰⑰,雪落兮翻翻⑱。伤薄命兮寡独⑲,内惆怅兮自怜。

【题解】

建安七子之一的阮瑀曾是曹操的仓曹掾属,也是曹丕的好友,他在建安十七年(212)47岁时病死,留下孤儿寡母。曹丕曾写《寡妇诗》以宽慰他的遗孀。这篇赋也是安慰其遗孀之作,同时也借亡友之妻的口吻表达了对友人阮瑀不幸早亡的无限悲哀和深切怀念。

【注释】

①有序:《全三国文》作"并序"。

②陈留阮元瑜:即阮瑀,字元瑜,陈留尉氏(今河南尉氏)人,建安七子之一。有旧:曾有交往。

③遗孤:孤儿。怆然:悲伤哀痛。

④斯赋:"斯赋"下"以叙其妻子悲苦之情。命王粲等并作之"十六字《艺文类聚》无,今据《全三国文》补全。

⑤生民:百姓、人民。艰危:艰难困苦。

⑥于:《艺文类聚》作"在"。

⑦我:这是曹丕以阮瑀遗孀的口气所称。

⑧太息:叹息。

⑨俯:俯身、低头。

⑩三辰:指日、月、星。周:周天环绕运行。递照:交替照耀,指日夜交替。

⑪运:运转。代臻:交替到达。代:交替。臻:至。

⑫涉:度过、经过。

⑬微霜:薄霜,原作"后霜",今据《全三国文》改。陨:降落。

⑭吾:《全三国文》作"我"。

⑮就冬:《全三国文》作"既冬"。

⑯改节:变更时节。

⑰凝:凝结。

⑱翻翻:形容雪花飘落。

⑲薄命:生来命运不好、福分不大。

【汇评】

汉末以来,连年战乱,寡妇的悲苦在当时具有典型的社会意义。应该说,这一题材的开拓是建安赋家的贡献,加之描写寡妇的悲苦真实感人,具有极强的感染力,因此,该赋在赋史上占有一定地位。(《历代赋评注·魏晋卷》)

出妇赋

念在昔之恩好①,似比翼之相亲②。惟方今之疏绝③,若惊风之吹尘④。夫色衰而爱绝⑤。信古今其有之⑥。伤茕独之无恃⑦,恨胤嗣之不滋⑧。甘没身而同穴⑨,终百年之常期⑩。信无子而应出^⑪,自典礼之常度^⑫。悲谷风之不答^⑬,怨昔人之忽故^⑭。被入门之初服^⑮,出登车而就路^⑯。遵长涂而南迈^⑰,马踟蹰而回顾。野鸟铩而高飞^⑱,怆哀鸣而相慕^⑲。抚骓服而展节^⑳,即临沂之旧城^㉑。践麋鹿之曲蹊^㉒,听百鸟之群鸣。情怅恨而顾望^㉓,心郁结其不平^㉔。

【题解】

古代休妻有"七出"说:一为无子,二为淫佚,三为不事舅姑,四为口舌是非,五为盗窃,六为妒忌,七为恶疾。出妇即被休的妇女。曹丕曾写了《代刘勋妻王氏作》诗,表达了对因为没有生儿子而被丈夫休弃的妇女的同情。此赋也以出妇的口吻,道出了妇女被休弃的不幸遭遇,语言平易精雅,颇为动人。

【注释】

①恩好:夫妻恩爱。

②比翼:比翼鸟。

③方今:现在。疏绝:疏远决裂。

④惊风:可怕的疾风。

⑤色衰:年岁渐老,姿色减退。

⑥信古今其有之:古往今来都有很多。

⑦茕独:泛指没有劳动力而又没有亲属供养的人。无恃:没有依靠。

⑧胤嗣:后嗣、后代。滋:生育后代。

⑨甘:甘愿、愿意。没身:死亡。同穴:指夫妻死后埋葬在一起。

⑩终:穷尽。常期:经常期望。

⑪出:遗弃、休弃。

⑫典礼:典法礼仪,指儒家礼教条规。常度:固有的法则、规律。

⑬悲:悲叹。谷风:山谷中的大风。答:回答、应对。

⑭昔人:指以前的丈夫。忽故:忽然变故。

⑮被:同"披",穿着。入门:出嫁进入夫家的门。初服:原来的衣服。

⑯就路:上路。

⑰遵:沿着、顺着。涂:同"途",路途。

⑱铩:摧残、伤残,以羽毛掉落比喻失意受挫折。

⑲怆:悲伤、悲怆。慕:仰慕,指出妇与受伤的鸟互相同情。

⑳騑服:古代四马驾车时,中间夹辕的两马叫騑服马,在两旁的叫骖马。展节:挥开马鞭子以加速。

㉑即:到。临沂:地名,在今山东省,以东临沂水而得名。

㉒践:踏、踩。麋鹿:俗称四不像,鹿的一种。曲蹊:弯弯曲曲的小路,此指麋鹿走过的小路。

㉓怅恨:惆怅恼恨。顾望:还视、巡视。

㉔郁结:忧思烦冤纠结不解。

愁霖赋

脂余车而秣马①,将言旋乎邺都②。玄云黯其四塞③,雨濛濛而袭予。途渐洳以沉滞④,潦淫衍而横湍⑤。岂在余之惮劳⑥,哀行旅之艰难⑦。仰皇天而太息⑧,悲白日之不旸⑨。思若木以照路⑩,假龙烛之末光⑪。

【题解】

霖,久下不停的雨。曹植也有一篇《愁霖赋》,应是二人随军出行的时候遇到连日大雨,有感而作。赋的前六句写战争行军的艰苦环境,后六句表达了作者渴望雨过天晴、利于行军的美好愿望。

【注释】

①脂:用油脂涂车轴,以利运转。秣马:喂马。

②言:语助词,无实义。旋:回。邺都:即邺城。

③玄云:黑云、乌云。黯:深黑色。四塞:充塞四方,乌云密布天空。

④渐洳(rù):低湿、泥泞。沉滞:凝滞,不够流畅、不通畅。

⑤潦:积水。淫衍:泛溢貌。横潪:积水四处流淌。

⑥惮劳:畏惧辛劳。

⑦行旅:行军、旅途。

⑧皇天:上天。

⑨旸(yáng):太阳升起、晴天。

⑩若木:古代传说中长在日落地方的树木。

⑪假:借用、利用。龙烛:传说烛龙神所衔之烛。末光:余光、微光。

喜霁赋

　　乃命驾而言归①,启吉日而北巡②。厌群萌之至愿③,感上下之明神④。密云兴之块圠⑤,甘雨降以洒尘⑥。既洒尘而为涂⑦,唯平路之未晞⑧。激清风以漂潦⑨,发皎日之阳晖⑩。振余策而长驱⑪,忽临食而忘饥⑫。思寄身于鸿鸾,举六翮而轻飞⑬。

【题解】

　　霁,雨雪停止,天放晴。此赋是连日大雨停止,天空放晴之后,曹丕有感而作。《魏略·五行志》说:"延康元年,大霖五十余日,魏有天下乃霁,将受大禅,是之应也。"曹丕赋中说"厌群萌之至愿,感上下之明神",可能是就准备受禅而言。所以本赋可能作于延康末年,曹丕将受禅称帝之前。一方面抒发了久雨过后天晴的高兴,另一方面也体现了即将登基称帝的喜悦。

①命驾而言归:《三国志·文帝纪》载曹丕于延康元年(220)带兵出征孙权,汉献帝命御史大夫张音持节杖奉玺绶禅位曹丕,诏曹丕回都。曹丕奉诏而行。"命驾言归"即指此。言,语助词,无实义。

②启:开启,此指选择。北巡:向北走。

③厌:满足。群萌:众民、百姓。萌,通"氓"。至愿:恳切的愿望、最大的愿望。

④明神:神灵。古谓日、月、山川之神。

⑤块圠:广大无边。

⑥甘雨:及时雨。

⑦涂:泥泞。

⑧晞:晒干、干燥。

⑨激:激扬、鼓动。漂潦:把积水吹散。漂:同"飘"。

⑩发:发散、放射。阳晖:阳光。晖,同"辉"。

⑪振:挥动。策:马鞭。

⑫此句谓由于长驱,到了吃饭时间而忘了吃饭。言长驱之急速。

⑬寄身:托身。六翮(hé):翅膀。翮,谓鸟类双翅中的正羽,用以指鸟的两翼。

弹棋赋

惟弹棋之嘉巧①,邈超绝其无俦②。苞上智之弘略③,允贯微而洞幽④。局则荆山妙璞⑤,发藻扬晖⑥,丰腹高隆⑦,痺根四颓⑧。平如砥砺⑨,滑若柔荑⑩。棋则玄木北干⑪,素树西枝⑫,洪纤若一⑬,修短无差⑭。象筹列植⑮,一据双螭⑯,滑石雾散⑰,云布四垂⑱。然后直扣先纵⑲,二八次举⑳;缘边间造㉑,长邪迭取㉒。尔乃详观夫变化之理㉓,屈伸之形㉔。联翩霹绎㉕,展转盘萦㉖,或暇豫安存㉗,或穷困侧倾㉘,或接党连兴㉙,或孤据偏停㉚。于是观者莫不虚心竦踊㉛,咸侧息而延伫㉜。或雷抃以大噱㉝,或战悸而不能语㉞。

【题解】

弹棋,古代棋类游戏。源于汉代。相传汉武帝好蹴鞠,群臣谏劝,东方朔以弹棋进之,武帝便舍蹴鞠而尚弹棋;另一说西汉成帝时刘向仿蹴鞠形制而作。初用十二枚棋,每方六枚。两人对局时轮流以石箭弹对方棋子。魏时改用十六枚棋,唐代又增为二十四枚棋。宋代以后,因象棋盛行而渐趋衰落。曹丕《典论·自叙》:"余于他戏弄之事少所喜,唯弹棋略尽其巧,少为之赋。"《世说新语》:"弹棋自魏文帝宫内装器戏也。文帝于此伎特妙,用手巾拂之,无不中也。"可见曹丕精通弹棋,并由此而写作此赋,是目前所见较早的保留比较完整的描写弹棋活动的赋文,具有一定的文献价值。

【注释】

①弹棋:古代棋类游戏。《后汉书·梁统传附梁冀》注引《艺经》:"弹棋,两人对局,白黑棋各六枚。先列棋相当,更先弹也。棋局以石为之。"嘉巧:精善美妙。

②邈:遥远。无俦(chóu):没有能够与之相比。

③苞:同"包",包括、包含。上智:上等的智慧。弘略:远大的谋略。

④允:的确、确实。贯:贯通。洞:洞察。

⑤局:棋盘。荆山:山名,在今湖北南漳县西,相传卞和得璞玉于此山。妙璞:美玉。

⑥藻:玉石的五彩。晖:同"辉",玉石的光辉。

⑦丰腹:即大腹。高隆:高高隆起。

⑧庳(bì)根:短矮的根。庳:低小。颓:落、低。弹棋棋盘中部隆起,四周低平。

⑨砥砺:磨刀石,形容棋盘经过打磨光滑平坦。

⑩柔荑：《诗经·卫风·硕人》："手如柔荑，肤如凝脂。"原本比喻美女之手白皙细嫩，此处形容棋盘质地细润。

⑪棋：棋子。玄木：黑色的树木。北干：北面的树干。古人以北方为黑色。

⑫素树：白色的树木。西枝：西面的树枝。古人以西方为白色。弹棋有黑白二色棋子，故用不同颜色的树制作。

⑬洪纤：大小、巨细。

⑭修短：长短。

⑮象筹：象牙做的筹码。列植：排列放置。

⑯据：放置。双螭：即二螭。螭：传说中的无角龙，此指刻有龙形的弹棋道具，弹棋双方一人一个，所以有双螭。

⑰滑石：滑石粉，起润滑作用。雾散：像雾一样散开。

⑱云布：像云一样分布。四垂：四方、四边。

⑲扣：击。纵：放、发。

⑳二八：即十六。弹棋共十六子，每子一次，依次击打。

㉑缘：沿着。间：间隔、间接。造：至、接近。

㉒邪：同"斜"。迭取：交替、轮流地进攻。

㉓尔乃：发语词，无实义。理：道理、规律。

㉔屈伸：屈曲与伸展，即退却与进攻。

㉕联翩霍(huò)绎：鸟飞翔时的一种姿态，比喻棋子断续而迅疾。霍：鸟疾飞声。

㉖展转：反复变化、回环反复。盘萦：盘旋、回绕。

㉗暇豫：亦作"暇誉"，悠闲逸乐。安存：安定存在。形容棋局平稳发展。

㉘穷困：指棋子被围，处于困境。侧倾：即倾侧，倾斜。

㉙接党连兴：指棋子之间结成集团、联合起来的关系。党：团体、集团。

㉚孤据偏停：指棋子孤立地处在偏远的地方。

㉛虚心：把心悬起来，形容游戏时心情紧张。竦踊：急切、焦躁不安的样子。

㉜咸：都。侧息：侧体呼吸，谓不敢大口出气，表示担心。延伫：盼望、期待，站着不动。

㉝雷抃（biàn）：雷鸣般的掌声。大噱（jué）：大笑。

㉞战悸：惶恐发抖。

又

文石为局①，金碧齐精②。隆中夷外③，理致肌平④。

【注释】

①"文石"四句：此四句《太平御览·巧艺部十二·弹棋》引作"王粲《弹棋赋》曰"，《艺文类聚》卷七十四《巧艺部·弹棋》引作"魏丁廙《弹棋赋》曰"。而张溥《汉魏六朝百三名家集》、严可均《全三国文》、丁福保《汉魏六朝名家集初刻》皆作曹丕赋。其作者不定，姑列于此。文石：有纹理的玉石。

②金碧：金黄和碧绿的颜色，指棋具的色彩。齐精：都很精致、精美。

③隆中夷外：棋盘中间高起，四周低平。

④理致肌平：指棋具的纹理精密，表面平滑。

玛瑙勒赋有序①

玛瑙，玉属也。出自西域②，文理交错③，有似马脑。故其方人因以名之④。或以系颈，或以饰勒。余有斯勒，美而赋之⑤。命陈琳、王粲并作⑥。辞曰⑦：

有奇章之珍物⑧，寄中山之崇冈⑨。禀金德之灵施⑩，含白虎之华章⑪。扇朔方之玄气⑫，喜南离之焱阳⑬。歙中区之黄采⑭,曜东夏之纯苍⑮。苞五色之明丽⑯,配皎日之流光⑰。命夫良工⑱,是剖是镌⑲。追形逐好⑳,从宜索便㉑。乃加砥砺㉒,刻方为圆。沈光内灼㉓,浮景外鲜㉔。繁文缛藻㉕,交采接连㉖。奇章异采,的皪期间㉗。嘉镂锡之盛美㉘,感戎马之首饰㉙。图兹物之攸宜㉚,信君子之所服㉛。尔乃藉彼朱屝㉜,华勒用成㉝。骈居列跱㉞,焕若罗星㉟。

【题解】

玛瑙,一种细纹玉石,常杂有蛋白石并有各种色彩,或排列成条状或带状,间有黑斑或呈苔状,有光泽,颜色美丽。陈琳、王粲皆有同题之作。陈琳《玛脑勒赋》序说:"五官将得马脑以为宝勒,美其英采之光艳也,使琳为之赋。"曹丕在任五官中郎将时从西域获得一个玛瑙做的马络头,十分喜爱,写作此赋,从色泽质地、良工巧制等方面对此宝物进行了描写。

【注释】

①玛瑙勒:以玛瑙石雕刻而成的马勒。勒:套在牲畜(马)上带帽子的笼头。

②西域:原作"西役",误,今从《全三国文》《艺文类聚》改。

③文理:花纹、纹理。

④方人:我国古代西部少数民族戎的别名,如鬼方、土方等,此指"西域"人。名:命名,用作动词。

⑤美:赞美。

⑥陈琳:字孔璋,广陵(今江苏扬州)人,建安七子之一,曾为袁绍掌管书记,后归附曹操,和阮瑀都以擅长草拟公事文书而闻名于当时。王粲:字仲宣,山阳高平(今山东邹城西南)人,建安七子之冠,先投奔刘表,后归附曹操,被提拔为丞相掾,赐关内侯。

⑦辞曰:《全三国文》作"其词曰",引出赋的正文。

⑧奇章:奇特的纹理。

⑨寄:寄生、寄托、寄存。中山:即钟山,昆仑山的别名,其地多产美玉。崇冈:高大的山冈。

⑩金德:即五行(金、木、水、火、土)中的金,形容玛瑙的内在品质好。灵施:施与灵气。

⑪含:蕴含。白虎:古代天文中西方七宿(奎、娄、胃、昴、毕、觜、参)组成的虎象。华章:美丽的花纹。

⑫扇:散发、生发。朔方:北方。玄气:神秘的气息,自然界的元气。

⑬南离:《易》八卦离的方位在南,故称南方为南离。焱阳:闪烁的阳光。

⑭歃:融入、吸收、吸进。中区:中央。黄采:黄色,古代认为金、木、水、火、土的土居中央,尚黄,所以中央是"黄采"。

⑮曜:照耀、闪耀、明亮。东夏:中国之东方。夏:中国的古称。纯苍:纯正的青色。

⑯苞:同"包",包含。五色:即青、赤、黄、白、黑五种颜色。

⑰皎日:明亮的太阳。流光:流动、闪烁的光彩。

⑱良工:技艺精妙的工匠。

⑲是:语助词,无实义。剖镌:剖析、镌刻,指加工玉石。

⑳追形逐好:追求优美的形状和完美的效果。

㉑从宜索便:根据玉石的自然形态制作,不破坏它的自然美。

㉒砥砺:磨刀石,此指磨炼、磨砺、加工。

㉓沈光:内在的光泽。沈:同"沉"。灼:明亮、鲜明。

㉔浮景:浮动的光影。景:同"影"。鲜:鲜亮、光明。

㉕繁文缛藻:花纹繁密华茂。

㉖交采接连:各种彩饰交错连接。

㉗此二句原缺,今据《太平御览》卷三百五十八补。《全三国文》作"奇章□□,的皪其间",无"异采"二字。的皪:鲜明显著的样子。

㉘镂锡:镂金的装饰物。锡:马额头上的金属装饰物,马走动时发出声响。

㉙戎马:战马。

㉚图:考虑、想。攸宜:适宜。

㉛服:用。

㉜尔乃:于是。朱罽(jì):红色的羊毛织品,可作马缨、可编结绑缚。

㉝用:因。

㉞骈居列跱(zhì):并排安置。跱:放置、安置。

㉟焕若罗星:像罗列在天空的星星一样光亮、鲜明。

车渠碗赋有序①

车渠,玉属也。多纤理缛文②,生于西国③,其俗宝之④。小以系颈,大以为器⑤。

惟二仪之普育⑥,何万物之殊形⑦。料珍怪之上美⑧,无兹碗之独灵⑨。苞华文之光丽⑩,发符采而扬荣⑪。理交错以连属⑫,似将离而复并。或若朝云浮高山,忽似飞鸟厉苍天⑬。夫其方者如矩,圆者如规。稠希不谬⑭,洪纤有宜⑮。

【题解】

车渠,即砗磲,贝类,内壳白皙如玉,是西域七宝之一。车渠碗,即用砗磲做的碗。建安二十年,曹操平定凉州,中原与西域的交通开始恢复,西域诸国有向曹氏馈赠宝物。曹植、应玚、王粲、徐干皆有此赋,写作时间应与前面《玛瑙勒赋》相近。此赋为咏物赋,细致的描写了车渠碗的外形、色泽、纹理、质地,体现了曹丕对它的喜爱。

【注释】

①车渠(chē qú):玉石之类,是西域七宝之一。

②纤理:细微的纹理。缛文:繁密的纹饰。

③西国:西域。

④俗:《艺文类聚》作"国"。宝之:以之为宝。

⑤小以系颈，大以为器：小的可以系在脖子上做装饰，大的可以制作成器物。

⑥二仪：天、地。普育：是说砗磲是天地孕育的美玉。

⑦殊形：与别的事物相比有特殊的形状。

⑧料：估量、估计。珍怪：珍贵或怪异之事物，指金玉之类的宝贝。上美：最美，最完美。

⑨独灵：独具的灵巧。

⑩苞：包含。华文：华美的文彩。光丽：色彩耀眼华丽。

⑪发：焕发、生发。符采：美玉的文理色彩。扬荣：发扬、显示出美丽的荣光。

⑫理交错：纹理交错。

⑬忽似：恍若、好像。厉：疾飞。

⑭稠：稠密。希：同"稀"，稀疏。不谬：没有差错。

⑮洪纤有宜：大和小都很合适。

玉玦赋①

有昆山之妙璞②，产曾城之峻崖③。嗽丹水之炎波④，荫瑶树之玄枝⑤。包黄中之纯气⑥，抱虚静之无为⑦。应九德之淑懿⑧，体五材之表仪⑨。

【题解】

玉玦是佩玉的一种，形如环而有缺口。《三国志·钟繇传》注引《魏略》云："太祖征汉中，太子在孟津。闻钟繇有玉玦，欲得之而难公言。密使临淄侯转因人说之，繇即送之。"曹丕《与钟繇谢玉玦书》："邺骑既到，宝玦初至。捧匣跪发……烂然满目。猥以蒙鄙之姿，得睹希世之宝。……谨奉赋一篇，以赞扬丽质。"可知此玉玦本是钟繇之物，曹丕看中了，于是钟繇将之送给了曹丕，曹丕得到玉玦后写了此赋，来赞颂玉玦的高贵品质。

【注释】

①玉玦：佩玉的一种，形如环而有缺口。

②昆山：昆仑山的简称。璞：未雕琢过的玉石，或指包藏着玉的石头。

③曾城：传说中的地名，《淮南子》载："昆仑山有曾城九重，高万一千里，上有不死树在其西。"

④嗽：以口吸吮。丹水：俗称丹河，发源陕西，汇淅水，流入汉水，相传为尧子丹朱之封地。炎波：红色的波浪。

⑤荫：遮蔽、覆盖。瑶树：传说中一种玉白色的树。玄枝：青黑色的枝条。

⑥包：包含。黄中：古代以五色配五行五方，土居中，故以黄为中央正色。心居五脏之中，故称黄中，也指内在的美德。

⑦抱：抱持、怀有。虚静：清虚恬静。无为：道家思想，指要依天命，顺其自然。

⑧应：对应、呼应。九德：古谓贤人所具备的九种优良品格，九德内容说法有三种，其中最有名的是《左传·昭公二十八年》中记载的九德：心能制义曰度，德正应和曰莫，照临四方曰明，勤施无私曰类，教诲不倦曰长，赏庆刑威曰君，慈和遍服曰顺，择善而从之曰比，经纬天地曰文。

⑨体：体现。五材：指金、水、木、火、土五种物质，也可借指五种美好的德行。表仪：表率仪范。

柳赋有序①

昔建安五年，上与袁绍战于官渡②。是时余从行，始植斯柳③。自彼迄今，十有五载矣。左右仆御已多亡④，感物伤怀，乃作斯赋曰：

伊中域之伟木兮⑤，瑰姿妙其可珍⑥。禀灵祇之笃施兮⑦，与造化乎相因⑧。四时迈而代运兮⑨，去冬节而涉春⑩。彼庶卉之未动兮⑪，固肇萌而先辰⑫。盛德迁而南移兮⑬，星鸟正而司分⑭。应隆时而繁育兮⑮，扬翠叶之青纯⑯。修干偃蹇以虹指兮⑰，柔条阿那而蛇伸⑱。上扶疏而施散兮⑲，下交错而龙鳞⑳。在余年之二七㉑，植斯柳于中庭。始围寸而高尺㉒，今连拱而九成㉓。嗟日月之逝迈，忽橐蘦而遄征㉔。昔周游而处此，今倏忽而弗形㉕。感遗物而怀故，俯惆怅以伤情㉖。于是曜灵次于鹑首兮㉗，景风扇而增暖㉘。丰弘阴而博覆兮㉙，躬恺悌而弗倦㉚。四马望而倾盖兮㉛，行旅仰而回眷㉜。秉至德而不伐兮㉝，岂简卑而择贱㉞。含精灵而寄生兮㉟，保休体之丰衍㊱。惟尺断而能植兮㊲，信永贞而可羡㊳。

【题解】

建安五年，曹操在官渡之战大败袁绍。当时曹丕随军出征，种植柳树。十五年后，曹丕再次路经此地，看到当年亲手种的柳树已成材，而当年跟随左右的人有不少已不在人世。于是作此赋，一方面赞美了柳树的丰茂，同时也抒发了物是人非的感伤之情。

【注释】

①有序：《全三国文》作"并序"。

②上：指曹操。袁绍：字本初，汝南汝阳(今河南周口商水县袁老乡袁老村)人，东汉末年军阀，汉末群雄之一。建安五年(200)在官渡(今河南中牟县东北)败给曹操，不久病死。

③是时：当时。余：我，指曹丕。从行：随军出征。

④左右仆御：泛指跟随在左右的官员、仆役人员。亡：死去、去世。

⑤伊：语助词，无实义。中域：中原地区，古人认为华夏(中原地区)居天下之中，故称中域。《初学记》作"中国"。伟木：高大的树。

⑥瑰姿：美好的容貌或姿态。珍：珍贵、珍爱。

⑦禀:承受。灵祇:神灵,天地之神。笃施:厚施、重施。

⑧造化:化育万物的大自然。相因:互为因果,即相承、相互依托。

⑨四时:指春夏秋冬四季。《初学记》《全三国文》作"四气"。代运:交替运行。

⑩冬节:冬季。

⑪庶卉:众草、群花。动:生长、生发。

⑫肇:肇始、开始。萌:萌芽、发芽。辰:时辰、时间,这里指开始萌芽生长的时间。

⑬盛德:崇高的品德。

⑭星鸟:指朱雀,二十八星宿中的鸟宿,居南方,所以说盛德南迁。司分:古代历正的属官,专司春分、秋分。《书·尧典》载:"春分之昏,鸟星毕见,以正仲春之气节,以推季孟则可知。"因此星鸟正而司分。

⑮隆时:兴盛之时。繁育:繁殖培育。

⑯扬:高举、高长。青纯:青色的边缘。

⑰偃蹇:高耸、高立的样子。

⑱阿那:即婀娜,柔弱、柔美貌。蛇伸:柳枝像蛇一样曲折伸展。

⑲扶疏:枝叶茂盛,高低疏密有致。施散:散发、散开。

⑳龙鳞:形容树皮像龙鳞一样。

㉑二七:十四岁,曹丕生于中平四年(187),到建安五年(200),刚好十四岁。

㉒围寸:树干的周长一寸。围:周长,古代计算圆周的量词。

㉓拱:树干很粗用两手合围才能抱住。九成:九层,形容极高。

㉔亹亹(wěi):往前进的样子。遄征:急行,迅速赶路。

㉕倏忽:快速、仓促。弗形:改变形状。

㉖俯:低头。

㉗曜(yào)灵:太阳。次:停留、住宿,古代天文学以日月相会处为次。日月每年交会十二次。鹑(chún)首:星次的名称。此句是说太阳在鹑首与月亮相会,即阴历初五。

㉘景风:南风。扇:摇动生风。暖:温暖。

36

㉙丰：更加丰茂。弘阴：浓密的树荫。覆：覆盖、遮盖。

㉚恺悌：和乐、平易。

㉛四马：驷马，四匹马拉的车。倾盖：在路上相遇，停车交谈，车盖相交。

㉜回眷：回头看，引申指眷顾、看重。

㉝至德：最高尚的品德。伐：自我夸耀。

㉞简卑而择贱：指柳树不挑剔生长的环境与条件。简、择：挑选。

㉟精灵：神明，精灵之气。

㊱休体：美好的躯体。丰衍：丰盛而盈溢。

㊲尺断：即截成之树段。尺：本指量度单位，这里用作状语。

㊳信：确实、实在。贞：坚定、刚正，有节操。

【汇评】

吴曾曰：魏文帝《柳赋》："在余年之二七，植斯柳乎中庭。始围寸而高尺，今连拱而九成。"桓温北伐，经金城，见为琅琊时种柳，皆已十围，慨然曰："木犹如此，人何以堪？"乃知睹木而兴叹，代有之矣。（《能改斋漫录》卷八）

槐赋有序①

文昌殿中槐树②，盛暑之时，余数游其下，美而赋之。王粲直登贤门③，小阁外亦有槐树，乃就使赋曰④：

有大邦之美树⑤，惟令质之可嘉⑥。托灵根于丰壤⑦，被日月之光华。周长廊而开趾⑧，夹通门而骈罗⑨。承文昌之邃宇⑩，望迎风之曲阿⑪。修干纷其灌错⑫，绿叶萋而重阴⑬。上幽蔼而云覆⑭，下茎立而擢心⑮。伊暮春之既替⑯，即首夏之初期⑰。鸿雁游而送节⑱，凯风翔而迎时⑲。天清和而温润⑳，气恬淡以安治㉑。违隆暑而适体㉒，谁谓此之不怡㉓。

【题解】

槐是一种高大的落叶乔木,古人视之为嘉木。王粲、曹植也有同题赋。此赋描写了槐树的根深叶茂、宏伟高大。

【注释】

①有序:《全三国文》作"并序"。

②文昌殿:曹氏邺宫的正殿。《太公金匮》:"谓树槐于王门内,有盖者入,无盖者距之。"当时曹操被封为魏王,所以在文昌殿栽种槐树。

③直:同"值",当值、值班、值守。登贤门:登贤门在听政门外,接近内朝。

④就使赋:就让王粲同时作赋。曰:一作"焉"。

⑤大邦:大国。

⑥令质:美好的品质。令:美、善。

⑦灵根:灵木之根,指槐树的树根。丰壤:肥饶的土壤。

⑧周:环绕、围绕。

⑨骈罗:并列。

⑩邃宇:深邃、幽深的庭院。

⑪曲阿:屋的曲角。

⑫灌错:密集交错,指树叶浓密。

⑬萋:树叶茂盛。重阴:浓荫。阴:同"荫"。

⑭上:指槐树上面的枝条。幽蔼:茂盛的样子。云覆:像云那样覆盖着。

⑮茎立:树干直立。擢心:谓槐树拔地而起的耸立程度。

⑯伊:发语词,无实义。暮春:晚春。替:季节更替。

⑰首夏:初夏。

⑱鸿雁:一种冬候鸟,也叫大雁。送节:送走季节,即季节变换。

⑲凯风:南风,初夏所吹的温暖的风。

⑳清和:天气清明和暖。温润:温和柔润。

㉑恬淡:安然闲适。安治:安定有序。

38

㉒违:避开。隆暑:盛暑、炎热。适体:使身体舒适。

㉓怡:快乐、喜悦。

莺赋有序①

堂前有笼莺②,晨夜哀鸣③,凄若有怀④,怜而赋之曰⑤:

怨罗人之我困⑥,痛密网而在身。顾穷悲而无告⑦,知时命之将泯⑧。升华堂而进御⑨,奉明后之威神⑩。唯今日之侥幸,得去死而就生⑪。托幽笼以栖息⑫,厉清风而哀鸣⑬。

【题解】

这是一篇咏物赋,描写了被关在笼子里面的黄莺,被人管束,失去自由。王粲有同题赋。赋中的"堂"指铜雀园内的东阁讲堂。

【注释】

①有序:《全三国文》作"并序"。

②笼莺:即关在笼中的黄莺。

③晨夜:早晨和夜晚。

④怀:心事。

⑤怜:怜悯、哀怜。

⑥罗人:捕鸟的人。罗:张网捕鸟。我困:将我围困,这首赋是代鸟而言,赋中的"我"指鸟。

⑦穷悲:穷困悲伤、无路可走。无告:无处诉说。

⑧时命:命运、生命。泯:灭亡。

⑨华堂:华丽的殿堂。进御:侍奉。

⑩明后:开明的君主,指曹操,鸟被抓住进奉给了曹操。威神:威严。

⑪去死而就生:死里逃生。

⑫托：依托、寄托、寄身。幽笼：幽暗的囚笼。
⑬厉：激励、勉励。

迷迭香赋有序①

余种迷迭于中庭②，嘉其扬条吐香③，馥有令芳④，乃为之赋曰：

坐中堂以游观兮⑤，览芳草之树庭⑥。重妙叶于纤枝兮⑦，扬修干而结茎⑧。承灵露以润根兮⑨，嘉日月而敷荣⑩。随回风以摇动兮⑪，吐芬气之穆清⑫。薄西夷之秽俗兮⑬，越万里而来征⑭。岂众卉之足方兮⑮，信希世而特生⑯。

【题解】

此赋描写了迷迭香草的奇异形状和珍贵的品性。迷迭是西域出产的一种植物，可以做香料。也有另外一种说法是《魏略》："大秦出迷迭。"（《魏志·四夷传》裴注引）王粲《迷迭赋》："产昆仑之极幽。"曹丕云："薄西夷之秽俗兮，越万里而来征。"则迷迭为西域所产。或云："迷途香出西蜀，其生处土如渥丹。遇严冬，花始盛开，开即谢，入土结成珠，颗颗如火齐。佩之香浸入肌体，闻之者迷恋不能去，故曰迷迭香。"（赵幼文《曹植集校注·迷迭香赋》注引）曹植、王粲、陈琳、应玚都有此同题赋。

【注释】

①序文原缺，今据《太平御览》卷九百八十二补。
②中庭：庭院之中。
③嘉：夸奖、赞许。扬：飞扬、高举。
④馥：香气散发。令芳：美好芳香。
⑤中堂：即"中庭"。游观：游玩观览。

⑥树：栽种、种植。

⑦重：《艺文类聚》作"垂"。纤枝：细小的树枝。

⑧扬：一本作"杨"，今据《全三国文》改。

⑨灵露：零露、露水。

⑩日月：原作"日日"，今据《太平御览》改。

⑪回风：旋风。

⑫芬：《全三国文》作"芳"。穆清：清和之气。

⑬薄：轻视。秽俗：不好的风俗。

⑭越：跨越。

⑮众卉：百草。足方：可以相比。

⑯信：确实、实在、诚然。希世：世上所稀有。

【汇评】

王直方曰：古诗云："博山炉中百合香，郁金苏合及都梁。"又："氍氍吾水香，迷迭艾纳及都梁。"尝按《广志》，都梁香出交广，形如藿香；迷迭出西域，魏文帝又有《迷迭赋》。信乎，不行一万里，不读万卷书，不可看老杜诗也。（《王直方诗话》）

蔡伯喈女赋序

家公与蔡伯喈有管鲍之好①，乃命使者周近持玄璧于匈奴②，赎其女还，以妻屯田郡都命使者③。

【题解】

蔡伯喈是汉代著名学者，名蔡邕，字伯喈，陈留圉（今河南杞县南）人。他的女儿蔡琰，字文姬，博学多才，精通音律。汉末天下大乱，蔡琰被胡兵掠走，身陷南匈奴十二年，生二子。曹操与蔡邕友善，痛其失女，于建安十三年派使者周近拿玉璧将蔡文姬赎回，重嫁给董祀。曹丕写作此赋时年仅十五岁左右,是他最早的文学作品之一,可惜赋文已佚,仅存序。

【注释】

①家公:称自己的父亲,此指曹操。管鲍:春秋时期管仲与鲍叔牙交情深厚,后人以"管鲍"喻朋友情谊深厚。

②周近:人名,曾作为曹操的使者出使匈奴。匈奴:我国古代北方少数民族之一,亦称胡。玄璧:黑色的璧玉。

③妻:以女嫁人。屯田郡都命使者:负责农业的官吏,具体指董祀。

述征赋①

羡西门之嘉迹②,忽遥睎其灵宇③。

【题解】

此赋从题目看应是描写出征,仅存残句,见《水经注》引"魏文帝《述征赋》曰"。

【注释】

①此赋残句为《水经·浊漳水注》引。

②西门:指西门豹,战国时魏国人,魏文侯时任邺令,是著名的政治家、水利家,曾立下赫赫功勋。

③遥睎:遥望。灵宇:祠堂、寺庙,此指西门豹的祠堂。

哀己赋①

蒙君子之博爱②,垂过望之渥恩③。

【题解】

此赋今已不全,见李善《文选注》引"魏文帝《哀己赋》"。

【注释】

①此赋残句为李善《文选·为顾彦先赠妇诗》注所引。

②蒙:承蒙、蒙受。

③垂:垂青,敬词,表示对方高于自己。过望:过分期望。渥恩:深厚的恩惠。"恩"一作"思"。

诏

定正朔诏（黄初元年）①

孔子称："行夏之时，乘殷之辂，服周之冕，乐则《韶》《舞》。"②此圣人集群代之美事③，为后王制法也。《传》曰："夏数为得天。"④朕承唐、虞之美，至于正朔，当依虞、夏故事⑤。若殊徽号⑥，异器械⑦，制礼乐⑧，易服色⑨，用牲币⑩，自当随土德之数⑪。每四时之季月⑫，服黄十八日⑬，腊以丑⑭，牲用白⑮。其饰节旄，自当赤⑯，但节幡黄耳⑰。其余郊祀天地朝会四时之服⑱，宜如汉制。宗庙所服⑲，一如周礼⑳。

【题解】

古代改朝换代之时新王朝为了表示顺天承运，要重新确定正朔。正和朔分别为一年和一月的开始。延康元年，曹丕代汉称帝，改年号为黄初。公卿上书议论正朔。曹丕认为虽受禅于汉，而以夏数为得天，当依虞、夏故事。故作此诏。诏文规定了新王朝的部分礼仪制度。

【注释】

①《全三国文》卷五和《汉魏六朝名家集初刻》作"定服色诏"，并注"黄初元年"。

②这几句见《论语·卫灵公》。孔子：我国古代的思想家、教育家，儒家学派的创始人。称：说。行夏之时：用夏朝的历法。乘殷之辂：乘坐商朝的车子。服周之冕：佩戴周朝的帽子。韶：舜时的音乐。舞：同"武"，周武王

时的音乐。

③群代：众多朝代。

④传：指《左传》。夏数为得天：夏朝的历数是得到天的祝福，顺应天命的。

⑤唐、虞：即尧、舜，上古的明君。他们都是禅让而有天下，曹丕也是受禅让而得天下，所以说是承续尧舜的美德。故事：先例、旧有的典章制度。

⑥殊：变更。徽号：古代作为标志用的旌旗，是一个王朝的代表。

⑦器械：各种工具的总称。

⑧礼乐：礼节和音乐，古代帝王常用兴礼乐为手段以求达到尊卑有序、远近和合的统治目的。

⑨服色：指车马、祭牲、服饰等的颜色和样式。

⑩牲币：牺牲和币帛，古代用以祀日月星辰、社稷、五岳等，后泛指一般祭祀供品。

⑪土德：按照金木水火土五行相生相克的理论，汉为火德，火生土，魏承汉，应为土德，故曹丕代汉即位，为土德。

⑫季月：分别指春、夏、秋、冬四个季节的最后一个月，即农历三、六、九、十二月。

⑬服黄：穿着黄色的服饰，曹丕建魏为土德，色尚黄，所以"服黄"。

⑭腊：祭名，祭祀先祖和神明。丑：牛。此句是说腊祭用牛。

⑮牲用白：祭祀的牺牲用白色的。

⑯饰节旄，自当赤：节用竹子制成，柄长八尺，节上有牦牛尾饰物，故称节旄，用赤色的。

⑰节幡：旗帜。

⑱郊祀：古代帝王在郊外祭祀天地的典礼。朝会：诸侯、群臣或外国使者朝谒国君。

⑲宗庙：天子或诸侯祭祀祖先的专用房屋。

⑳周礼：周朝的礼仪制度。

追崇孔子诏（黄初二年正月壬午）①

昔仲尼资大圣之才②，怀帝王之器③，当衰周之末④，无受命之运⑤。在鲁、卫之朝⑥，教化乎洙、泗之上⑦，凄凄焉，遑遑焉⑧，欲屈己以存道⑨，贬身以救世⑩。于时王公终莫能用之，乃退考五代之礼⑪，修素王之事⑫，因鲁史而制《春秋》⑬，就太师而正《雅》《颂》⑭。俾千载之后⑮，莫不宗其文以述作⑯，仰其圣以成谋⑰。咨⑱！可谓命世之大圣⑲，亿载之师表者也⑳。遭天下大乱，百祀堕坏㉑，旧居之庙，毁而不修，褒成之后㉒，绝而莫继。阙里不闻讲颂之声㉓，四时不睹蒸尝之位㉔，斯岂所谓崇礼报功㉕，盛德百世必祀者哉㉖！朕甚悯焉㉗。其以议郎孔羡为宗圣侯㉘，邑百户㉙，奉孔子祀。令鲁郡修起旧庙，置百户吏卒以守卫之㉚，又于其外广为屋室，以居学者㉛。

【题解】

东汉末年战乱，各地儒学都受到了很大程度的破坏。曹丕代汉称帝之后，为了复兴儒学，宣扬仁义礼教，建立太学，设立五经博士，并于黄初二年正月下令尊崇孔子的二十一世孙孔羡为宗圣侯，任命官员修复孔庙，以奉孔子之祀，作此诏。

【注释】

①《全三国文》卷五题作《以孔羡为宗圣侯置吏修庙诏》。

②仲尼：孔子名丘，字仲尼。资：天资、天赋。大圣：古谓道德最完善、智能最超绝、通晓万物之道的人。

③器：度量、才干。

④当:处在。衰周:东周国势衰落。

⑤运:天运、天命。

⑥鲁、卫:鲁哀公和卫灵公。孔子曾在他们二国为官。

⑦教化乎洙、泗之上:孔子曾在洙水和泗水之间设馆教学。

⑧凄凄、遑遑:悲伤凄清、匆忙不安的样子。

⑨屈己:委屈自己。

⑩贬身:降低自己的身份。

⑪考:推求、研究。五代:指尧、舜、禹、商、周五个时代。礼:礼仪制度。

⑫素王:谓具有帝王之德而未居帝王之位者。汉代春秋公羊家以为孔子身虽无位,而修《春秋》以制明王之法,故称孔子为素王。

⑬因:依据。制《春秋》:孔子编订《春秋》。

⑭就:依照、依靠。太师:古代乐官之长,掌管乐律。正《雅》《颂》:孔子订正《诗经》中《雅》与《颂》的乐谱。

⑮俾:使得。

⑯宗:尊奉、宗主、以之为标准。述作:泛指创作。

⑰仰:仰仗、依赖。成谋:定议、成约。

⑱咨:语气词,表示赞叹。

⑲命世:闻名于当世,多用以称誉有治国之才者。

⑳亿载:千秋万代。师表:学问品德方面的表率。

㉑祀:祭祀。堕坏:拆毁、毁坏。

㉒褒成:汉时对孔子及其后代所封的爵号。汉平帝时,王莽摄政,封孔子的后人孔均为褒成侯,追谥孔子为褒成宣尼。汉光武帝建武十三年(37),又封孔均的儿子孔志为褒成侯。这个爵位世世相传,到汉献帝的时候因天下大乱才断绝,故下文说"绝而莫继"。

㉓阙里:孔子故里,在今山东曲阜城内阙里街,因有两石阙,故名,孔子曾在此讲学。孔庙后建于此,几乎占全城之半,也曾是曲阜的别称。颂:同"诵"。

㉔蒸尝:本指秋冬二祭。后泛指祭祀。

㉕崇礼报功:封拜赏赐有礼仪有功德的人。

㉖盛德:崇高的品德。

㉗朕甚悯焉:《三国志·文帝纪》没有这四个字,现根据赵幼文《曹植集校注·制命宗圣侯孔羡奉家祀碑》补。

㉘其:汉代诏令用词,命令的意思。议郎:官名,汉代设置,为光禄勋所属郎官之一,掌顾问应对,无常事,汉秩比六百石,多征贤良方正之士任之,晋以后废。孔羡:孔子的二十一世孙。

㉙邑:用作动词,封邑。

㉚吏卒:官兵。

㉛学者:指来曲阜求学的人。

为汉帝置守冢诏

朕承符运①,受终革命②,其敬事山阳公③,如舜之宗尧,有始有卒④,传之无穷。前群司奏处正朔⑤,欲使一皆从魏制,意所不安。其令山阳公于其国中正朔、服色、祭祀、礼乐⑥,自如汉典⑦。又为武、昭、宣、明帝置守冢各三百家⑧。

【题解】

曹丕接受汉献帝的禅让而代汉称帝,为了效仿尧舜禅让的故事,表示自己对汉帝的尊崇之心,于是下了此诏,给汉代的皇帝设置守护陵墓的人员,以此来拉拢人心,维护自己的政权。

【注释】

①符运:古代帝王受天命的象征,古人认为天降祥瑞于国君,使其有凭证治理国家。

②革命:实施变革,以应天命。

③山阳公:指汉献帝。

④卒:终。

⑤前群司奏处正朔:指延康元年(220)十月,桓阶等百官奏请曹丕改革服色、制度。群司:百官。

⑥国:汉献帝受封于山阳,以山阳为国。

⑦汉典:汉代的典章制度。

⑧武、昭、宣、明帝:分别指汉武帝刘彻、汉昭帝刘弗陵、汉宣帝刘询、汉明帝刘庄。守冢:守墓、守墓者。

息兵诏①

孙权残害民物,朕以寇不可长②,故分命猛将三道并征③。今征东诸军,与权党吕范等水战④,则斩首四万,获船万艘。大司马据守濡须⑤,其所禽获亦以万数。中军、征南⑥,攻围江陵。左将军张郃等舳舻直渡⑦,击其南渚⑧,贼赴水溺死者数千人。又为地道攻城,城中外雀鼠不得出入⑨,此几上肉耳⑩!而贼中疠气疾病⑪,夹江涂地⑫,恐相染污。昔周武伐殷,旋师孟津⑬;汉祖征隗嚣,还军高平⑭,皆知天时而度贼情也。且成汤解三面之网,天下归仁⑮。今开江陵之围,以缓成死之禽⑯。且休力役,罢省徭戍⑰,畜养士民⑱,咸使安息。

【题解】

曹丕在黄初三年(222)派兵南征孙权,黄初四年(223)三月返还洛阳。这一仗耗时近半年,但没有什么收获,而且大司马曹仁卒,士兵多染疠气,将士不堪。于是曹丕下此诏以停息兵戈。

【注释】

①《全三国文》卷四题作《敕还师诏》。

②长:滋长、助长。

③故分命猛将三道并征:派兵三路进攻,《三国志·吴主传》载:"魏乃命曹休、张辽、臧霸出洞口,曹仁出濡须,曹真、夏侯尚、张郃、徐晃围南郡。"

④吕范:字子衡,汝南细阳(今安徽太和县)人,吴国将军,曾协助周瑜在赤壁打败曹操。

⑤大司马:指曹仁,谯(今安徽亳州)人,字子孝,曹操堂弟,文帝时任大将军,迁大司马。濡须:水名,今称运漕河,源出安徽省巢湖,东流至今芜湖市裕溪口入长江,古代当江、淮间交通要道,魏、晋、南北朝时这里是兵家必争的要地。

⑥中军:古代行军作战分左、中、右(或上、中、下)三军,由主将所处的中军发号施令。曹丕这次伐吴,曹仁为右军,曹真为中军,张郃为左军。征南:指征南将军夏侯尚。

⑦张郃:字隽乂,河间鄚人,初为韩馥军司马,后归袁绍任校尉,官渡之战后依附曹操,拜荡寇将军,曹丕即位封他为鄚侯。

⑧南渚:南面的岛,此指水军。

⑨中外:内外。

⑩几:几案、小矮桌。几上肉:几案上的肉,比喻打败孙吴十分容易,就像拿放在桌子上的肉一样。

⑪疠气:能致疫病的恶气。

⑫夹江涂地:沿着长江两岸,遍及各地。

⑬周武伐殷,旋师孟津:周武王联合庸、蜀、羌等族与纣战于牧野,灭殷,胜利会师于孟津。

⑭汉祖征隗嚣,还军高平:汉光武帝刘秀讨伐隗嚣,打败他之后还军于高平县。

⑮成汤解三面之网,天下归仁:成汤,商朝的开国君主。《史记·殷本纪》载:"(成)汤出,见野张网四面,祝曰:'自天下四方皆入吾网。'汤曰:'嘻,尽之矣!'乃去其三面。祝曰:'欲左,左;欲右,右。不用命,乃入吾网。'诸侯闻之曰:'汤德至矣,乃禽兽。'"这是说对敌人也要仁慈,网开一面,不要赶尽杀绝。

⑯禽:同"擒"。

⑰力役:以武力征伐。徭戍:服劳役与戍守边疆、兵役。

⑱畜养:养育。

灾异免策三公诏（黄初二年六月晦）①

灾异之作②,以谴元首③,而归过股肱④,岂禹、汤罪己之义乎⑤? 其令百官各虔厥职⑥,后有天地之眚⑦,勿复劾三公⑧。

【题解】

古人常用天人感应的理论把日食、月食、地震、洪水等自然现象与统治阶级的德行联系起来。黄初二年(221)曹丕的夫人甄氏死了;后来出现了日食,有人将此归罪于太尉,奏免太尉。曹丕作此诏,以表明灾异与大臣无关,责任在自己一个人身上,以后不应再因此而弹劾三公等官员。

【注释】

①《全三国文》卷四题作《日食勿劾太尉诏》。

②作:产生、兴起。

③谴:谴责、警戒。元首:君主。

④股肱:大腿和胳膊,指辅佐君主的大臣。

⑤禹、汤罪己:禹、汤是上古明君,他们把百姓和官员的罪过都归之于自己,而不把自己的罪过推卸给别人,后来使得天下大治。

⑥虔:恭敬、忠诚。厥:其。

⑦眚:灾异、灾祸。《释文》:"《子夏传》云:伤害曰灾,妖祥曰眚。"

⑧劾:弹劾。三公:辅助君主治理国家的最高官员。东汉、魏时以太尉、司徒、司空为三公,也称"三司"。

拜日东郊诏

汉氏不拜日于东郊^①，而旦夕常于殿下东面拜日，烦亵似家人之事^②，非事天郊神之道也^③。

【题解】

拜日，又称朝日，是天子行祭日之礼。《礼》规定："天子以春分朝日于东，秋分夕月于西。"曹丕即位的第二年正月便举行祭日的典礼。

【注释】

①汉氏不拜日于东郊：汉代的皇帝不在东郊举行祭日典礼，而只是早上的时候在宫殿的东面简单地祭日。

②烦亵：杂乱轻慢。

③郊神：一作"交神"，指与神祇相接。道：正确的做法。

禁母后预政诏（黄初三年九月）^①

夫妇人与政^②，乱之本也。自今以后，群臣不得奏事太后^③，后族之家不得当辅政之任^④，又不得横受茅土之爵^⑤。以此诏传后世，若有背违，天下共诛之。

【题解】

曹丕年幼时看到东汉末年多由皇后和外戚把持朝政，导致国家混乱。于是在曹丕自己即位当皇帝之后，发布诏书，限制母后参与朝政。

【注释】

①《全三国文》题作《禁妇人与政诏》。预：参与、干预。

②与政：参与朝政。

③奏事太后：向皇帝的母亲禀告政事。

④后族：太后家族。辅政：辅佐政治，即参与朝政。

⑤横受茅土之爵：额外的受封诸侯的爵位。横：额外的。茅土：古代帝王社祭的坛用五种颜色的土建成，东方青，南方赤，西方白，北方黑，中央黄。分封诸侯的时候把一种颜色的土用茅草包好，授给受封的人，作为分得土地的象征。爵：《三国志·文帝纪》作"封"。

改封诸王为县王诏（黄初五年）①

先王建国②，随时而制。汉祖增秦所置郡③，至光武以天下损耗④，并省郡县⑤。以今比之，益不及焉⑥，其改封诸王皆为县王。

【题解】

曹操时，封其子为诸侯王，曹丕在立太子这件事上遭遇过不少挫折，于是等曹丕即位当皇帝，为了削弱诸王的势力，巩固自己的统治，黄初五年（224）下诏改封诸王为县王，削弱他们的实力。

【注释】

①《全三国文》题作《改封郡县王诏》。

②先王：以前的帝王。

③汉祖增秦所置郡：秦统一中国后，推行郡县制，分天下为三十六郡，后又增加桂林、象郡、南海、闽中，共四十郡。汉代的皇帝在此基础上不断增设郡县，如《汉书·地理志》载："高祖增二十六，文、景各六，武帝二十八，

昭帝一,讫于孝平,几郡国一百三,县邑千三百一十四,道三十二,侯国二百四十一。"

④光武:汉光武帝刘秀。

⑤并省:合并以减少。

⑥益:更加。

鹈鹕集灵芝池诏（黄初四年五月）①

此诗人所谓污泽也②。《曹诗》刺恭公远君子而近小人③，今岂有贤智之士处于下位者乎？否则斯鸟何为而至④？其博举天下隽德茂才、独行君子⑤，以答曹人之刺⑥。

【题解】

鹈鹕是一种水鸟,好群居,沉水食鱼,故名污泽,俗呼之为淘河。《三国志·魏书·文帝纪》:"黄初四年(223)五月,有鹈鹕鸟集灵芝池。"古人认为它是不吉利的动物,经常用来比喻朝中有小人。曹丕由此想及《诗经·曹风·侯人》,于是作此诏,表示要亲贤臣、远小人。

【注释】

①此诏《全三国文》注"黄初四年五月"。

②污泽:鹈鹕的别名。《诗经·曹风·侯人》:"维鹈在梁,不濡其翼。"郑玄笺:"鹈在梁,当濡其翼,而不濡者,非其常也。"比喻小人在朝,亦非其常。

③恭公:即曹恭公,名襄,曹国君主。

④《全三国文》"至"下有"哉"字。

⑤博举:广泛荐举。隽德:才德杰出的人。茂才:优秀的人才。独行君子:志行高尚、不随波逐流的人。

⑥曹人：指曹国人写了《侯人》诗以讽刺曹恭公。

取士不限年诏（黄初三年正月庚午）①

今之计、孝②，古之贡士也③。十室之邑，必有忠信④。若限年然后取士，是吕尚、周晋不显于前世也⑤。其令郡国所选⑥，勿拘老幼。儒通经术⑦，吏达文法⑧，到皆试用。有司纠故不以实者⑨。

【题解】

汉末选拔人才由地方推荐，重德行，并限制年龄不能超过五十岁，这种做法往往会埋没人才。曹丕即位之后为了纠正这种弊病，在黄初三年（222）正月下此诏，要求主管人事的部门录取人才不限年龄，要不拘一格选用人才。

【注释】

①不：《全三国文》作"勿"。

②计：考核官吏。孝：《全三国文》作"考"，误。当作"孝"，举孝廉，汉代选拔官吏的科目。卢弼《三国志集解》卷二引宋胡三省曰："计孝，上计吏及孝廉也。"

③贡士：古代地方向朝廷荐举人才。

④十室之邑，必有忠信：语出《论语·公冶长》："子曰：'十室之邑，必有忠信如丘者焉。'"是说有十户人家居住的地方，里面一定会有忠信诚实的人。

⑤是：这样。吕尚：即姜子牙，姜姓，吕氏。他72岁时垂钓于渭水之滨，与周文王相遇，同载而归，被重用，成为周朝开国元勋。周晋：名晋，字子乔，是东周灵王（姬泄心）的长子，15岁即以太子身份辅政。显：显身扬

名。

⑥其:表命令的语气词。郡国:郡和国的并称。汉初,兼采封建及郡县之制,分天下为郡与国,郡直属中央,国分封诸王、侯,封王之国称王国,封侯之国称侯国。

⑦经术:经学,儒家经典之学。

⑧文法:文书法令。

⑨有司:指官吏。古代设官分职,各有专司,故称有司。这里是指主管取士的人事部门。纠故不以实者:纠察故意不落实我的诏令的人和事。

轻刑诏(黄初五年十月)

近之不绥,何远之怀①? 今事多而民少,上下相弊以文法②,百姓无所措其手足③。昔太山之哭者,以为苛政甚于猛虎④。吾备儒者之风,服圣人之遗教⑤,岂可以目玩其辞,行违其诚者哉! 广议轻刑,以惠百姓。

【题解】

在汉代的皇帝中曹丕特别喜欢的是汉文帝,汉文帝在位期间减免刑法,宽仁弘厚。曹丕即位后也效法他,在黄初五年(224)十月作此诏,令减轻刑法,以宽待百姓。

【注释】

①近、远:均指地区,临近的地方和边远的地方。绥、怀:均为安抚之意。此句是说身边的地方都不能安抚好,又怎么能够安抚好边远地区呢?

②弊:蒙蔽、欺骗。文法:文饰法令条文。

③措:安置、安放。

④太山:即泰山。苛政:苛刻烦琐的政令。

⑤服:服从、执行、遵照。

平准诏（黄初二年十月己亥）

今与孙骠骑和通①,商旅当日月而至②。而百贾偷利喜贱③,其物平价,又与其绢。故官逆为平准耳④。官岂少此物辈耶?

【题解】

平准是古代政府为平抑物价、发展经济所采取的措施。据《三国志·吴书·吴主传》载:公元221年孙权向曹丕称臣,魏吴关系和好,双方商旅往来,商品流通。曹丕为平抑物价,整顿贸易而颁发此诏。

【注释】

①孙骠骑:即孙权。和通:和睦往来。
②日月:日日月月,形容经常。
③贾:商人。偷利喜贱:窃取利润,喜好便宜。
④官:指官府。逆:预先。平准:古代官府平抑物价的措施。

禁复仇诏①

丧乱以来②,兵革纵横③,天下之人,多相残害者④。昔田横杀郦商之兄⑤,张步害伏湛之子⑥。汉氏二祖下诏⑦,使不得相仇。贾复、寇恂私相怨憾,至怀手剑之忿,光武召而和之,卒共同舆而载⑧。今兵戎始息,宇内初定。民之存者,非流亡之孤,则锋刃之余⑨。当相亲爱,养老长幼⑩。自今以后,宿有仇怨者⑪，皆不得相仇。敢有复私仇者，皆族之⑫。

【题解】

汉末天下大乱，人多相残，互相复仇。曹丕即位后，为了消除这种恶劣的社会风气，维护国家的安定，黄初四年（223）正月作此诏，禁止复仇。此举对消除不利于社会安定、人民团结的因素有积极作用。

【注释】

①《全三国文》题作《禁复私仇诏》。

②丧乱：时势或政局动乱。

③纵横：《三国志·文帝纪》作"未戢"，形容连年征战。

④此句《三国志·文帝纪》作"互相残杀"。

⑤田横杀郦商之兄：当为"田广杀郦商之兄"。田广是战国时齐田氏后代田荣之子。郦商之兄，即郦食其，被田广烹杀。

⑥张步害伏湛之子：张步，字文公，东汉初年，聚众兴兵，据有齐地。伏湛之子，即伏隆。建武三年（27），光武帝派光禄大夫伏隆持节使齐，拜张步为东莱太守，想招降之。但张步投靠了梁王刘永，杀了伏隆。

⑦汉氏二祖：指汉高祖刘邦和汉光武帝刘秀。

⑧"贾复、寇恂"四句：贾复（9—55），字君文，南阳冠军（今河南邓县西北）人，东汉名将，云台二十八将第三位。寇恂（？—36），字子翼，上谷昌平（今北京市）人，东汉开国名将，云台二十八将第五位。他们二人因事有私仇，汉光武帝招他们喝酒，说："天下未定，两虎安得私斗？今日朕分之。"于是化解了他们的仇怨，并坐相欢，遂共车同出，结友而去。此四句原缺，今据《全三国文》补。

⑨锋刃：指刀剑等的尖端和刃口，借指兵祸、战火。余：幸存的人。

⑩长：养育。

⑪宿：老的、积久的。

⑫族：古代的一种残酷刑罚，一人有罪，把全家或包括母亲、妻家的人

都杀死。

禁淫祀诏_{(黄初五年十二月)①}

　　先王制礼②,所以昭孝事祖③,大则郊社④,其次宗庙⑤。三辰五行⑥,名山大川,非此族也⑦,不在祀典⑧。叔世衰乱⑨,崇信巫史⑩。至乃宫殿之内,户牖之间⑪,无不沃酹⑫,甚矣其惑也⑬。自今,其敢设非祀之祭,巫祝之言,皆以执左道论⑭,著于令典⑮。

【题解】

　　东汉末年,战乱连年,礼崩乐坏,百姓之中迷信巫史者多。曹丕即位之后,要兴礼乐,规范祭祀活动,于是在黄初五年(224)十二月作此诏,禁止不合规定的祭祀活动,以此形成良好的社会风尚。

【注释】

①《全三国文》题作《禁设非礼之祭诏》,注"黄初五年十二月"。

②制:《全三国文》作"祭",注"祭"当作"制"。礼:礼仪规范。

③昭:昭显、表彰。孝:孝顺父母。事:侍奉、供奉。祖:先祖。

④郊社:祭天地。

⑤宗庙:天子、诸侯祭祀祖先的处所。

⑥三辰:指日、月、星。五行:指金、木、水、火、土。

⑦族:类。

⑧祀典:祭祀的礼仪和制度。

⑨叔世:末世,旧指国家政权衰敝的年代。

⑩巫史:即巫祝。殷商之前,巫与史通,其后变成了从事通鬼神的迷信职业者。

⑪户牖:门窗。此谓房屋。

⑫沃酹:洒酒祭祀鬼神。

⑬惑:困惑,迷乱。

⑭执:取、拿。此谓坚持。左道:邪门旁道。

⑮著:上。令典:国家的宪章法令。

罢墓祭诏(黄初三年)①

先帝躬履节俭②,遗诏省约③。子以述父为孝④,臣以继事为忠⑤。古不墓祭,皆设于庙⑥。高陵上殿⑦,屋皆毁坏,车马还厩,衣服藏府⑧,以从先帝俭德之志⑨。

【题解】

汉代末年民间厚葬的风气很盛。曹操反对厚葬,要求节俭治丧。曹丕即位之后,继承了曹操的主张,因此在黄初三年(222)下诏禁止厚葬、罢除墓祭。

【注释】

①《全三国文》题作《毁高帝祭殿诏》,注"黄初三年"。

②先帝:指曹操。躬履:亲身履行、身体力行。

③遗诏:指曹操临终前所写的《遗令》,说:"吾死之后……葬毕便除服,其将兵屯戍者,皆不得离屯部,有司各率,敛以时服。……无藏金玉珍宝。"

④述:遵循、顺行。

⑤继:承继。

⑥庙:供祭祀祖先的屋舍。

⑦高陵:《武帝纪》建安二十五年(220):"二月丁卯,葬高陵。"曹操《遗令》:"葬于邺之西冈上,与西门豹祠相近。"高陵当指西冈。

⑧府：国家储藏财物或文书的地方。

⑨俭德：节俭的美德。

外国遣使奉献诏（黄初三年二月）①

西戎即叙②，氐、羌来王③，《诗》《书》美之④。顷者西域并款塞内附⑤，其遣使者抚劳之⑥。

【题解】

曹丕代汉称帝，西域的鄯善、龟兹、于阗诸王都表示臣服，黄初三年（222）二月分别派遣使臣来奉献宝物。于是曹丕作此诏颂之。

【注释】

①《全三国文》题作《抚劳西域奉献诏》。

②西戎：我国古代对西北少数民族的总称。即叙：就序、归顺。

③氐、羌：西部及西北地区的少数民族。来王：犹"来朝"，指古代诸侯、臣子、属国定期朝觐天子。

④《诗》《书》：指《诗经》《尚书》。美：赞美。

⑤顷者：最近、近来。西域：指玉门关以西、巴尔喀什湖以东及以南的广大地区。《全三国文》"西域"下有"外夷"二字。款塞：叩塞门而来降，指外族前来通好或内附。

⑥抚劳：抚慰、慰劳，指派遣使者慰劳外国的使者。

营寿陵诏①

《礼》②："国君即位为椑③。"存不忘亡也④。昔尧葬穀林，通树之⑤；禹葬会稽，农不易亩⑥。故葬于山林，则合乎山林。

封树之制⑦，非上古也⑧，吾无取焉。寿陵因山为体⑨，无为封树⑩，无立寝殿⑪，造园邑⑫，通神道⑬。

夫葬也者，藏也，欲人之不得见也。骨无痛痒之知，冢非栖神之宅⑭。礼不墓祭⑮，欲存亡之不黩也⑯。为棺椁足以朽骨⑰，衣衾足以朽肉而已⑱。故吾营此丘墟不食之地⑲，欲使易代之后不知其处⑳。无施苇炭㉑，无藏金银铜铁，一以瓦器㉒，合古涂车、刍灵之义㉓。棺但漆际会三过㉔，饭含无以珠玉㉕，无施珠襦玉匣㉖，诸愚俗所为也㉗。

季孙以玙璠敛，孔子历级而救之㉘，譬之暴骸中原㉙。宋公厚葬，君子谓华元、乐莒不臣，以为弃君于恶㉚。汉文帝之不发霸陵，无求也㉛；光武之掘原陵，封树也㉜。霸陵之完，功在释之㉝；原陵之掘，罪在明帝㉞。是释之忠以利君，明帝爱以害亲也。忠臣孝子，宜思仲尼、丘明、释之之言㉟，鉴华元、乐莒、明帝之戒，存于所以安君定亲，使魂灵万载无危㊱，斯则贤圣之忠孝矣。

自古及今，未有不亡之国，亦无不掘之墓也。丧乱以来，汉氏诸陵，无不发掘㊲，至乃烧取玉匣金缕㊳，骸骨并尽，是焚如之刑也㊴。岂不重痛哉㊵！祸由乎厚葬封树。"桑、霍为我戒"，不亦明乎㊶！其皇后及贵人以下，不随王之国者，有终没皆葬涧西㊷，前又以表其处矣。盖舜葬苍梧，二妃不从㊸；延陵葬子，远在嬴、博㊹。魂而有灵，无不之也㊺。一涧之间，不足为远。若违今诏，妄有所变改造施㊻，吾为戮尸地下㊼，戮而重戮，死而重死㊽。臣子为蔑死君父㊾，不忠不孝，使死者有知，将不福汝㊿。其以此诏藏之宗庙，副在尚书、秘书、三府[51]。

这是曹丕关于自己死后的丧葬问题的诏书。黄初三年(222)十月,曹丕选择首阳山东为自己死后埋葬的寿陵,作此诏提出丧事从简、薄殓等具体改革举措。此诏针对汉末厚葬的社会风气而发,较为全面地分析了古代的丧葬制度,表现了曹丕节俭治丧、移风易俗的思想。

【注释】

①《全三国文》题作《终制》。《三国志·文帝纪》:"(黄初三年)冬十月甲子,表首阳山东为寿陵,作《终制》曰。"寿陵:指帝后生前预筑的陵墓。

②礼:指《礼记》。

③椑:果木名,用于制作棺材。古代天子诸侯之棺各有数层,最里面的一层挨尸棺叫"椑"。此句是说国君即位的时候就要开始准备死后的棺木。

④存:生存、活着。

⑤縠林:地名,也作縠陵,即成阳。旧史说尧葬于縠林,今山东菏泽东北有尧陵。通树:即封树,堆土做坟称"封",植树为饰称"树"。

⑥会稽:即会稽山,在今浙江绍兴东南,相传禹会诸侯江南计功,故名。农不易亩:人民耕作的土地没有变动。《吕氏春秋·安死》:"禹葬于会稽,不变人徒。"注:"变,动也。言无所兴造,不扰民也。"

⑦封树之制:聚土为坟叫封,植树为标记叫树。这种制度,等级严格,《周礼·春官宗伯·冢人》:"以爵等为丘封之度,与其树数。"《疏》:"尊者丘高而树多,卑者封下而树少,故云别尊卑也……《王制》云:'庶人不封不树。'"

⑧上古:远古,指有文字记载以前的时代。

⑨因:凭借。

⑩无为:不要。

⑪寝殿:帝王陵墓的正殿,为祭祀之所。

⑫园邑:守护陵园的居民区。

⑬神道:墓前的道路,《后汉书·中山简王焉传》注:"墓前开道,建石柱以为标,谓之神道。"

⑭栖神:同"栖真"。道家以性命之根本为真。栖真,谓保其根本,养其元神。《淮南子·泰族训》:"今夫道者,藏精于内,栖神于心,静漠恬淡,讼缪胸中,邪气无所留滞。"

⑮墓祭:扫墓,在墓前祭奠。《后汉书·明帝纪》永平元年注:"《汉官仪》曰:古不墓祭,秦始皇起寝于墓侧,汉因而不改。诸陵寝皆以晦、望、二十四气、三伏、社、腊及四时上饭。"

⑯黩:轻慢、不敬。

⑰棺椁:棺材和棺外的套棺。

⑱衾:被单。

⑲丘墟:废墟荒地。不食之地:指不能耕种或不生长庄稼的土地。《礼记·檀弓》:"我死,则择不食之地而葬我焉。"

⑳易代:改换朝代。

㉑苇炭:苇,指苇芰,即苇索。此指芦苇和木炭的灰,用以吸潮保持干燥。

㉒一以:全部用、一概用。

㉓合:合乎、符合。涂车:泥车,古时送葬用的明器。清孙希旦云:"涂车,即遣车,以采色涂饰之,以象金玉。"刍灵:用茅草扎成的人、马,为古人送葬之物。《礼记·檀弓》:"涂车、刍灵。自古有之,明器之道也。"

㉔漆:涂漆。三过:三遍。

㉕饭含:亦作"饭唅"。以碎玉生米之类放于死者口中。

㉖珠襦玉匣:皇宗贵族的殓服。《西京杂记》:"汉帝送死皆珠襦玉匣。"

㉗愚俗:愚昧的风俗。

㉘季孙以玙璠敛,孔子历级而救之:季孙,春秋鲁桓公子季友的后裔。此谓季平子。玙璠:美玉、宝玉。《左传·定公五年》:"季平子行东野,还,未至,丙申,卒于房。阳虎将以玙璠敛,仲梁怀弗与。"历级:即登台阶而上。

㉙譬:明晓,晓谕。暴骸:暴露尸骨。

㉚宋公:指宋文公。华元:春秋时宋公族大夫,华督曾孙。历事文、共、平三公,执政四十年。乐莒:杨伯峻《左传注》:"乐豫、乐吕或同一人。"误,当为乐举,乐举为当时宋国执政大臣。《左传·成公二年》:"八月,宋文公

64

卒,姑厚葬,用蜃炭,益车马,始用殉,重器备。椁有四阿,棺有翰、桧。君子谓华元、乐举'于是乎不臣。臣,治烦去惑者也,是以伏死而争。今二子者,君生则纵其惑,死又益其侈,是弃君于恶也,何臣之为?'"

㉛"汉文帝"二句:汉文帝,即刘桓。霸陵:地名,在长安东,汉文帝的陵墓所在地。汉文帝葬皆以瓦器,不以金银铜锡为饰,因其山,不起坟,所以称为"霸陵无求"。

㉜原陵:汉光武帝刘秀的陵墓所在地,在今河南孟津境。

㉝霸陵之完,功在释之:释之,即张释之。《史记·张释之传》:"(文帝)至霸陵,居北临厕。……使慎夫人鼓瑟,上自倚瑟而歌,意惨凄悲怀,顾谓群臣曰:'嗟乎,以北山石为椁,用纻絮斫陈絮漆其间。岂可动哉!'左右皆曰:'善。'释之前进曰:'使其中有可欲者,虽锢南山犹有郄;使其中无可欲者,虽无石椁,又何戚焉。'文帝称善。"文帝采纳释之意见薄葬,霸陵才不至于被人盗掘。

㉞原陵之掘,罪在明帝:明帝,即刘庄。明帝葬光武帝于原陵,封树,永平元年(58)春正月,率公卿以下朝于原陵;又于二年春正月辛未,宗祀光武帝于明堂,以示爱亲。正因为他如此厚葬光武帝,导致汉末天下大乱,原陵被盗掘。

㉟丘明:即左丘明,春秋鲁国史官,相传《左传》为其所作。

㊱魂灵:即灵魂。

㊲汉氏诸陵,无不发掘:汉末天下大乱,更始已定关中,刘盆子入关杀更始,掘诸陵。

㊳玉匣:亦称玉衣,汉代帝王的葬具,形如铠甲。金缕:金丝。

㊴焚如之刑:古代把人烧死的酷刑。

㊵重痛:沉痛。

㊶桑、霍:桑弘羊和霍光。桑弘羊,西汉政治家,洛阳人。武帝时任治粟都尉,领大司农。制定、推行盐铁酒类的官营专卖制度,设立平准、均输机构控制全国商品,这些措施增加了财政收入。主张抵抗匈奴侵扰,反对和亲政策。霍光,字子孟,河东平阳人。武帝时为奉车都尉。昭帝年幼,他与桑弘羊等同受武帝遗诏辅政,任大司马大将军。前后执政二十年。光

65

卒,昭帝及皇太后亲临光丧,赐金钱、缯絮、绣被百领,衣五十箧,璧珠玑玉衣,梓宫、便房、黄肠题凑各一具,并为其举行隆重的葬礼。

㊷终没:亦作"终殁",寿终正寝。涧西:指首阳山涧之西。

㊸舜葬苍梧:苍梧,又名九嶷,相传舜葬于苍梧之野。二妃:指尧的女儿娥皇和女英,二人均嫁于舜。舜南巡死于苍梧,二妃寻至,自投湘水,成为湘水女神。

㊹延陵:地名,在今江苏武进。春秋吴公子季札封邑,故时人因称札为延陵季子。此谓季札。嬴、博:古代齐国的两个地名,在今泰山附近。《礼记·檀弓》:"延陵季子适齐,于其反也,其长子死,葬于嬴、博之间。"

㊺之:往、到。

㊻妄:不遵守法令,胡作非为。

㊼戮尸:古代斩戮死者尸体的刑罚。

㊽重:再次。

㊾蔑死君父:轻视、轻侮。君父:对父为国君者的称呼。

㊿不福汝:不降福于你。

(51)副:抄写副本。尚书:总管朝廷政务及章奏的官署。秘书:掌管朝廷图籍的官署。三府:太尉、司徒、司空设立的府署,合称三府。

与群臣诏四首①

南方有龙眼、荔枝②,宁比西国蒲萄、石蜜乎③？酢且不如中国④。今以荔枝赐将士,噉之则知其味薄矣⑤。凡枣味莫若安邑御枣也⑥。

又

真定御梨⑦,大若拳,甘若蜜,脆若菱⑧,可以解烦释渴⑨。

66

又

前于阗王山习所上孔雀尾万枚^⑩，文彩五色，以为金根车盖^⑪，遥望曜人眼^⑫。

又

新城孟太守道，蜀肫、鸡、鹜味皆淡^⑬，故蜀人作食，喜着饴蜜^⑭，以助味也^⑮。

【题解】

曹丕代汉称帝后所作的诏书绝大部分保存在正史之中，此外尚有一些残存的文句见于《北堂书钞》《艺文类聚》《太平御览》等典籍中，且无命题，暂难以确定其写作时间和史实背景。《艺文类聚》等将它们统一命名为《诏群臣》。

【注释】

①寿考堂本题作《与群臣诏》。

②龙眼：桂圆，与荔枝相近的一种果实，它长在东印度群岛的一种乔木上。

③宁：岂。西国：泛指西域诸国。蒲萄：即葡萄。石蜜：亦作"石密"，是用甘蔗炼成的糖。

④酢：味之一种，形容水果酸甜之味。中国：中原。

⑤噉：食、品尝。薄：淡。

⑥安邑：古代都邑名，是夏朝都城之一，位于今山西运城夏县。

⑦真定：地名，在今河北正定，国家历史文化名城，与北京、保定合称"北方三雄镇"，三国时代的常胜将军赵云便是诞生于此。真定产的梨为皇帝所用贡品，故称"御梨"。

⑧菱：同"凌"，冰块。

⑨解烦释渴：消解烦躁、解渴。

⑩此则见《艺文类聚》卷九十一。于阗:汉代西域国名,又写作"于寘",在今新疆和田县一带。上:奉献、进贡。

⑪金根车:以金饰的车。

⑫曜:闪耀、照耀。《全三国文》"眼"字下有"目"字。

⑬此则见《北堂书钞》卷一百四十七。新城:郡名。孟太守:孟达,任新城太守。道:说。肫:同"纯",整体、全。鹜:鸭。

⑭着:添加。饴蜜:糖浆。

⑮助味:增加味道。

下颍川诏（黄初二年正月壬午）①

颍川②,先帝所由起兵征伐也③。官渡之役④,四方瓦解,远近顾望⑤,而此郡守义,丁壮荷戈⑥,老弱负粮。昔汉祖以秦中为国本⑦,光武恃河内为王基⑧。今朕复于此登坛受禅⑨,天以此郡翼成大魏⑩。

【题解】

汉末天下大乱,曹操在颍川郡开始起兵。曹丕后来也在这里祭祀天神和先祖。他认为这是曹魏的福地,于是作此诏下令免除颍川郡一年的赋税徭役。

【注释】

①此诏又题作《复颍川一年田租诏》。复:免除赋税徭役。

②颍川:郡名,辖今河南省中部及南部地区。

③先帝:指曹操。起兵征伐:指曹操在陈留(属颍川郡)起兵讨伐董卓。

④官渡:在今河南中牟东北。建安四年至五年曹操与袁绍大战于此。

⑤顾望:左右观望、游移不定。

⑥丁壮:少壮男子。荷戈:扛着戈(兵器)参加战斗。

⑦汉祖:指汉高祖刘邦。秦中:即关中,指今陕西中部,因其地属秦国而得名。国本:立国的根本。

⑧光武:指东汉光武帝刘秀。河内:郡名,汉高祖二年置。相当于今河南黄河南北两岸的地方。王基:称王的基地。

⑨坛:于平坦之地用土筑起的高台,用以祭祀天神及远祖,遇大事如朝会、盟誓、封拜等,立坛以示郑重。受禅:指曹丕接受汉献帝的禅让称帝。

⑩翼:羽翼、辅助。

任城王彰增邑诏(延康元年)①

先王之道,庸勋亲亲②,并建母弟③,开国承家,故能藩屏大宗④,御侮厌难⑤。彰前受命北伐⑥,清定朔土⑦,厥功茂焉⑧。增邑五千,并前万户。

【题解】

任城王彰,即曹彰,曹操的第三个儿子,曹丕的同母弟。武艺壮猛,有将领之才。建安二十三年(218),代郡、上谷乌丸无臣氏等叛乱,操遣其击败之,曾任骁骑将军,封鄢陵侯。曹丕即帝位之后,追念他的功勋,作此诏为他增加封邑。

【注释】

①此诏原题为《增封中牟侯彰诏》。

②庸勋:功勋、功绩。亲亲:谓爱自己的亲属,即将功勋分给他们。

③建:分封、提拔。母弟:同母之弟。

④藩屏:屏障捍卫。大宗:周代宗法体系中,以始祖的嫡长为大宗,其他为小宗。

69

⑤御侮厌难:抵御外侮,消除危难。

⑥北伐:指建安二十三年的代郡、上谷战争。

⑦清定:清平安定,使安定。朔土:北方的土地,指代郡、上谷地区。

⑧厥:其。茂:盛大。

答临淄侯植诏^①

得月二十八日表,知侯推情^②,欲祭先王于河上。览省上下^③,悲伤感切,将欲遣礼^④,以纾侯敬恭之意^⑤。会博士鹿优等奏礼如此^⑥,故写以示下^⑦。开国承家,顾迫礼制^⑧。惟侯存心^⑨,与吾同之。

【题解】

曹植是曹操的第四个儿子,曹丕的同母弟,建安十九年(214)被封为临淄侯。建安二十五年(220)正月,曹操卒,曹丕继位为丞相、魏王。二月,曹植在临淄上《求祭先王表》,想回邺都祭拜曹操。曹丕以"庶子不得祭宗庙"等借口拒绝了他的请求。

【注释】

①《全三国文》题作《止临淄侯植求祭先王诏》。

②推情:以情义相待。

③览省:观看。

④遣礼:排除礼法的约束,让曹植来邺都祭拜曹操。

⑤纾:宽慰。

⑥会:适逢。博士:官名,诸子、诗赋、术数、方技都立博士,西汉属太常。鹿优:人名。他上奏说按照礼法曹植不能亲自来邺都祭拜曹操。

⑦写以示下:写诏书给曹植。

⑤御侮厌难:抵御外侮,消除危难。

⑥北伐:指建安二十三年的代郡、上谷战争。

⑦清定:清平安定,使安定。朔土:北方的土地,指代郡、上谷地区。

⑧厥:其。茂:盛大。

答临淄侯植诏①

得月二十八日表,知侯推情②,欲祭先王于河上。览省上下③,悲伤感切,将欲遣礼④,以纾侯敬恭之意⑤。会博士鹿优等奏礼如此⑥,故写以示下⑦。开国承家,顾迫礼制⑧。惟侯存心⑨,与吾同之。

【题解】

曹植是曹操的第四个儿子,曹丕的同母弟,建安十九年(214)被封为临淄侯。建安二十五年(220)正月,曹操卒,曹丕继位为丞相、魏王。二月,曹植在临淄上《求祭先王表》,想回邺都祭拜曹操。曹丕以"庶子不得祭宗庙"等借口拒绝了他的请求。

【注释】

①《全三国文》题作《止临淄侯植求祭先王诏》。

②推情:以情义相待。

③览省:观看。

④遣礼:排除礼法的约束,让曹植来邺都祭拜曹操。

⑤纾:宽慰。

⑥会:适逢。博士:官名,诸子、诗赋、术数、方技都立博士,西汉属太常。鹿优:人名。他上奏说按照礼法曹植不能亲自来邺都祭拜曹操。

⑦写以示下:写诏书给曹植。

⑧顾迫礼制：为礼仪制度所迫。顾迫：不得不顾及。

⑨惟：《全三国文》作"推"，推想。

答北海王衮诏(黄初三年)①

昔唐叔归禾②，东平献颂③，斯皆骨肉赞美，以彰懿亲④。王研精坟典⑤，耽味道真⑥，文雅焕炳⑦，朕甚嘉之。王其克慎明德⑧，以终令闻⑨。

【题解】

曹衮，曹操之子，曹丕的异母弟，杜夫人所生。黄初三年(222)被封为北海王。黄初三年，一条黄龙出现在邺县西边的漳水中，曹衮上书就此事表示赞颂，曹丕赏赐他黄金十斤并作诏答谢。

【注释】

①《全三国文》题为《答中山王献黄龙诏》。据《三国志》载曹衮是在魏明帝太和六年(232)被封为中山王，黄初三年时为北海王，所以此处不应称其为中山王。

②唐叔：周代晋国的始祖，姬姓，名虞，字子于。周成王之弟。周公东征胜利后，成王封以夏墟(原夏代建都地区)之地，并赐予怀姓九宗，建都于翼(今山西翼城东南)，国号唐，后子燮继位，因南有晋水，改称晋侯。归禾：赠送嘉禾。归，同"馈"。唐叔的食邑内获异禾，生于异垄，合为一穗，以为象征天下和同的嘉禾，唐叔得嘉禾献与成王，成王复赠与周公。

③东平献颂：东汉东平宪王刘苍向光武帝进献《受命中兴颂》，光武帝称赞他，后因以"东平献颂"为宗室歌颂帝德的典实。

④懿亲：至亲。此谓皇室宗亲。

⑤坟典：三坟、五典的并称，后转为古代典籍的通称。三坟指伏羲、神

71

农、黄帝之书；五典指少昊、颛顼、高辛、尧、舜之书。

⑥耽味：深切体味。道真：道德、学问的真谛。《三国志·魏书》本传说衮"少好学，年十余岁能属文，每读书，文学左右常恐以精力为病，数陈止之，然性所乐，不能废也"。故诏云"研精坟典，耽味道真"。

⑦焕炳：词采明丽。

⑧克慎：能够谨慎，使自己具有完善的品德。

⑨终：保持到底。令闻：美好的名声。

待杨彪客礼诏（黄初二年十月己亥）①

夫先王制几杖之赐②，所以宾礼黄耇，褒崇元老也③。昔孔光、卓茂皆以淑德高年④，受兹嘉赐⑤。公故汉宰臣⑥，乃祖已来⑦，世著名节⑧。年过七十，行不逾矩，可谓老成人矣。所宜宠异⑨，以章旧德⑩。其赐公延年杖及冯几⑪。谒请之日，便使杖入，又可使著鹿皮冠⑫。

【题解】

杨彪（142—225），字文先。弘农郡华阴县（今陕西华阴）人。东汉末年名臣，太尉杨赐之子、名士杨修之父。杨家从杨震到杨彪，四代为太尉，甚有名望。他见汉室衰微，便诈称脚疾，不理世事。曹丕即位后为了得到士族的支持，于黄初二年（221）十月己亥作此诏，想任命杨彪为太尉，他认为自己累世为三公，耻为魏臣，拒绝出任太尉，后改光禄大夫，待以客礼。

【注释】

①《全三国文》题作《赐故太尉杨彪几杖诏》，注"黄初二年，十月己亥"。

②先王：指曹操。制：制定。几杖：凭几与手杖，古代用以孝敬老者的礼物，以供老年人平时靠身和走路时扶持之用。建安二十二年（217），曹操

立曹丕为太子,认为太尉杨彪之子杨修与曹植交好,恐对曹丕不利,就找借口把杨修杀了。曹操为了安慰杨彪,推卸妄杀无辜的罪责,写信给杨彪,并送去一些礼物,书云:"今赠足下锦裘二领,八节银角桃杖一枚,青毡床褥三具,官绢五百匹,钱六十万,画轮四望通幰七香车一乘,青牛二头。八百里骅骝马一匹,赤戎金装鞍辔十副,铃枙一具,驱使二人,并遗足下贵错彩罗縠裘一领,织成靴一量,有心青衣二人,长奉左右。"(《曹操集·与太尉杨彪书》)

③黄耇:年老长寿。褒崇:赞扬尊崇。元老:指资望高深的旧臣。

④孔光:(前65—5),字子夏,曲阜(今山东曲阜)人,西汉后期大臣,孔子的十四世孙,太师孔霸之子。治经学,熟悉汉朝的制度法令,历成、哀、平三朝,官至大将军、丞相、太傅、太师。当时王莽专权,光谨默自守,终日清谈,不及政事,不为莽所忌,得以保持禄位。《汉书》有传。卓茂:(?—28),字子康,南阳郡宛县(今河南南阳宛城区)人。汉朝大臣,云台三十二将之一。生性仁爱恭谨,颇受乡邻朋友喜爱。光武建武元年,征为太傅,封褒德侯。《后汉书》有传。淑德:美德。

⑤赐:一作"锡",与"赐"同。

⑥公:指杨彪。宰臣:指辅助皇帝,统领群僚,总揽政务的最高行政长官。杨彪曾任汉太尉,故称"宰臣"。

⑦乃祖:你的祖辈。已:同"以"。

⑧世著名节:世代以名节著称。杨家从杨震到杨彪,四代做太尉,很有名望。

⑨宠异:宠爱优待,不同于众人。

⑩章:同"彰",表彰。

⑪延年杖:古代帝王赐给老臣的手杖名,以示优遇。冯几:用以凭靠的几。

⑫著:戴。鹿皮冠:用鹿皮做的帽子,较华贵。

赐华歆诏(黄初元年)①

司徒②,国之俊老③,所与和阴阳、理庶事也④。今大官重膳⑤，而司徒蔬食⑥，甚无谓也。特赐御衣，及为其妻子男女皆作衣服。

【题解】

华歆（157—232），字子鱼，东汉时期平原高唐（今山东禹城）人，汉末魏初时名士，曹魏重臣，是三国时期重要历史人物。曹操征讨孙权，"表歆为军师"。华歆是汉献帝禅让帝位给曹丕的过程中的主要参与者之一，在曹魏官至司徒、太尉。华歆为官清正廉洁，生活清贫，曹丕抚恤人才，作此诏赐给他衣物。

【注释】

①《全三国文》题作《下诏赐华歆衣》。

②司徒：官名，《周礼》地官有大司徒，为六卿之一，掌理教化。汉哀帝时改丞相为大司徒，东汉时改为司徒，主管教化，与大司马、大司空并为"三公"。魏沿用。此处指华歆。

③俊老：才智杰出的老人。

④与：参与。和：协调。阴阳：古代哲学概念，以阴阳解释万物化生。庶事：众多的事。

⑤大官：职位高的官吏。重膳：两个或两个以上的菜肴，泛指丰盛、华贵的膳食。

⑥蔬食：粗食，以草菜为食。

论孙权诏（黄初三年）①

权前对浩周自陈不敢自远②，乐委质长为外臣③，又前后辞旨，头尾击地④，此鼠子自知不能保尔许地也⑤。今又与周书，请以十二月遣子⑥，复欲遣孙长绪、张子布随子俱来⑦，彼二人皆权股肱心腹也。又欲为子于京师求妇⑧，此权无异心之明效也⑨。

【题解】

黄初三年，孙权表面宣布向曹魏称臣，但其实怀有异心，曹丕派使臣前去和孙权定力盟誓，并要求孙权将儿子孙登送到魏国作为人质，孙权推辞了。于是曹丕发兵攻打孙权，当时孙吴境内的扬越诸蛮还没有平定，没有兵力对抗曹丕，于是孙权再次卑辞上书，并写信说定于十二月把儿子送到魏国当人质，派张昭、孙邵护送，并说想为孙登在魏国求婚。曹丕于是作此诏谈论此事。

【注释】

①《全三国文》题作《诏责孙权》。

②浩周：字孔异，上党人（今山西长治北），三国时魏将领，建安中为萧令，迁徐州刺史。后领护于禁军，军败，为关羽所俘。孙权袭羽，获浩周，甚敬之。曹丕继位后，孙权遣其回魏。后因吴质子一事被曹丕疏远，终身不用。自陈不敢自远：指文帝即位，孙权慑于曹魏的威势，为笺遣浩周向魏表示服从称臣。远：违背，背离。

③乐：乐意，意愿。委质：向君主献礼，表示忠诚于国君。外臣：属国之臣，指臣服于本国的外国，即藩属。

④头尾击地：头脚一起触地，形容卑恭之状。比喻孙权臣服于魏国。

⑤鼠子：犹言鼠辈，此指孙权。尔许：如许、少许。

⑥周：浩周。遣子：将儿子送至魏国做人质。

⑦孙长绪：孙邵（163—225），字长绪，青州北海国人（今山东潍坊昌乐西）。原为北海相孔融的功曹，被孔融称赞为可任朝廷要职的人才，后随刘繇到达江东，继而辅佐孙权。孙权称吴王后，孙邵成为吴国首任丞相，数年后病逝，封阳羡侯。张子布：张昭（156—236），字子布，徐州彭城（今江苏徐州）人。汉末大乱，避难渡江，为孙策长史，抚军中郎将。策临亡，以弟权相

托。孙权立,拜辅吴将军,封娄侯。

⑧为子于京师求妇:指孙权想与曹氏联姻。子:指孙权之子孙登。

⑨明效:明显的效果。

以陈群为镇军司马懿为抚军诏

(黄初六年二月)①

制诏②。昔轩辕建四面之号③,周武称"予有乱臣十人"④。斯盖先圣所以体国君民⑤,亮成天工⑥,多贤为贵也。今内有公卿,以镇京师;外设牧伯,以监四方⑦。至于元戎出征⑧,则军中宜有柱石之贤帅⑨。辎重所在⑩,又宜有镇守之重臣,然后车驾可以周行天下⑪,无内外之虑。吾今当征贼,欲守之积年⑫。其以尚书令颍乡侯陈群为镇军大将军⑬,尚书仆射西乡侯司马懿为抚军大将军⑭。若吾临江授诸将方略⑮,则抚军当留许昌,督后诸军⑯,录后台文书事⑰;镇军随车驾,当董督众军⑱,录行尚书事⑲。皆假节鼓吹⑳,给中军兵骑六百人㉑。吾欲去江数里,筑宫室,往来其中,见贼可击之形㉒,便出奇兵击之;若或未可,则当舒六军以游猎㉓,犒赐军士㉔。

【题解】

黄初六年(225)二月,曹丕将再次派大军征讨孙权。在出发之前颁布此诏书,对后方的留守和出征的人事调度等工作做了详细的安排。

【注释】

①《全三国文》题作《伐吴设镇军抚军大将军诏》,注"黄初六年二月"。

②制诏:皇帝的命令。

③轩辕:即黄帝。《尸子》:"子贡曰:'古者黄帝四面,信乎?'孔子曰:'黄帝取合己者四人,使治四方,不计而偶,不约而成,此之谓四面。'"此谓黄帝善用人,不用黄帝操心,四人就把事情办好了。

④周武:即周武王。乱臣:善于治理国家的臣子。乱:治理。十人:指周公旦、召公奭、太公望、毕公、荣公、太颠、闳夭、散宜生、南公适及文母。《尚书·泰誓》:"予有十人,同心同德。"

⑤体国:把都城划分为若干区域,由国人分别居住。体:划分。国:都城。君民:统治人民。君:统治,主宰。

⑥亮:辅佐。《尚书·舜典》:"惟时亮天功。"即天功,天的职能、天职。

⑦牧伯:汉代以后州郡长官的尊称。监:监视。

⑧元戎:军队的主帅,此指天子。

⑨柱石:支梁的柱子和承柱的基石,比喻担当国家重任的人。

⑩辎重:军用器械、粮草、营帐、服装等统称。

⑪车驾:本谓马驾的车,此作帝王的代称。周行:无所不到。

⑫积年:多年。

⑬其:语助词。陈群:(? —237),字长文,颍川许昌(今河南许昌东)人。三国时期著名政治家、曹魏重臣,魏晋南北朝选官制度"九品中正制"和曹魏律法《魏律》的主要创始人。镇军:古代将军名号。

⑭尚书仆射:尚书令的副职。司马懿:(179—251),字仲达,河内郡温县孝敬里(今河南焦作温县)人。三国时期魏国政治家、军事谋略家,魏国权臣,西晋王朝的奠基人。抚军:古代将军名号。

⑮方略:计谋策略。

⑯督:统帅。后:指后方。

⑰录:总领。后台:留守许昌的尚书台。台:官署名。文书:公文,案卷。

⑱董督:督察。

⑲录行尚书事:东汉以后,中央行政均归尚书处理,特别在南北朝时期,凡掌握重权的大臣必带录尚书事的名号。

⑳假节:持节为使臣。古代使臣出行,持节作为凭证,故曰假节。鼓

吹：乐名。源于北方民族，本为军中之乐，汉时用于殿廷宴宾驾游等，后亦赐有功之臣。东汉边将及万人将军始得有鼓吹。魏晋以后鼓吹甚轻，乐门督将五校，皆得具鼓吹。文帝诏司马懿、陈群二人假节鼓吹，以示恩宠。

㉑中军：古代行军作战一般分左、中、右（或上、中、下）三军，中军为发号施令之所，主帅亲自统领。

㉒形：形迹、情形。

㉓舒：舒散。六军：天子所统领的军队。

㉔飨赐：赐以食，使之飨。飨：用酒肉犒劳。

诏王朗等三公①

三世为将，道家所忌②；穷兵黩武，古有成戒③。况连年水旱，士民损耗，而功作倍于前④，劳役兼于昔。进不灭贼，退不和民。夫屋漏在上，知之在下。然迷途知反⑤，失道不远⑥；过而能改，谓之不过。今将休息⑦，栖备高山⑧，沈权九渊⑨，割除摈弃⑩，投之画外⑪。车驾当以今月中旬到谯，淮、汉众军，亦各还反，不腊，西归矣⑫。

【题解】

王朗，字景兴，东海郯人，汉末三国时期曹魏经学家、重臣，著有《周易传》《春秋传》等。黄初五年（224）七月，曹丕再次兴军讨伐孙吴，王朗认为时机还未成熟，上疏劝谏，但曹丕认为军马已经准备好了，还是出发了。九月大军到了广陵，面临大江，难以渡过，孙权又据险以防守，无法进攻，于是不得不作《诏王朗等三公》宣布退军。

【注释】

①《全三国文》题作《车驾临江还诏三公》。

②三世为将,道家所忌:《后汉书·耿弇传》:"三世为将,道家所忌。"道家:即方家,有见识的人。此句意谓一家三代为将,是有见识的人所忌讳的。

③成戒:前人所总结的成规。

④功作:指征伐之事。前:指黄初三年十月的南征孙权之战。

⑤迷:指迷误。反:同"返"。

⑥失道:指误入迷途。

⑦休息:停止罢息。

⑧栖:栖息。此指养息。备:指刘备,时人谓之"虎"。栖备高山,犹"养虎归山"。

⑨沈:潜伏。权:指孙权。九渊:深渊。

⑩摈弃:抛弃。

⑪画外:界外,指国界。画:界。

⑫不腊:不近腊月。腊,即腊祭,年终祭众神之名。汉腊行于农历十二月,故后世以十二月为腊月。此谓年终。西归:指退军返回。

与王朗诏(黄初四年)①

朕求贤于君而未得,君乃翻然称疾②,非徒不得贤,更开失贤之路,增玉铉之倾③。无乃居其室出其言不善④,见违于君子乎⑤!君其勿有后辞⑥。

【题解】

黄初四年五月曹丕下诏公卿向朝廷推举德行优秀的人才。王朗看到曹丕之前作的《鹈鹕集灵芝池诏》中说朝中有小人,自己心存疑惧,于是称疾,并推荐光禄大夫杨彪为三公,想让位于杨彪。但是曹丕只为杨彪置吏卒,位次三公。依然下诏任命王朗为三公,王朗才答应。

报王朗诏（黄初初年）①

览表②。虽魏绛称《虞箴》以讽晋悼③，相如陈猛兽以戒汉武④，未足以喻⑤。方今二寇未殄⑥，将帅远征，故时入原野，以习戎备⑦。至于夜还之戒，已诏有司施行⑧。

【题解】

《三国志·魏书·王朗传》载："及文帝践祚，改为司空，进封乐平乡侯。时帝颇出游猎，或昏夜还宫，朗上书，帝报之。"曹丕经常外出游猎，晚上才回，王朗上书劝谏，说违背了帝王出行的法则，曹丕作此诏答之。曹丕认为当时魏国还没有统一天下，帝王游猎是练习武备，应该实行，但是晚上才回城这个做法不妥，应该改。

【注释】

①《全三国文》题作《报王朗》，注"黄初初年"。

②览表：谓王朗上疏已阅。

③魏绛：即魏庄子，春秋时晋大夫。称：举、引。虞箴：即《虞人之箴》，周武王的太史辛甲命百官各作箴辞，虞人因以田猎箴之，后称"虞箴"。箴：规劝，告诫。晋悼公好田猎，魏绛引《虞人之箴》以讽劝之。事见《左传·襄

公四年》。

④相如：即司马相如，字长卿，汉成都人，汉赋大家，曾作《上书谏猎》劝诫汉武帝。

⑤喻：开导。

⑥二寇：指蜀、吴。殄：灭绝。

⑦戎备：战争的准备。

⑧有司：主管部门。

答蒋济诏①

高祖歌曰："安得猛士兮守四方。"②天下未宁③，要须良臣以镇边境。如其无事，乃还鸣玉④，未为后也。

【题解】

蒋济（188—249），字子通，楚国平阿（今安徽怀远西南）人，三国后期曹魏名臣，历仕曹操、曹丕、曹睿、曹芳四朝。《三国志·蒋济传》载曹丕当魏王，转蒋济为相国长史。后来曹丕代汉称帝，为巩固边防，看重蒋济的军事才能，任命蒋济为东中郎将。蒋济请求留在朝中，曹丕作此诏回答他。

【注释】

①《全三国文》题作《出蒋济为东中郎将不听请留诏》。蒋济：字子通，平阿（今安徽怀远西南）人，曹操时任扬州别驾。

②高祖：即汉高祖刘邦。公元前195年，淮南王黥布谋反，刘邦亲率大军讨伐，黥布逃走，刘邦令别将追之，自己回长安。在归途中，"过沛，留。置酒沛宫，悉召故人父老子弟饮酒，发沛中儿得百二十人，教之歌。酒酣，高祖击筑，自为歌诗曰：'大风起兮云飞扬，威加海内兮归故乡，安得猛士兮守四方。'"（《史记·高祖本纪》）

③宁:安宁。

④鸣玉:古人佩戴在腰间的玉饰,行走时相击发声。后以此代指将相的身份。《国语·楚语下》:"赵简子鸣玉以相。"三国吴韦昭注:"鸣玉,鸣其佩玉以相礼也。"曹丕用以劝告蒋济接受中郎将的任职。

与夏侯尚诏①

卿腹心重将,特当任使②。恩施足死③,惠爱可怀④。作威作福⑤,杀人活人⑥。

【题解】

夏侯尚(？—226),字伯仁,沛国谯郡(今安徽亳州)人。三国时期曹魏名将,征西将军夏侯渊之侄。与魏文帝曹丕亲近友好,以为征南将军,领荆州刺史,假节、都督南方诸军事,攻拔蜀国上庸,平定三郡九县,升为征南大将军。这是曹丕封赏夏侯尚的诏书,任命他为一方之主,但是诏书中"作威作福"等语颇为不妥,后经蒋济劝谏,曹丕追回了此诏。

【注释】

①《全三国文》题作《诏征南将军夏侯尚》。夏侯尚:字伯仁,沛国谯郡(今安徽亳州)人。与文帝有布衣之交。文帝即位,更封平陵乡侯,迁征南将军,领荆州刺史,假节、都督南方诸军事。

②特:特别。任使:任用。

③恩施:施恩。死:表示极度。

④惠爱:恩惠及仁爱。怀:安。

⑤作威作福:专行赏罚,独揽威权。此谓妄自尊大,横行霸道。

⑥杀人活人:谓能杀人也能救人。活:使……活。

报何夔诏（延康元年）①

盖礼贤亲旧②，帝王之常务也③。以亲则君有辅弼之勋焉④，以贤则君有醇固之茂焉⑤。夫有阴德者，必有阳报⑥。今君疾虽未瘳⑦，神明听之矣⑧！君其即安，以顺朕意。

【题解】

何夔（生卒年不详），字叔龙，陈郡阳夏（今河南太康）人。何夔避乱河南时被袁术强召为下属，后来逃回家乡投奔曹操，曾任司空掾属、城父令、长广太守、乐安太守、丞相府东曹掾。魏国建立之后，任尚书仆射。曹丕被立为太子之后，何夔曾任太子少傅、太傅、太仆。曹丕继位之后封何夔为成阳亭侯。《三国志·魏书·何夔传》："文帝践阼，封成阳亭侯，邑三百户。疾病。屡乞逊位。"后来何夔多次以病请辞官，曹丕极力挽留，此诏为此而作。

【注释】

①《全三国文》题作《报何夔乞逊位诏》。报：回复。

②礼贤：以礼待贤士。亲旧：亲爱故旧。旧：先朝之臣。

③常务：经常做的，即分内事。

④君：指何夔。辅弼：佐助，指曹丕为太子时何夔任少傅之事。勋：大功。

⑤醇固：淳厚牢固。茂：旺，犹言丰功，与"勋"相对。

⑥阴德：暗中施德于人。阳报：显著的报应。《淮南子·人间训》："有阴德者必有阳报，有隐行者必有昭明。"

⑦瘳：病愈。

⑧神明：即神灵。听：治理，断决。此句谓神明保佑。

与于禁诏①

昔汉高祖脱衣以衣韩信②，光武解绶以带李忠③，诚皆人主当时贵敬功劳，效心之至也④。今赐将军以魏王时自所佩朱韨及远游冠⑤。

【题解】

于禁(？—221)，字文则，泰山钜平（今山东泰安南）人，三国时期魏国武将。被曹操称赞胜过古代名将，后世将其与张辽、徐晃等合称为"五子良将"。他本为鲍信的部将，归附曹操后拜为军司马、大将军。建安二十四年在樊城战败，投降关羽，致使晚节不保。关羽败亡后，于禁从荆州获释到了吴国。公元221年，孙权遣还于禁回魏，曹丕接见了于禁，并不计前嫌，封他为安远将军，同年去世，谥曰厉侯。诏书中曹丕将曹操身前所佩朱韨及远游冠赏赐给了于禁，体现了曹丕对老臣的尊重与宽容。

【注释】

①此诏《全三国文》题为《赐于禁诏》。

②汉高祖：即刘邦。祖：原无此字，今据《全三国文》补。衣：前一"衣"为名词，后一"衣"作动词。韩信：汉初功臣。《史记·淮阴侯列传》："韩信曰：'汉王授我上将军印，予我数万众，解衣衣我，推食食我。'"

③光武：即汉光武帝刘秀。绶：丝带，常用来系玉和印。李忠：东汉"云台二十八将"之一。初，李忠与任光同俸刘秀，刘秀以之为右大将军，封武固侯，并"自解所佩绶以带李忠"。事见《后汉书·李忠传》。

④人主：人君，天子。效心之至也：原本无，今据《全三国文》补。

⑤此句原本为"今以远游冠与将军"，今据《全三国文》补正。朱韨：系佩玉或印章的红色丝带。远游冠：冠名，天子及诸王所戴。

于禁复官诏①

昔荀林父败绩于邲②，孟明丧师于殽③，秦、晋不替④，使复其位。其后晋获狄土⑤，秦霸西戎⑥。区区小国，犹尚若斯，而况万乘乎⑦！樊城之败⑧，水灾暴至，非战之咎。其复禁等官。

【题解】

于禁（？－221），字文则，泰山钜平（今山东泰安南）人，三国时期魏国武将。被曹操称赞胜过古代名将，后世将其与张辽、徐晃等合称为"五子良将"。后战败，从曹操处投降关羽，后归孙吴，最后从孙吴回到魏国，曹丕接见了他，并不计前嫌，念及老臣的功勋，作此诏恢复于禁原来的官职。

【注释】

①《全三国文》题作《制复于禁等官诏》。

②荀林父：即荀桓子。春秋晋人，字伯。晋文公初建三年，林父御戎，败楚师于城濮。文公六年建立"三行（步兵）"，为中行之将，故又称中行桓子。成公时，代陈救郑，败楚师。景公三年，任中军之将，代郤缺主晋政，与楚战，败于邲。景公六年，辅助晋侯克赤狄潞氏，晋侯赏其狄臣千室，又赏其瓜衍县。

③孟明：春秋秦百里奚之子，名视，字孟明。鲁僖公三十三年，秦穆公命其出兵袭郑，为晋先轸败于殽山。后被释放而回，仍被穆公重用。文公二年，再领兵伐晋，渡河焚舟，晋人引退，封殽尸而还，遂霸西戎。

④替：废弃，更换。

⑤狄土：指荀林父兵败三年后又率军攻灭赤狄潞氏。土：寿考堂本作"上"。

⑥西戎：西方的少数民族。

⑦万乘:指万辆车,此谓大国。乘:一车四马。

⑧樊城之败:即《三国演义》中所说的"水淹七军"。《三国志·魏书·于禁传》载:建安二十四年,曹操派曹仁讨关羽于樊,又遣于禁助仁。秋,大霖雨,汉水溢,平地水深数丈,淹七军。禁与诸将登高望水,无所回避。关羽又乘大船攻之,禁遂降。唯庞德不屈节而死。

追赠夏侯尚诏(黄初六年)①

尚自少侍从②,尽诚竭节③。虽云异姓,其犹骨肉。是以入为腹心④,出当爪牙⑤。智略深敏⑥,谋谟过人⑦。不幸早殒,命也奈何! 赠征南大将军、昌陵侯印绶⑧。

【题解】

夏侯尚(? —226),字伯仁,沛国谯郡(今安徽亳州)人,三国时期曹魏名将,征西将军夏侯渊之侄。曹操平定冀州,以为军司马、五官将文学,迁黄门侍郎,随曹彰远征乌桓,得胜归来。夏侯尚年轻的时候,与曹丕关系十分亲密,夏侯尚的才智也被曹丕所赏识。曹丕即位后封他为征南将军,领荆州刺史,假节、都督南方诸军事,攻拔蜀国上庸,平定三郡九县,升为征南大将军;后在江陵击败吴将诸葛瑾,升为荆州牧,封昌陵乡侯。黄初七年卒,谥号为悼,其子夏侯玄继嗣。正始四年,配享曹操庙庭。《三国志·魏书·夏侯尚传》载"(黄初)六年,尚疾笃,还京都,帝数临幸,执手涕泣。尚薨,谥曰悼侯"。此诏是夏侯尚死后曹丕所作,体现了二人深厚的情谊。

【注释】

①《全三国文》题作《赠夏侯尚诏》。

②侍从:随从帝王的左右。

③竭:完,尽。节:节操。

④是以:因此。入:指入内,谓活动于朝廷。腹心:即心腹。

⑤出:指在外。爪牙:以猛兽之爪和牙比喻立功武臣。《汉书·李广传》:"将军者,国之爪牙也。"此谓亲信,褒义,与今感情色彩不同。

⑥深敏:周密,敏捷。

⑦谋谟:谋略。

⑧昌陵:地名。即永昌陵,在今河南巩义。印绶:印和系印的丝带。此指官吏的印章。

封朱灵鄃侯诏①

　　将军佐命先帝②,典兵历年③,威过方、邵④,功逾绛、灌⑤。图籍所美⑥,何以加焉? 朕受天命,帝有海内。元功之将⑦,社稷之臣,皆朕所与共福共庆⑧,传之无穷者也。今封鄃侯。富贵不归故乡,如夜行衣绣⑨。若平常所志,愿勿难言。

【题解】

　　朱灵(生卒年不详),字文博,冀州清河(今山东平原)人,三国时期曹魏名将。他最开始为袁绍部将,后归顺曹操,随曹操征伐四方,屡建战功,官至后将军,封为高唐侯,谥号威侯。黄初元年,曹丕即位,作此诏封他为鄃侯,增加他的食邑。

【注释】

　　①《全三国文》题作《朱灵为鄃侯诏》,注"延康元年"。鄃:地名,汉属清河郡,故地在今山东夏津。

　　②先帝:指曹操。曹丕即位后,进赠曹操为武帝。

　　③典兵:统帅军队。典:主管,执掌。

　　④方:指方叔,周宣王卿士,先伐猃狁,后征荆蛮。《诗经·小雅·采

芑》:"方叔元老,克壮其犹。"又曰:"征伐玁狁,荆蛮来威。"邵:指邵虎,即召虎,周宣王卿士。《诗经·大雅·江汉》:"江汉之浒,王命召虎。"召虎平淮夷。

⑤绛、灌:汉绛侯周勃与颍阳侯灌婴,两人皆佐汉高祖刘邦,累立军功,为一时名将。

⑥图籍:典籍。美:颂称。

⑦元功:大功。

⑧共:《全三国文》作"同"。

⑨夜行衣绣:即衣绣夜行。夜间穿锦绣之服出行,比喻荣显而不为众人所知。《史记·项羽本纪》:"项王曰:'高贵不归故乡,如衣锦夜行,谁知之者。'"

与张郃诏

昔祭遵为将①,奏置五经大夫②,居军中,与诸生雅歌投壶③。今将军外勒戎旅④,内存国朝⑤。朕嘉将军之意,今擢湛为博士。

【题解】

张郃(?—231),字儁乂,河间鄚人。东汉末年,应募参加镇压黄巾起义,初为韩馥军司马,后归袁绍任校尉。官渡之战后依附曹操,跟随曹操攻乌桓、破马超、降张鲁,屡建战功,拜荡寇将军。曹丕即位后封他为鄚侯。曹丕曾在军中设置五经大夫,张郃虽为武将,却有文士风度,向曹丕推荐同乡卑湛,曹丕作此诏任卑湛为博士,并对张郃的行为表示嘉许。

【注释】

①祭遵:东汉颍阳(今河南许昌西)人,字弟孙。曾从东汉光武帝征河

北，为军市今、刺奸将军。建武二年，拜征虏将军，封颍阳侯。在军赏赐皆与将士，家无余财；取士皆用儒术，虽在军中，不忘雅乐。为"云台二十八将"之一。

②五经大夫：掌五经之官。《后汉书·祭遵传》："又建为孙子立后，奏置五经大夫，虽在军旅，不忘俎豆。"五经：指《易》《尚书》《诗》《礼》《春秋》。

③投壶：古人宴会时的游戏，设特制之壶，宾主依次投矢其中，中者胜，负者饮。

④勒戎旅：谓治军，统帅军队。勒：统帅。戎旅：军旅。

⑤存：同"司"，掌管之意。国朝：本朝。

答孟达诏^①

昔萧何荐韩信^②，邓禹进吴汉^③，惟贤知贤也。雄有胆智技能文武之姿，吾宿知之^④。今便以参散骑之选^⑤，方使少在吾门下知指归^⑥，便大用之矣。天下之士，欲使皆先历散骑，然后出据州郡，是吾本意也。

【题解】

孟达（？—228），字子度，本字子敬，因刘备的叔父名叫刘子敬，为避讳而改字，扶风郡（今陕西兴平东南）人，本为刘璋属下，后降刘备。奇袭荆州之战时因不发兵救关羽而触怒刘备，于是投奔曹魏，在魏官至散骑常侍、建武将军，封平阳亭侯。此后又欲反曹魏而归蜀汉，事败而死。《三国志·崔林传》注引《魏名臣奏》载，孟达同僚王雄，字伯元，曾任涿郡太守。孟达上表荐曰："今涿郡领户三千，孤寡之家，参居其半，北有守兵，藩卫之固，诚不足舒雄智力，展其勤干也。臣受恩深重，无以报国，不胜，浅见之情，谨冒陈闻。"孟达向曹丕推荐王雄，曹丕下此诏回答他。

【注释】

①《全三国文》题作《答孟达荐王雄诏》。

②萧何：汉沛县人，从刘邦起兵。刘邦称汉王，萧何为丞相，留守关中。曾向刘邦荐举韩信为大将军。史有"萧何月下追韩信"的佳话。

③邓禹：东汉"云台二十八将"之首。光武即位，拜大司徒，年仅二十四岁。吴汉：东汉将军，归光武时为偏将军，由邓禹推荐，任大将军，后官大司马，封广平侯。《后汉书·吴汉传》曰："光武将发幽州兵，夜召邓禹，问可使行者。禹曰：'间数与吴汉。'言其人勇鸷有智谋，诸将鲜能及者。即拜汉大将军，持节北发。"

④宿：素。

⑤散骑：官名，随侍皇帝。秦设。汉时与中常侍合并，称散骑常侍。

⑥指归：谓意旨所归向。

手报司马芝诏

省表①，明卿至心②，欲奉诏书，以权行事，是也。此乃卿奉诏之意，何谢之有③！后黄门复往，慎勿通也。

【题解】

司马芝，字子华，生卒年不详，河内温（今河南温县）人。三国时期曹魏大臣。曾以遵守礼义著名。曹操平定荆州后被任命为营县长。他能依法办事，不徇私情，善于断案，历任大理正、甘陵等郡太守、大司农、河南尹等。司马芝为人正直，不惧权势，连太皇太后卞氏的说情也不予通融，又能体贴下属，不谋私利，是魏国历任河南尹中最杰出的清正官员。此篇《全三国文》卷七题作《手报司马芝》，不作诏文。曹洪乳母与临汾公主侍者共祀无涧神，系狱，卞太后派黄门传令说情，司马芝不予通。因得罪卞太后，故上表当时在位的魏明帝，魏明帝作诏答之，称其无罪。此诏非曹丕所作，《全三国文》误作曹丕。

封张辽李典子为关内侯诏(黄初六年)①

合肥之役②,辽、典以步卒八百,破贼十万。自古用兵,未之有也。使贼至今夺气③,可谓国之爪牙矣④。其分辽、典邑各百户,赐一子爵关内侯⑤。

【题解】

张辽(169－222),字文远,雁门马邑(今山西朔州)人,汉末三国时期曹魏名将,西汉时马邑之谋的发起者聂壹的后人,古今六十四名将之一。李典(生卒年不详),字曼成,东汉末年名将。山阳钜野(今山东巨野)人。李典深明大义,不与人争功,崇尚学习,尊敬儒雅,尊重博学之士,在军中被称为长者。李典有长者之风,官至破虏将军,36岁时去世。魏文帝曹丕继位后追谥号为愍侯。他们二人在建安二十年(215)的合肥之战以少胜多,令东吴军队全都披靡溃败、闻风丧胆。其后,再次击破孙权、凌统、甘宁等人,威震江东。黄初六年(225),曹丕追念张辽、李典合肥之功,乃作此诏封赏他们。

【注释】

①《全三国文》题作《诏赐张辽李典子爵》。张辽:字文远,雁门马邑(今山西朔州)人。原是吕布的部将,归附曹操后任中郎将,封关内侯,后又封为中坚将军。李典:字曼成,山阳钜野(今山东巨野)人。他们都是曹操手下善战的猛将。

②合肥之役：指建安二十年，张辽、李典率七千兵在合肥击败孙权十万兵的战役。合肥，在今安徽合肥市东北。

③夺气：慑于声威，丧失胆气。

④爪牙：以猛兽之爪和牙比喻立功武臣。《汉书·李广传》："将军者，国之爪牙也。"此谓亲信，褒义，与今感情色彩不同。

⑤关内：指函谷关以内。

以李通子基为中郎将诏（延康元年）①

昔袁绍之难②，自许、蔡以南③，人怀异心。通秉义不顾④，使携贰率服⑤，朕甚嘉之。不幸早薨。子基虽已袭爵，未足酬其庸勋⑥。基兄绪，前屯樊城，又有功，世笃其劳⑦。其以基为奉义中郎将，绪平虏中郎将，以宠异焉⑧。

【题解】

李通（167—209），字文达，小字万亿。江夏平春（今河南信阳）人，东汉末年人物，汝南太守。早年以游侠闻名于江汝，曾谋杀周直，独霸朗陵县。后来，率众投奔曹操，补充兵源有功，拜为阳安都尉，其间不因私而忘公，不因其妻子的求情而过问执法者。官渡之战不但不被利诱，在当时许都以南民心不稳，唯李通的阳安犹存。建安十四年，救援曹仁，且战且前，病死于途中。延康元年，曹丕即帝位，念其前功，谥曰刚侯，并封赏其后代。

【注释】

①《全三国文》题作《诏官李通子基绪》，注"延康元年"。

②袁绍：字本初，汝南汝阳（今河南商水）人，东汉末年世族豪门的政治代表。董卓作乱，他以渤海太守起兵讨伐之，推为盟主。他欲立刘虞为帝不成，后割据河北等地，成为曹操的劲敌，在官渡之战中为操军所败，不久

病死。

③许、蔡:许,许昌;蔡,蔡州。汉时为汝南郡,时李通率部诣驻于许地的曹操,曹操拜通为振威中郎将,屯汝南西界。

④秉义:执义。

⑤携贰率服:曹操与袁绍战于官渡,袁绍遣使拜李通为征南将军,李通亲戚劝其跟从袁绍,李通不从,逆斩使而跟从曹操。事见《三国志·魏书·李通传》。贰:变节,背叛,指劝李通依附袁绍的那些人。

⑥庸勋:功勋。

⑦笃:确实。

⑧宠异:特别宠任。

赐张既子翁归为关内侯诏(黄初四年)①

昔荀桓子立勋翟土②,晋侯赏以千室之邑③;冯异输力汉朝④,光武封其二子。故凉州刺史张既,能容民畜众⑤,使群羌归土⑥,可谓国之良臣。不幸薨陨,朕甚愍之。其赐小子翁归爵关内侯。

【题解】

张既(?—223),字德容,冯翊高陵(今陕西西安高陵区)人。汉末三国时期曹魏名臣。举秀才出身,授新丰县令,治绩为三辅第一。河东之战时,劝说马腾参与讨伐高干、张晟叛乱。迁京兆尹,抚民兴政,联合夏侯渊平宋建,定临洮,取狄道,安郡民,迁徙氐人。张鲁投降后,建议曹操迁徙汉中百姓充实三辅,辅助曹洪击败吴兰。魏国建立后,拜尚书。黄初二年(221),临危受命,拜雍州刺史,平定诸胡叛乱。迁凉州刺史,封西乡侯。在任期间,降苏衡、邻戴众,修工事,安抚百姓,平定西平郡麴光叛乱。一生以惠政闻名,征辟杨阜、胡遵等人,皆有名位。黄初四年(223),张既去世。曹丕念其政绩,甚悯之,于是赐其子翁归为关内侯,体现了曹丕对功臣的肯定与关爱。

【注释】

①《全三国文》题作《诏赐张既子翁归爵》，注"黄初四年"。张既：三国魏人，初为京兆尹，出为雍州刺史，后迁凉州，封西乡侯。

②荀桓子：即荀林父。

③晋侯：指晋景公。

④冯异：西汉末颍川父城人，字公孙。从光武进军河北，天寒众饥，冯异进豆粥麦饭。后为偏将军。为人谦退，行与诸将相逢，辄引车避道。诸将论功，异独屏树下，军中号为"大树将军"，为东汉立下了功劳。输力：尽力，全力。

⑤容民畜众：即容留民众。畜：同"蓄"，养。

⑥羌：我国古代西部少数民族。《三国志·张既传》："酒泉苏衡反，与羌豪邻戴及丁令胡万余骑攻边县，既与夏侯儒击破之，衡及邻戴等皆降……西羌恐，率众二万余落降。"

赐温恢子生爵关内侯诏①

恢有柱石之质②，服事先帝③，功勤明著④。及为朕执事，忠于王室，故授之以万里之任⑤，任之以一方之事⑥。如何不遂⑦，吾甚愍之。赐恢子生爵关内侯。

【题解】

温恢（178－223），字曼基，太原祁县人，三国时曹魏大臣。他曾在曹操身边担任丞相主簿，深受重用。曹丕登基后，以温恢为侍中，后任职魏郡太守。数年后又调迁凉州刺史，并担任护羌校尉，在赴任途中病逝，享年45岁。曹丕怜恤功臣之后，下诏封他儿子为关内侯。

以张登为大官令诏

登忠义彰著，在职功勤①。名位虽卑，直亮宜显②。饔膳近任③，当得此吏。今以登为大官令④。

【题解】

张登，生卒年不详，《三国志》无传。《三国志·魏书·王朗传》注引《王朗集》载，王朗为大理时上主簿赵郡张登："昔为本县主簿，值黑山贼围郡，登与县长王隽帅吏兵七十二人直往赴救，与贼交战，吏兵散走。隽殆见害，登手格一贼，以全隽命。又守长夏逸，为督邮所枉，登身受考掠，理逸之罪。义济二君，宜加显异。"又云："太祖（曹操）以所急者多，未遑擢叙。至黄初初年，朗又与太尉钟繇连名表闻，兼称登在职勤劳。"因此曹丕在黄初二年作此诏任命他为大官令，以表彰他的功劳。

【注释】

①功勤：即勤劳。

②直亮：正直光明。

③饔膳:熟食。此谓饮食。近任:意为与皇帝生活紧密相关。近:紧密。任:原为"在",今据《全三国文》改。

④大官令:掌管皇帝饮食宴会的官。

制诏三公（延康元年十一月辛未）①

上古之始有君也②,必崇恩化以美风俗③,然百姓顺教而刑辟厝焉④。今朕承帝王之绪⑤,其以延康元年为黄初元年⑥,议改正朔⑦,易服色⑧,殊徽号⑨,同律度量⑩,承土行⑪,大赦天下;自殊死以下⑫,诸不当得赦,皆赦除之。

【题解】

建安二十五年曹操病逝,曹丕继位为丞相、魏王,改元为延康元年。十月,汉献帝将皇帝位禅让给曹丕,于是曹丕又将延康元年改为黄初元年。据《三国志·文帝纪》注引《献帝传》载:"辛未,魏王登坛受禅,公卿、列侯、诸将、匈奴单于,四夷朝者数万人陪位,燎祭天地、五岳、四渎……遂制诏三公。"诏书中宣布了改元和其他改革措施。

【注释】

①《全三国文》题作《制诏三公改元大赦》,注"延康元年十一月辛未"。三公:辅佐国君掌握军政大权的最高官员。汉末魏时以太尉、司徒、司马为三公,亦称"三司"。

②上古:远古,一般指秦汉以前。

③崇:尊崇。恩化:施恩感化。美:美化。

④顺教:顺从教化。刑辟:即刑法。厝:安置,此谓废弃。

⑤绪:事业。

⑥延康:汉献帝年号。曹操死,曹丕嗣位,改建安为延康。黄初:魏文

帝年号。《宋书·符瑞志上》:"于是魏王受汉禅,柴于繁阳,有黄鸟衔丹书集于尚书台,于是改元为黄初。"

⑦正朔:古指一年第一天开始的时候。正:一年的开始。朔:一月的开始。古时改朝换代,新王朝表示应天承运,须重定正朔。魏改延康元年为黄初元年。

⑧服色:古时每个王朝所定车马祭牲的颜色。

⑨殊徽号:变更王朝旗帜上的标志、图式、颜色。

⑩同律度量:统一刑律法度。

⑪承土行:因汉为土德,魏嗣汉,故称"承土行"。

⑫殊死:古代的一种死刑,即斩首。

服色如奏诏(黄初元年)①

　　服色如所奏。其余宜如虞承唐②,但腊日用丑耳③,此亦圣人之制也④。

【题解】

曹丕代汉称帝,于黄初元年下诏改正朔。尚书令桓阶等又上奏:"据三正周复之义,国家承汉氏人正之后,当受之以地正,牺牲宜用白,今从汉十三月正,则牺牲不得独改。今新建皇统,宜稽古典先代,以从天命,而告朔牺牲,壹皆不改,非所以明革命之义也。"曹丕下诏同意了桓阶等人的部分意见,也提出了一些不同的地方。

【注释】

①《全三国文》题作《答桓阶等奏改服色诏》,注"黄初元年"。

②虞、唐:指虞舜、唐尧。

③腊日:腊祭的那一天。

④圣人:人格品德最高尚的人,儒家典籍中多泛指尧、舜、禹、汤、文、

武、周公、孔子。

改雒为洛诏

汉，火行也^①。火忌水，故"洛"去"水"而加"隹"。魏于行次为土^②。土，水之牡也^③。水得土而乃流^④，土得水而柔^⑤，故除"隹"加"水"，变"雒"为"洛"。

【题解】

"洛"本作"雒"，周朝时于雒水北筑雒邑，山南水北为阳，故战国时改称为"雒阳"，一直沿用到汉代。黄初元年，曹丕称帝后定都于此，十二月，开始修建雒阳宫，后根据阴阳五行相生相克之理，认为魏是土德，应有水相助，下诏改"雒"为"洛"。之后洛阳之命沿用至今。

【注释】

①汉、也：原本无此二字，今据《全三国文》补。据五行相生法，秦为水。汉灭秦，即土克水，尚火，故"火行也"。

②魏于行次为土：行次，谓五行说相生相克的顺序。五行之德配于各朝代，其配法有成生、相生、相克三种。按成生法"水、火、木、金、土"的顺序，汉为火德；按相生法"木、火、土、金、水"之顺序，魏为土德；按相克法"木、土、水、金、火"之顺序，秦为水，土克水，汉则为土，故前《制诏三公》文中有"承土行"句。

③牡：阳性。土刚为阳，水柔为阴，阴阳相合，利于兴旺。

④《全三国文》无"乃"字。

⑤柔：柔和。原作"软"，今据《全三国文》改。

曹植贬封安乡侯诏（黄初二年）①

植，朕之同母弟。朕于天下无所不容②，而况植乎？骨肉之亲，舍而不诛③，其改封植。

【题解】

曹植，字子建，沛国谯县人，生于东武阳，是曹操与武宣卞皇后所生第三子，是曹丕的同母弟，三国时期著名文学家，建安文学的代表人物之一与集大成者。《三国志·陈思王植传》："黄初二年，监国谒者灌均希旨，奏植醉酒悖慢，劫胁使者。有司请治罪，帝以太后故，贬爵安乡侯。"《三国志·周宣传》亦云："时帝欲治弟植之罪，逼于太后，但加贬爵。"曹丕与曹植为争太子一事而兄弟不和。曹丕即位后，他们的关系仍然紧张，欲置曹植于死地，故授意灌均捏造罪状，但因太后卞氏反对，不能杀他，于是下诏宣布将曹植由陈王贬为安乡侯。

【注释】

①《全三国文》题作《改封曹植为安乡侯诏》，注"黄初二年"。安乡：在今河北晋州东。

②容：容纳，此谓宽大。

③舍：同"赦"。《汉书·朱博传》："常刑不舍。"

诛鲍勋诏（黄初七年四月）①

勋指鹿作马②，收付廷尉③。

鲍勋,字叔业,泰山平阳人。三国时期曹魏官员,故济北相鲍信之子,官至宫正,后被贬为治书执法。担任太子中庶子时因性情刚正而得罪曹丕,曹丕称帝后又因屡次谏诤而触怒曹丕,最终被曹丕借故处死。黄初六年三月,曹丕东征孙吴,第二年正月还洛阳宫。中途"从寿春还,屯陈留郡界。太守孙邕见,出过勋。时营垒未成,但立标埒,邕邪行不从正道,军营令史刘曜欲推之,勋以堑垒未成,解止不举。大军还洛阳,曜有罪,勋奏绌遣,而曜密表勋私解邕事"(见《三国志·鲍勋传》)。曹丕治其死罪。太尉钟繇、司徒华歆、镇军大将军陈群、侍中辛毗、尚书卫臻、守廷尉高柔并表"勋父信有功于太祖",求请免鲍勋之罪,曹丕不许,遂诛鲍勋。鲍勋内行既修,廉而能施,死之后,家无余财,他守法不阿,不惜多次触怒曹丕,后人无不为他的死感到惋惜。

【注释】

①《全三国文》题作《收鲍勋诏》。鲍勋:字叔业,泰山平阳人,汉鲍信之子。曹操时为太子中庶子,后迁黄门侍郎,出为魏郡西部都尉。文帝时为右中郎将。

②指鹿作马:即指鹿为马。作:《全三国文》作"为"。

③收:逮捕。廷尉:官名,掌刑狱,为司法官。

蒋济为东中郎将诏（黄初四年三月）①

卿兼资文武②,志节慷慨③,常有超越江湖吞吴会之志④,故复授将率之任⑤。

【题解】

蒋济,字子通,楚国平阿人。三国后期曹魏名臣,历仕曹操、曹丕、曹睿、曹芳四朝。蒋济在汉末出任九江郡吏、扬州别驾。后被曹操聘为丹杨太守，不久升任丞相府主簿、西曹属，成为曹操的心腹谋士。魏文帝继位之后出任右中郎将。《三国志·魏书·蒋济传》："黄初三年，与大司马曹仁征吴，济别袭羡溪。仁欲攻濡须洲中，济曰：'贼据西岸，列船上流，而兵入洲中，是为自内地狱，危亡之道也。'仁不从，果败。仁薨，复以济为东中郎将，代领其兵。"此诏即是任命蒋济为东中郎将代兵而作。

【注释】

①中郎将：官名，秦置。汉时，皇帝的卫侍分置五官，左、右三署，各设中郎将统率之。故有五官中郎将之称，位次于将军。汉末，又增设东西南北中郎将。

②兼资：并有。

③志节：志向节操。

④江湖：指五湖四海，谓天下。吴会：吴郡、会稽郡，此谓孙吴。

⑤复授：曹丕称帝即任蒋济为中郎将，后入为散骑常侍。黄初四年任为中郎将，故曰"复授"。将率：即将帅。

赐桓阶诏

　　昔子文清俭，朝不谋夕，而有脯粮之秩①；宣子守约，箪食鱼飧，而有加粱之赐②。岂况光光大魏③，富有四海，栋宇大臣，而有蔬食④，非吾所以礼贤之意也。其赐射鹿师二人，并给媒弩⑤。

【题解】

桓阶（？—221），字伯绪（《孙夫人碑》作伯序），长沙临湘（今湖南长沙）人。先为郡功曹，太守孙坚举为孝廉，朝廷任命他做尚书郎。孙坚战死之后，桓阶冒险求见刘表并索回孙坚尸体。曹操平定荆州，因感其忠而任命桓阶为丞相主簿、赵郡太守。曹丕继位之后历任尚书令、虎贲中郎将、侍中，封高乡亭侯，屡为曹氏父子出奇谋，被视为寄命之臣。后来在生病期间升任太常，晋封安乐乡侯。死后谥号贞侯。桓阶虽为官，但生活清贫，曹丕听说后下诏赏赐他酒肉等物，体现出曹丕从生活小事上给予臣子的关爱之情。

【注释】

①子文：即春秋楚国的令尹（宰相）斗谷于菟，字子文。脯粮：肉和粮。秩：俸禄。《国语·楚语下》云："昔子文三舍令尹，无一日之积。"

②宣子：即赵宣子。《左传·宣公二年》："初，宣子田于首山，舍于翳桑，见灵辄饿。问其病，曰：'不食三日矣。'食之，舍其半。问之，曰：'宦三年矣，未知母之存否，今近焉，请以遗之。'使尽之，而为之箪食与肉，置诸橐以与之。"箪：盛饭的竹器，原本作"军"，今据《太平御览》改。

③光光：光明显耀。

④栋宇：本指屋之正中和四垂，此谓能为国任重的人才。蔬食：粗食。

⑤媒：《全三国文》注"齐人谓麴糵为媒"。麴糵，酒。弩：用机械发箭的弓。《全三国文》无此字。

刘靖迁庐江太守诏①

卿父昔为彼州②，今卿复据此郡③，可谓克负荷者也④。

【题解】

刘靖（？－254），字文恭，豫州沛国相县（今安徽濉溪）人。扬州刺史刘馥之子，在魏历任黄门侍郎、庐江太守、河内太守、尚书、河南尹、大司农、卫尉，为政举措初显琐碎，但最终能给老百姓带来便利，有其父刘馥的遗风。后来，刘靖为镇北将军，假节都督河北诸军事，开拓边守，屯据险要，兴修水利,使百姓获利,去世后被追赠为征北将军,进封建成乡侯,谥曰景侯。此诏为任命他为庐江太守而作。

【注释】

①《全三国文》题作《诏刘靖迁庐江太守》。

②"卿父"句:刘靖父刘馥避乱扬州,建安初,说袁术率众诣曹操,操悦之。后孙策所置庐江太守李述攻杀扬州刺史,庐江梅乾等聚众扰乱江淮,曹操任刘馥以东南之事,遂表为扬州刺史(治所在今合肥)。

③"今卿"句:黄初中,刘靖为庐江太守,时治所亦在合肥。

④克:能。负荷:背负肩扛,此引申为继承、担任。《左传·昭公七年》:"其父析薪,其子弗克负荷。"此谓其父勤劳而立业,其子不能勤勉守之。

张既为凉州诏^①

昔贾复请击郾贼^②,光武笑曰:"执金吾击郾^③,吾复何忧?"卿谋略过人,今则其时。以便宜从事^④,勿复先请。

【题解】

《三国志·魏书·张既传》:"文帝即王位,初置凉州,以安定太守邹岐为刺史……河西胡大扰,帝忧之,曰:'非既莫能安凉州。'乃召邹岐,以既代之。"曹丕作此诏任命张既为凉州刺史,说他可以便宜从事,不用事事先向曹丕请旨。

【注释】

①《全三国文》题作《诏张既为凉州刺史》。张既:字德容,冯翊高陵人。曹操时为雍州刺史。凉州:为汉武帝十三刺史部之一,辖境相当于今甘肃、宁夏、青海湟水流域、内蒙古纳林河及穆林河流域,三国魏治姑臧(今甘肃

武威）。

②贾复：字君文，南阳冠军人。光武即位，拜执金吾、封冠军侯。更始，郾王尹尊及诸大将在南方来降者尚多，帝召诸将议兵事，未有言。沉吟久之，乃以檄叩地曰："郾最强，宛为次，谁当去之？"贾复率然对曰："臣请击郾。"帝笑曰："执金吾击郾，吾复何忧！"（《后汉书》十七《贾复传》）曹丕以张既比贾复，以示对其信任。

③执金吾：金吾为一种兵器。西汉武帝时改中尉为执金吾，为掌管京师治安的长官。三国时或称中尉，或称执金吾。

④便宜从事：因利乘便，见机行事。

与张既诏<small>（延康元年）①</small>

卿逾河历险，以劳击逸，以寡胜众，功过南仲②，勤逾吉甫③。此勋非但破胡，乃永宁河右④，使吾长无西顾之念矣⑤。徙封西乡侯，增邑二百，并前四百户。

【题解】

曹丕即皇帝位之初设置凉州，但河西的胡人屡屡进犯，曹丕于是紧急任命张既为凉州刺史以平定河西地区。《三国志·张既传》载张既任凉州刺史，遂击河西胡虏，据武威。将士欲进军击胡，诸将皆曰："士卒疲倦，虏众气锐，难与争锋。"于是，"张既夜藏精卒三千人为伏，使参军成公英督千余骑挑战。……胡果争奔之，因发伏截其后，首尾进击，大破之，斩首获生万数。"张既大胜的消息传回朝廷后，曹丕乃作此诏表彰他的战功。

【注释】

①《全三国文》题作《诏褒张既击胡》，注"延康元年"。

②南仲：人名。周宣王时的大将，是开辟和征服东南淮徐地区的功臣。

104

《诗经·大雅·常武》颂其功。

③勤:劳。与上文的"功"同义。吉甫:据《诗序》谓即尹吉甫,周大臣,曾奉周宣王命北伐猃狁。《诗经·小雅·六月》颂其功。

④宁:安宁。河右:即河西。

⑤顾:看,此谓忧虑。西顾:即忧虑西方。

褒田豫诏

昔魏绛开怀以纳戎赂①,今卿举袖以受狄金,朕甚嘉焉。

【题解】

田豫(171－252),字国让,渔阳雍奴(今天津武清区东北)人。三国时期曹魏将领,初从刘备,因母亲年老回乡,后跟随公孙瓒,公孙瓒败亡,劝说鲜于辅加入曹操。曹操攻略河北时,田豫正式得到曹操任用,历任颍阴、郎陵令、弋阳太守等。后来田豫常年镇守曹魏北疆,从征代郡乌桓、斩骨进、破轲比能,多有功勋;也曾参与对孙吴的作战,在成山斩杀周贺,于新城击败孙权。官至太中大夫,封长乐亭侯。有一子田彭祖。《三国志·田豫传》注引《魏略》:豫为官清贫,鲜卑素利感化,以牛马遗豫,豫转送官。胡以为前所与豫物显露,不如持金,乃密怀金三十斤,谓豫曰:"愿避左右,我欲有所道。"豫从之,胡因跪曰:"我见公贫,故前后遗公牛马,公辄送官,今密以此上公,可以为家资。"豫张袖受之,答其厚意,胡去之后,皆悉内外。曹丕认为田豫受胡金,将起着化解双方矛盾、加强民族交流的作用,有利于北方边疆的稳固,有利于魏,所以下诏嘉奖他。

【注释】

①魏绛:春秋时晋大夫,即魏庄子。悼公时,山戎无终子请和,绛纳虎豹之皮以请和诸戎,晋侯乃使魏绛与诸戎盟。晋无戎患,复兴霸业(事见《左传·襄公四年》)。此以魏绛纳戎赂成晋侯霸业说明田豫受狄金,有利

于化解双方矛盾，将对魏国的复兴起重要作用。

追谥杜畿诏（黄初六年）①

昔冥勤其官而水死②，稷勤百谷而山死③。故尚书仆射杜畿，于孟津试船，遂至覆没，忠之至也。朕甚愍焉。追赠太仆④，谥曰戴侯。

【题解】

杜畿（163—224），字伯侯，京兆杜陵（今陕西西安东南）人。东汉末及三国时曹魏官吏及将领。西汉御史大夫杜延年的后代。历官郡功曹、守郑县令，善于断案。荀彧将他举荐给曹操，曹操任命他为司空司直，调任护羌校尉，使持节领西平太守，在河东任太守十六年。曹丕受禅登基后，封杜畿为丰乐亭侯，官至尚书仆射。黄初六年，曹丕征吴，杜畿留守后方统领诸事。黄初七年，曹丕幸许昌，仍居守。受诏作御楼船，在陶河试船，遇上大风沉没，杜畿淹死，曹丕为之涕泣，作此诏追赠其为太仆，谥戴侯。

【注释】

①《全三国文》题作《追赠杜畿诏》。
②冥：契六世孙，夏水官，勤于其职而死于水。
③稷：周族的始祖，曾在尧舜时代做农官。勤播百谷，死于黑水山。
④太仆：掌管皇帝的舆马和马政。《三国志·杜畿传》将"追赠……"八字未标点在诏内，误。今从《全三国文》改。

与群臣诏①

盖闻千钟百觚②，尧舜之饮也。惟酒无量③，仲尼之能也。

姬旦酒殽不彻④,故能制《礼》作《乐》。汉高婆娑巨醉⑤,故能斩蛇鞠旅⑥。

【题解】

前文已有《与群臣诏》,与此同,写作时间和背景暂不明。

【注释】

①此诏原本题作《与群臣》,并有"新城孟大守道"一节与前重复,今据善化章经济堂刻本删。《全三国文》卷六题作《诏群臣》,而无此一节。

②钟:酒杯。《孔丛子·儒服》:"尧舜千钟。"此谓酒。觚:酒器,此谓酒。

③惟酒无量:语见《论语·乡党》,意即喝酒不限定分量,但不要喝醉。

④姬旦:即周公,姬姓,名旦。殽:带骨的肉,此谓肉类。彻:剥取。不彻:即不沾。

⑤汉高:指汉高祖刘邦。婆娑:舞蹈貌,或曰蹒跚貌。

⑥斩蛇:《史记·高祖本纪》载:"高祖被酒,夜经泽中,令一人行前。行前者还报曰:'前有大蛇当径。愿还。'高祖醉曰:'壮士行,何畏!'乃前,拔剑击斩蛇。"鞠旅:誓师。

诏司马懿①

文帝以懿为抚军大将军,车驾自广陵还洛阳,诏懿,于是帝留镇许昌。

吾东②,抚军当总西事③;吾西④,抚军当总东事。

【题解】

司马懿(179-251),字仲达,河内郡温县孝敬里(今河南焦作温县)人。

三国时期魏国政治家、军事谋略家,魏国权臣,西晋王朝的奠基人。《三国志·文帝纪》载:黄初六年,曹丕兴师伐吴,以司马懿为抚军大将军。十月,至广陵,临江观兵,舟不得入江,乃引还。七年春正月壬子,还洛阳宫,作此诏,表彰司马懿守土之功,从诏书也可以看出曹丕对司马懿过于倚重,最后导致大权旁落,晋朝取代了魏朝。

【注释】

①《全三国文》题作《还洛阳诏司马懿》。

②东:征东,指伐吴。

③抚军:将军的称号。此指司马懿,文帝曾以懿为抚军大将军。总:统领,统管。

④西:与东相对而言,指西征蜀。

春分拜日诏①

《觐礼》:"天子拜日东门之外②,反礼方明③。"《朝事议》曰④:"天子冕而执镇圭⑤,率诸侯朝日于东郊。"以此言之,盖诸侯朝,天子祀方明,因率朝日也。汉改周法,群公无四朝之事⑥,故不复朝于东郊,得礼之变矣。然旦夕常于殿下东向拜日⑦,其礼太烦。今采周春分之礼,损汉日拜之仪⑧,又无诸侯之事⑨,无所出东郊。今正殿即亦朝会行礼之庭也。宜常以春分于正殿之庭拜日。其夕月文不分明⑩,其议奏⑪。

【题解】

拜日,即朝日,是古代天子行祭日之礼。汉代的拜日仪式烦琐,次数多,曹丕即位后,于黄初二年作此诏对汉代的一些制度进行了改革或变通,减少拜日的次数,精简仪式。

①此诏见《南齐书·礼志上》。

②拜日:犹朝日,古代帝王祭日之礼。

③方明:指上下四方神明之木主牌位。

④《朝事议》:《大戴礼记》篇名。

⑤冕:天子的礼帽,此用为动词,戴礼帽。镇圭:古代朝聘所用的信物。《周礼》:"王执镇圭。"注:"镇,安也,所以安四方。镇圭者,盖以四镇之山为瑑饰,圭长尺有二寸。"

⑥四朝:《尚书·尧典》:"五载一巡狩,群后四朝。"《史记·五帝本纪》集解引东汉郑玄说:"巡守之年,诸侯见于方岳之下;其间四年,四方诸侯分来朝于京师。"

⑦旦夕:偏义复词,即旦。东向:面向东方。

⑧损:废弃。

⑨无诸侯之事:汉以后已没有先秦时的诸侯。

⑩月文:指月光。古有暮夕朝月之礼。

⑪其:一作"以"。

诏群臣①

江东为葛②,宁可比罗、纨、绮、縠③?

【题解】

此诏仅存残句,说江东产的葛布比不上中原地区的罗、纨、绮、縠。

【注释】

①此诏见《太平御览》卷八百一十六《布帛三·罗》。

②江东:此称始于汉初,汉至隋唐称自安徽芜湖以下的长江下游南岸地区为江东。三国吴全境称江东。葛:植物名,茎的纤维可制布,此谓葛

布。

　③縠:绉纱。此句谓江东所产的葛布,怎么能够和罗、纨、绮、縠相比。

诏群臣①

饮食一物,南方有橘,酢正裂人牙②。时有甜耳。

【题解】

此诏仅存残句,说南方产的橘子酸,偶尔有甜的。

【注释】

①此诏见《艺文类聚》卷八十六引。
②裂人牙:犹言"倒牙"。

诏议追崇始祖

前奏:"以朝车迎中常侍、大长秋、特进君侯神主。"①然君
侯不宜但依故爵乘朝车也②。《礼》有尊亲之义③,可依诸王
比。更议④。

【题解】

曹丕登基后,尚书令桓阶等人上奏要追尊曹丕的曾祖父曹腾,曹丕作
此诏回答说可以依照《礼记》和诸王的等级去办理。

【注释】

①此诏见《通典》卷七十二。前奏:指桓阶等奏章。朝车:朝廷的车驾。

中常侍、大长秋：中常侍，皇帝的侍从官；大长秋，皇后的近侍。东汉时都由宦官担任。此指曹丕的曾祖父曹腾，建和元年(147)封费亭侯。神主：牌位、神位。

②但依：只凭。

③义：道理。

④更议：再议。

禁诽谤诏

敢以诽谤相告者，以所告者罪罪之①。

【题解】

诽谤，说人坏话，诋毁和破坏他人名誉。诽是背地议论，谤是公开指责。当时曹丕刚刚代汉称帝，民间各种言论颇多，曹丕为控制言论，下诏禁止诽谤，有诋毁新朝者往往戮杀。但防民之口甚于防川，此举施行后适得其反，后来下诏解除，任诽谤流言自生自灭。

【注释】

①此诏见《三国志·魏书·高柔传》。罪：前一"罪"字为名词，"罪过"。后一"罪"字为动词，"惩罚"。

答邯郸淳上《受命述》诏①

淳作此典甚雅②，斯亦美矣③，朕何以堪也哉④！赏帛四十匹。

111

邯郸淳(132－221),三国魏书法家、文学家,字子淑,颍川阳翟(今河南禹州)人,官至给事中,工书,诸体皆能。曹丕登基后,邯郸淳写了《受命述》赞颂其功德,文辞典雅优美,曹丕作此诏答之,并赏赐他四十匹帛。

【注释】

①邯郸淳:字子淑,三国魏书法家、文学家,博学有才章。

②作此:指邯郸淳所上书《受命述》,亦有人认为指《投壶赋》。

③斯亦美矣:原为"私亦美日",误。今据《全三国文》改。

④堪:能承当或忍受。

制傍枝入嗣大位不得加父母尊号诏①

依汉祖之尊太上皇是也②,且《礼》不以父命辞王父命③。汉室诸侯之入④,皆受天子之命胤于宗也⑤。而犹顾其私亲⑥,僭拟天号⑦,岂所谓为人后之义哉!后代若有诸侯入嗣者,皆不得追其私考为皇、妣为后也⑧。敢有佞媚妖惑之人⑨,欲悦时主⑩,缪建非义之事⑪,以乱正统者,此股肱大臣所当擒诛也。其著乎甲令⑫,书之金策⑬,藏诸宗庙。副乎三府⑭,尚书、中书亦当各藏一通⑮。

【题解】

据《三国志·卞皇后传》载:"黄初中,文帝欲追封太后父母,尚书陈群奏曰:'陛下以圣德应运受命,创业革制,当永为后式。案典籍之文,无妇人分土命爵之制。在礼典,妇因夫爵。秦违古法,汉氏因之,非先王之令典也。'帝曰:'此议是也,其勿施行。以作著诏下藏之台阁,永为后式。'"其写作时间,陆侃如先生系于"黄初七年"(《中古文学系年》)。这与曹丕同时期制定的"九品官人法"有密切关系,都是在吸取前朝的经验教训基础上,为了维护中央政权,壮大嫡长子的势力,削弱庶子旁支的发展,并通过诏书、礼法等形式将其固定起来。

【注释】

①此诏见《全三国文》注引《通典》卷七十二。傍枝:一作"旁支",嫡系以外的亲属,此指被封为诸王的同族。嗣:继。大位:皇位。

②汉祖:即汉高祖刘邦。刘邦即位后,尊其父为太上皇。

③王父:祖父。

④入:继帝位。

⑤胤:嗣,后代,此指承袭。

⑥私亲:自己的亲属。

⑦僭拟:超越身份权力,冒用在上者的职权行事。天号:天子的名号。

⑧私:自己。

⑨佞媚:讨好谄媚。

⑩悦时主:取悦当时的君主。

⑪缪建:荒谬的建议。

⑫甲令:朝廷所颁发的法令。

⑬金策:策,成编的竹简,黄金饰之,故名。此谓皇帝对臣下封土、授爵或免官的文书。

⑭副:指副本,复本。三府:指太尉、司徒、司空的府署。

⑮中书:官名,掌管章奏文书。

伐吴诏（黄初三年十月）

制诏①。昔轩辕不为涿鹿之师②,则蚩尤之妖不灭;唐尧不兴丹水之阵③,则南蛮之难不平;汉武不行吕嘉之罚,则横浦之表不附④;光武不加嚣、述之诛⑤,则陇蜀之乱不清。故曰：非威不服，非兵不定。孙权小丑，凭江悖暴⑥；因有外心⑦，凶顽成性⑧。或修勾践潜涉之口顽⑨，或图韩信夏口之诳愚⑩。故奋武锐⑪，顺天行诛⑫。骁骑龙骧⑬，猛将武步⑭，接舡以水攻阵，六军以陆横击⑮，征南进运⑯，以围江陵，多获舟船。斩首执俘⑰，降者盈路。牛酒日至⑱。大司马及征东诸将⑲，卷甲长驱，其舟队今已向济⑳。

【题解】

黄武元年（黄初三年），孙权派使者朝魏，献上他们打败刘备缴获的印绶、首级和所得的土地，和魏国修好。结果十月，孙权又反叛，于是曹丕派大军南征孙权，出征之前作此诏，宣告征伐的理由和获胜的信心。

【注释】

①制诏：即"诏令"。

②轩辕：黄帝。

③阵：布兵、战阵。

④汉武：指汉武帝。吕嘉：为南粤王兴相。横浦：水名，即广东北江东源浈水，西汉时南粤人居住于此。表：外，与中原相对而言。

⑤光武：东汉光武帝刘秀。嚣、述：即隗嚣和公孙述。

⑥悖暴：逆乱残暴。悖：同"背"，反叛。

⑦外心：谓叛逆之心。

⑧凶顽：凶暴顽固。成性：一作"有性"。

⑨勾践：春秋末年越国国君。潜涉：暗中达到，偷渡。口顽：谓甜言蜜语。

⑩图：打算，谋划。夏口：下口也，即今南口。以此指代韩信擒赵王所在地。

⑪奋武锐：振奋兵威。

⑫顺天行诛：顺应天意，行施讨伐。

⑬骁骑:勇猛的骑兵。龙骧:矫健如龙之腾举,言其威盛。

⑭武步:同"步武"。步:举步;武:足迹。谓追随,言猛将一个接着一个。

⑮六军:周制,天子有六军,诸侯国有三军、二军、一军不等。此处泛指军队。

⑯运:一作"军"。

⑰执俘:捕拿俘虏。

⑱牛酒:牛和酒,古时馈问、宴犒、祭祀多用牛酒。

⑲大司马:官名,汉武帝时改太尉为大司马,与大将军联称为大司马大将军。此指曹仁。

⑳卷甲:收起护身衣。甲:皮革制的护身服。舟队:船队,指水军。济:济水。

今车驾自东,为之瞻镇①。云行天步②,乘衅而运③。贼进退道迫④,首尾有难,不为楚灵乾溪之溃⑤,将有彭宠萧墙之变⑥,必自鱼烂⑦,不复血刃,宜慎终动静以闻⑧。

【注释】

①车驾:本意为马驾的车,此谓天子乘车而行,曹丕自指。瞻镇:观镇。镇:安定。

②云行:云气流行。天步:国运、时运。

③衅:空隙。运:动,行。

④迫:逼近。

⑤楚灵:即楚灵王。乾溪:地名,位于楚之东境,在今安徽亳州东南。曹丕以此言孙权如不降服,必会溃败。

⑥彭宠:字伯通,南阳宛人,有功于光武帝,封为建忠侯,赐号大将军。曹丕以此言孙权如不伏降,必有内患。

⑦必自鱼烂:鱼烂自内发。比喻由内而外覆亡。

⑧血刃:血染刀刃,此谓战争。慎终:事情一开始就考虑到后果,因而谨慎从事。

诏雍丘王植①

皇帝问雍丘王②,先帝昔尝非于汉室诸帝③,积贮衣被,使败于函箧之中④。遗诏以所服衣被赐王公卿官僚诸将⑤。今以十三种赐王。

【题解】

黄初四年(223),32岁的曹植被曹丕徙封为雍丘王,据《三国志·曹植传》:黄初四年,植朝京都。其间一直寻找机会向曹丕表示悔过之意。"帝(曹丕)嘉其辞义,优诏答勉之",并将曹操所遗衣物赐予曹植,以示关爱。

【注释】

①此诏见《初学记》卷二十《赏赐》第二。雍丘王:即曹植。黄初四年,植徙封为雍丘王。雍丘:地名,在今河南省杞县。

②皇帝:指曹丕。

③先帝:指曹操。曹丕即位,尊曹操为武皇帝。非于:不同于。

④败:腐烂,毁坏。函箧:盒子、箱子,此谓贮衣物器具。

⑤遗诏:指曹操的《遗令》。令曰:"吾余衣裳,可别为一藏,不能者,兄弟可共分之。"

成皋令沐并收校事刘肇以状闻有诏①

肇为牧司爪牙吏②,而并欲收缚③,无所忌惮,自恃清名

116

邪^④！

【题解】

　　沐并,三国时期魏国议郎,河间人(今河北沧州献县东南),沐并官至济阴太守,和时苗、林及、吉茂四人为清介传,临死前劝诫儿子薄葬自己,留下美名。曹魏黄初年间,沐并任成皋令。其时校事刘肇曾路过成皋,命人向县府人员取稿谷,可是当时正值蝗祸及旱灾,都拿不出谷物,官员在想办法之时,刘肇就忍不住直入沐并府中并大声叫骂。沐并见此大怒,持刀带着吏卒出来,意欲收捕刘肇,刘肇察觉沐并企图后就离开,并将此事上报皇帝。魏文帝曹丕就下诏指斥沐并"无所忌惮,自恃清名",下令收捕他并将其处死。后来沐并免死而只受了髡刑,受刑后复职,但往后十余年是被投闲置散。曹丕此诏即为此事而作。

【注释】

　　①此诏见《三国志·常林传》注引《魏略》。校事:为皇帝的耳目,刺探民臣言行。曹操初置校事,至曹丕为帝,权任益重,上察官庙,下摄众官。

　　②爪牙吏:为主官做爪牙的属官。爪牙:助手、亲信。

　　③并:指沐并,成皋县令。

　　④恃:依赖,凭借。清名:高洁的名声。

诏报孙邕

　　生敬其人^①,死辞其室^②。追远敬终^③,违而得道者也^④。

【题解】

　　孙邕(生卒年不详),三国魏济南人。桓阶的遗孀伏氏柔婉年少,有国色,想嫁给孙邕。孙邕以曾与桓阶为同僚而婉言辞却。此举深得曹丕夸奖,下诏予以褒扬。

【注释】

①生:生存,活着。其人:指桓阶。

②辞:告别。其室:妻子,指伏氏。

③追远敬终:即"慎终追远"。谓对父命的丧事要办得谨慎合理。祖先虽远,须依礼追祭。

④违而得道:意思是魏文帝曹丕以伏氏嫁孙邕,孙邕推辞了,违反了文帝的旨意,却得到了好名声。

赐薛悌等关内侯诏①

薛悌,驳吏②。王思、郤嘉,纯吏也③。各赐关内侯,以报其勤。

【题解】

薛悌(生卒年不详),字孝威,兖州东郡(今山东聊城)人,东汉末年至三国时代曹魏官员,历任兖州从事、泰山太守、尚书令、中护军督军,最后官至尚书,受爵关内侯。王思,字不详,生卒年不详,济阴人。受曹操赏识,提拔为刺史,后被任命为大司农。郤嘉,字殷邦,乃河东郡解县人士。王思与薛悌、郤嘉都是从卑微的官职上被提拔起来的,官位略等。三人之中,悌夹揉儒术,所在名为闲省。郤嘉与思事行相似。黄初三年,曹丕作此诏以褒奖他们。

【注释】

①此诏见《三国志·梁习传》注引《魏略·苛吏传》。

②驳吏:杂而不纯的官吏。薛悌"差挟儒术,名为闲省",故言。

③纯吏:纯良的官吏。

械系令狐浚诏①

浚何愚！

【题解】

令狐愚(？－249)，字公治，太原人。曹魏时期将领，原名浚。太尉王凌的外甥，弘农太守令狐邵之侄。黄初年间出任和戎护军，后任曹爽府长史、兖州刺史。嘉平年间，与王凌一起密谋废除曹芳，共立楚王曹彪，事未行而病卒。嘉平三年(251)，事泄，王凌服毒自尽，与此事相连者，皆夷三族。王凌及令狐愚被开棺暴尸三日，亲土埋之。黄初中，乌丸校尉田豫讨伐胡人有功，小小违反节度，令狐浚以律法制裁。曹丕大怒，将令狐浚戴上镣铐，拘禁起来，免去官职治罪。下此诏书说他愚蠢，从此将令狐浚改名为令狐愚。

【注释】

①此诏见《三国志·王凌传》注引《魏略》。械系：加脚镣手铐等刑具拘禁起来。

征吴临行诏司马懿

吾深以后事为念①，故以委卿②。曹参虽有战功③，而萧何为重④，使吾无西顾之忧⑤，不亦可乎？

【题解】

司马懿(179—251)，字仲达，河内郡温县孝敬里(今河南焦作温县)人。

三国时期魏国政治家、军事谋略家,魏国权臣,西晋王朝的奠基人。黄初六年(225)曹丕率大军征讨东吴,下诏命司马懿为抚军大将军,镇守后方。

【注释】

①后事:相对前线而言,谓后方之事,或国内事。

②委:任命。卿:指司马懿。

③曹参:汉初沛人,秦末曾为沛县狱吏,佐刘邦灭项羽,屡建战功,封平阳侯。惠帝时继萧何为相。

④萧何:沛人,曾为沛吏,佐刘邦建立汉王朝,论功第一,封鄣侯。汉高祖刘邦论功行封,萧何功居第一,曹参第二,萧何功在建国,曹参功在作战。

⑤西:曹魏的都城洛阳在东吴的西边,所以用"西"指代大后方。

遗诏太子①

有间此三公者②,慎勿疑之。

【题解】

太子即曹叡(204—239),字元仲,豫州沛国谯县(今安徽亳州)人。三国时期曹魏第二任皇帝(226—239 年在位)。魏文帝曹丕的长子,母为文昭甄皇后。黄初三年(222),曹叡封平原王,黄初七年(226)五月,曹丕病重,立曹叡为皇太子,即位于洛阳,为魏明帝。此诏作于曹丕临终之时,下诏命曹真、陈群、司马懿等辅佐新主。

【注释】

①此诏各本均不载,据《晋书·宣帝纪》补。

②间:离间。三公:指曹真、陈群、司马懿。

令

向化手令（延康元年七月庚辰）①

吾前遣使宣国威灵②，而达即来。吾惟《春秋》褒仪父③，即封拜达，使还领新城太守④。近复有扶老携幼，首向王化者⑤。吾闻夙沙之民，自缚其君，以归神农⑥；豳国之众，襁负其子，而入丰、镐⑦。斯岂驱略迫胁之所致哉⑧？乃风化动其情⑨，而仁义感其衷，欢心内发使之然也。以此而推，西南将万里无外，权、备将与谁守死乎⑩？

【题解】

向化，即归化、顺服。《三国志·文帝纪》载："蜀将孟达率众降。武都氐王杨仆率种人内附，居汉阳郡，王自手笔令。"此事在延康元年七月。《三国志·明帝纪》太和元年十二月注引《魏略》亦云："（孟）达以延康元年率部曲四千余家归魏。文帝时初即王位，既宿知有达，闻其来，甚悦。"西南少数民族首领归附，曹丕深感此事对刚建立的魏朝意义重大，便亲自写了此令赞扬他们的这种行为，同时又对孟达委以镇守西南的重任。此事也缓解了曹魏西边少数民族入侵的忧患，可以集中兵力攻打蜀国和吴国，尽快统一天下。

【注释】

①《全三国文》题作《孟达杨仆附降令》，并注"延康元年七月庚辰"。令文内容与杨仆无涉，故应删去"杨仆"二字。向化：归化。

②威灵：声威。

③仪父：春秋时邾国君之字，名克。《春秋》隐公元年三月："公（隐公）及邾仪父盟于蔑。"《左传》云："曰'仪父'，贵之也。"《春秋》褒仪父，即指此。

④新城：郡名，由上庸、房陵、西城三郡并置。

⑤首向王化：指归向曹魏。王化：君王的德化。

⑥"夙沙"句：《吕氏春秋·用民》："夙沙之民，自攻其君而归神农。"注："夙沙，大庭氏末世也，其君无道，故自攻之。"系古部落，在今山东胶东地区。

⑦"豳国"句：豳，即邠，在今陕西彬州一带，周族公刘始造于此，为豳国。丰、镐，西周旧都。丰为周文王所建，在长安丰水西；镐为周武王所建，在丰水东。褓负，用褓裼背负。《淮南鸿烈解》："文王处岐周之间，地方不过百里而立为天下者，有王道也。"又："泰王亶父处邠，狄人攻之……乃谢耆老而徙岐周，百姓携幼扶老而成之，遂成国焉。"

⑧驱略：驱使、侵夺。略：同"掠"。

⑨风化：风俗教化。

⑩权、备：即孙权与刘备。与谁守死乎：即"谁与守死乎"，意思是谁愿意同他们以死相守呢？

答许芝上代汉图谶令（延康元年十一月辛亥）①

昔周文三分天下有其二②，以服事殷，仲尼叹其至德；公旦履天子之籍③，听天下之断④，终然复子明辟⑤，《书》美其人。吾虽德不及二圣⑥，敢忘高山景行之义哉⑦！若夫唐尧、舜、禹之迹，皆以圣质茂德处之⑧，故能上和灵祇⑨，下宁万姓，流称今日⑩。今吾德至薄也，人至鄙也，遭遇际会⑪，幸承先王余业⑫，恩未被四海，泽未及天下，虽倾仓竭府以振魏国百姓⑬，犹寒者未尽暖，饥者未尽饱。夙夜忧惧，弗敢遑宁⑭，庶欲保全发齿，长守今日，以没于地，以全魏国，下见先王，以塞负荷之责[15]。望狭志局[16]，守此而已。虽屡蒙祥瑞，当之战惶[17]，五色无主[18]。若芝之言，岂所闻乎？心栗手悼[19]，书不成字，辞不宣口[20]。吾间作诗曰[21]："丧乱悠悠过纪，白骨纵横万里，哀哀下民靡恃，吾将佐时整理，复子明辟致仕。"庶欲守此辞以自终，卒不虚言也。宜宣示远近[22]，使昭赤心。

【题解】

许芝，三国时魏国官吏。东汉末为太史丞，向曹丕上符命，条陈魏代汉见于谶纬。曹丕称帝，为太史令。曾写信给诸葛亮，让其举国称藩。据《三国志·文帝纪》注引《献帝传》，延康元年十月，汉献帝禅位，群公卿士上书曹丕劝其受禅即祚。太史丞许芝以谶纬现、祥瑞出为由，请曹丕受禅代汉："七月四日戊寅，黄龙见，此帝王受命之符瑞最著名者也。……《春秋汉含孳》曰'汉以魏，魏以征'；《春秋玉版谶》曰'代赤者魏公子'；《春秋左助期》曰'汉以许昌失天下'。……臣职在史官，考符察征，图谶效见，际会之期，谨以上闻。"图谶是巫师、方士编造的预示吉凶的隐语，秦汉间十分流行。曹丕作此令回应他。

【注释】

①《全三国文》题作《辞许芝等条上谶纬令》。

②三分天下有其二：郑玄《诗谱》："纣又命文王典治（管理）南国江汉汝坟（长江、汉水、汝水两岸）之诸侯，于是三分天下而有其二，以服事殷故雍、梁、荆、豫、徐、扬之人，咸被其德而从之。"按：相传当时全国分为九州，文王控制六州，所以说三分天下而有其二。

③公旦履天子之籍：《淮南鸿烈解》："武王崩，成王幼少，周公继文王之业，履天子之籍，听天下之政。"履：执行，施行。籍：同"祚"，皇位。

④断：决断，指处理国事。《淮南鸿烈解》作"政"。

⑤复子明辟：归还政事于明君。复：归还。辟：君主。

⑥二圣:指周文王和周公旦。

⑦高山景行:《诗经·小雅·车辖》:"高山仰止,景行行止。"《传》:"景,大也。"《笺》:"景,明也。……古人有高德者则慕仰之,有明行者则而行之。"后因以高山景行喻指高尚的德行。

⑧圣质:超凡的禀性。茂德:美好的品德。

⑨灵祇:神灵。

⑩万姓:百姓。流称:流传称颂。

⑪际会:时机。

⑫先王:指曹操。

⑬倾仓竭府:谓尽出其所有。倾、竭:竭尽。仓:指储粮的地方。府:指积银钱之所。振:同"赈",救济。魏:非文帝所建魏国,乃为汉献帝所封曹氏之魏国,即邺地。

⑭遑宁:闲暇安宁。

⑮塞:充实,此谓尽。负荷:背负肩担,此谓担任。

⑯望狭志局:意谓志向渺小。局:近也,文帝《与朝歌令吴质书》:"途路虽局,官守有限。"

⑰战惶:恐惧发抖。

⑱五色无主:恐惧而面色不定貌。《淮南子·精神训》:"禹南省方,济于江,黄龙负舟,舟中之人,五色无主。"

⑲栗:恐惧。悼:恐惧,颤抖。

⑳宣:表达。口:《三国志·文帝纪》注及《全三国文》作"心"。

㉑诗:指《令诗》。

㉒宣示:显示,发布。

答辛毗等令(延康元年十一月辛亥)①

下四方以明孤款心②,是也。至于览余辞③,岂余所谓哉④?宁所堪哉⑤?诸卿指论⑥,未若孤自料之审也⑦。夫虚谈谬称⑧,鄙薄所弗当也⑨。且闻比来东征⑩,经郡县,历屯田,百姓面有饥色,衣或裋褐不完⑪,罪皆在孤。是以上惭众瑞⑫,下愧士民。由斯言之,德尚未堪偏王⑬,何言帝者也!宜止息此议,无重吾不德⑭,使逝之后,不愧后之君子。

⑬堪:胜任。偏王:据一方之地称王。

⑭重:加重。

答司马懿等令（延康元年十一月癸丑）①

世之所不足者，道义也；所有余者，苟妄也②。常人之性③，贱所不足，贵所有余，故曰"不患无位，患所以立"④。孤虽寡德⑤，庶自免于常人之贵⑥。夫"石可破而不可夺坚，丹可磨而不可夺赤"⑦。丹石微物，尚保斯质，况吾托士人之末列⑧，曾受教于君子哉？且于陵仲子以仁为富⑨，柏成子高以义为贵⑩，鲍焦感子贡之言⑪，弃其蔬而槁死，薪者讥季札失辞⑫，皆委重而弗视⑬。吾独何人？昔周武，大圣也，使叔旦盟胶鬲于四内⑭，使召公约微子于共头⑮，故伯夷、叔齐相与笑之曰："昔神农氏之有天下，不以人之坏自成，不以人之卑自高。"⑯以为周之伐殷以暴也⑰。吾德非周武而义惭夷、齐，庶欲远苟妄之失道，立丹石之不夺，迈于陵之所富，蹈柏成之所贵，执鲍焦之贞至，遵薪者之清节。故曰："三军可夺帅，匹夫不可夺志。"⑱吾之斯志，岂可夺哉？

【题解】

《三国志·文帝纪》注引《献帝传》载许芝、辛毗之后，司马懿、郑浑、羊祕、鲍勋、武周等人也上书谏劝曹丕代汉自立。曹丕虽然想取代汉献帝当皇帝，但表面上要表示再三谦让，所以与群臣来往于公文游戏之间。此令即是答司马懿等人的，令文借用了《吕氏春秋·诚廉》的思想，引述古代义士的高行，竭力掩饰自己急于受禅之心。

【注释】

① 《全三国文》题作《答司马懿等再陈符命令》。

② 苟安：苟且偷安。

③ 性：性情、脾气。

④ 不患无位，患所以立：语出《论语·里仁》篇。意谓"不发愁没有职位，只发愁没有任职的本领"。"立"和"位"古通用，"立"字便是"不患无位"的"位"字。《春秋桓公二年》二公即位《石经》作"公即立"，可以为证。

⑤ 寡德：少德。

⑥ 庶：将近，差不多。

⑦ "石可破"二句：语见《吕氏春秋·诚廉》篇。意思是石头可以击破，但不可以夺去其坚性；朱砂可以粉碎，但不可以去其红色。坚：坚固。丹：朱砂。

⑧ 托：依托，守寓。

⑨ 于陵仲子：战国齐人，即陈仲子。因居于于陵，故号称于陵仲子。以兄食禄万钟为不义，适楚。楚王以为相，不就。与妻逃去，为人灌园。

⑩ 柏成子高：帝尧时代的诸侯。尧让位于舜，舜让位于禹，柏成子高便辞去职位去荒野种田。

⑪ 鲍焦：古之廉士，耕田自食，穿井而饮，非妻所织不服。子贡讥之曰："吾闻之，非其世者，不生其利。污其君者，不履其土。今子污其君而履其土，非其世而将其疏，其可乎？"抱木而死。

⑫ 薪者讥季札失鞭：薪者：樵夫。季札，又称公子札。春秋时吴国贵族，吴王诸樊之弟。他贤名博学，让君位。

⑬ 委重：舍弃贵重之物。

⑭ 叔旦盟胶鬲两于四内：叔旦：即周公，文王之子、武王之弟，故曰叔旦。胶鬲：原为殷王纣臣，遭纣之乱，便隐居民间经商，文王在贩卖鱼盐的商人中找到他，提拔他为臣。四内：地名。

⑮ 召公：即邵公、周王重臣。微子：商纣王庶兄，名启。因数谏纣不听，去国。共头：水名。

⑯ 伯夷、叔齐：商孤竹君的两个儿子，相传其父遗命要立次子叔齐为继

答刘廙刘晔等令（延康元年十一月丙午）①

犁牛之驳似虎②，养之幼似禾③，事有似是而非者，今日是已。睹斯言事，良重吾不德④。

【题解】

刘廙（yì）（180—221），字恭嗣，南阳（今河南南阳）人，汉末魏初名士。西汉长沙定王刘发之子安众康侯刘丹之后，初从荆州牧刘表，后投奔曹操，甚受器重，为黄门侍郎。曹丕继位，擢为侍中，并赐爵关内侯。刘晔，字子扬，淮南成德（今安徽寿县东南）人，是光武帝刘秀之子阜陵王刘延的后代，三国时期曹魏名著名的战略家。刘晔年少知名，人称有佐世之才。曹操手下举足轻重的谋士，他屡献妙计，对天下形势的发展往往一语中的，是曹操、曹丕、曹叡三朝元老。延康元年，献帝禅位，刘廙和辛毗、司马懿等人一样上书谏曹丕受禅，曹丕于是年十一月作此令答之。今文也是曹丕婉言拒绝的谦辞。

【注释】
①《全三国文》题作《辞符谦令》。
②犁牛：杂毛牛。驳：黑白颜色相杂。
③养：草名，似稷而无实。《孟子·尽心下》："孔子曰：恶似而非者，恶莠，恐其乱苗也。"
④良重：过分地重视。良：很。重：加重。

承人，孤竹君死后，叔齐让位给伯夷，伯夷不受，叔齐亦不愿即位，先后都逃到周国。"普神农氏"三句：语出《庄子·让王》。
⑦暴：原作"恭"，文意不顺，今据《三国志·文帝纪》裴注引改。
⑧三军可夺帅，匹夫不可夺志：语见《论语·子罕》。

让禅令①

当奉还玺绶为让章②。吾岂奉此诏，承此贶邪③？昔尧让天下于许由、子州支甫④，舜亦让于善卷⑤、石户之农、北人无择⑥。或退而耕颍之阳⑦，或辞以幽忧之疾；或远入山林，莫知其处；或携子入海，终身不反⑧；或以为辱，自投深渊。且颜阖惧太朴之不完⑨，守知足之明分；王子搜乐丹穴之潜处，被熏而不出⑩；柳下惠不以三公之贵易其介⑪；曾参不以晋、楚之富易其仁⑫。斯九士者，咸高节而尚义，轻富而贱贵，故书名千载⑬，于今称焉。求仁得仁，仁岂在远？孤独何不如哉？义有蹈东海而逝，不奉汉朝之诏也。亟为上章还玺绶⑭，宣之天下，使咸闻焉。

【题解】

《三国志·魏书·文帝纪》载延康元年，汉献帝以众望在魏，召集文武百官，作坛发玺书，三次禅位给曹丕。曹丕亦三次推辞。是年十月十七日，曹丕在军营前开读汉献帝写的让禅诏书，接受玉玺，后又下令奉还玉玺于汉献帝，表示辞让。此篇是第一次让禅令，令文中历数古代贤人辞让的高风亮节，表示自己无心受禅。

【注释】

①《全三国文》题作《既发玺书又下令》。

②玺绶：古代印玺上系有彩色组绶，故称玺绶。让章：指辞让禅位的文件。

③此诏：指汉献帝的禅位诏书。贶(kuàng)：赐予。

④尧让天下于许由：许由：古代传说中的隐士，姓许名由字武仲。相传

尧要将天下让给许由,许由不接受。

⑤善卷:古代传说中的隐士。

⑥北人无择:人名,复姓北人名无择。又作"北人亡择"。

⑦颖之阳:颖水北岸。

⑧返:原作"及",今据《三国志·文帝纪》注改。

⑨颜阖:战国齐人,隐居不仕,尝说齐宣王礼贤下士,宣王悦服,请受为弟子,许之富贵,阖拒绝了。

⑩王子搜:人名。

⑪柳下惠:即春秋鲁国大夫展禽。鲁僖公时人,又字季,因食邑柳下,谥惠,故称柳下惠。介:操守。此句出于《孟子·尽心上》。

⑫曾参:春秋鲁南武成人,字子舆,孔子弟子。

⑬名:称说。

⑭亟:急。

让禅第二令(延康元年十一月乙卯)①

昔柏成子高辞夏禹而匿野②,颜阖辞鲁币而远迹③。夫以王者之重,诸侯之贵,而二子忽之④,何则?其节高也。故烈士徇荣名⑤,义夫高贞介⑥,虽蔬食瓢饮,乐在其中。是以仲尼师王骀⑦,而子产嘉申徒⑧。今诸卿皆孤股肱腹心,足以明孤。而今咸若斯,则诸卿游于形骸之内,而孤求为形骸之外⑨,其不相知,未足多怪。亟为上章还玺绶,勿复纷纷也⑩。

【题解】

这是曹丕的第二道让禅令。据《三国志·文帝纪》注引《献帝传》载曹丕的第一道让禅令宣告群僚后,辅国将军清苑侯刘若等一百二十人又联名

130

上书,继续谏劝曹丕接受禅让。为此,曹丕又于延康元年作此令,依然婉拒了百官所请。

【注释】

①《全三国文》题作《辞让禅令》。

②柏成子高:帝尧时代的诸侯。尧让位于舜,舜让位于禹,柏城子高便辞去职位去荒野种田。

③颜阖:鲁国的隐士。

④忽之:轻视。

⑤烈士:古时泛指有志功业或重视自己的信念而轻生的人。徇:同"殉",为达到某种目的而献身。徇荣名:为荣名而舍身。

⑥贞介:守正独立。原作"贵介",今据章经济堂本与《三国志·文帝纪》注改。

⑦师:拜师。王骀:鲁国的巫者。

⑧子产:郑国的执政大臣。申徒:郑国贤人。二人同师于伯昏无人。

⑨形骸之内:指形体上的交往。形骸之外:指精神道德。

⑩纷纷:繁忙貌,此谓"乱说""多说"。

让禅第三令①

夫古圣王之治也,至德合乾坤②,惠泽均造化③,礼教优乎昆虫,仁恩洽乎草木④。日月所照,戴天履地,含气有生之类,靡不被服清风,沐浴玄德⑤。是以金革不起⑥,苛慝不作⑦,风雨应节,祯祥触类而见⑧。今百姓寒者未暖,饥者未饱,鳏者未室,寡者未嫁。权、备尚存⑨,未可舞以干戚⑩,方将整以齐斧⑪;戎役未息于外,士民未安于内;耳未闻《康哉》之歌⑫,目未睹击壤之戏⑬;婴儿未可托于高巢⑭,余粮未可宿于田亩;人事未备^⑮，至于此也。夜未曜景星^⑯，治未通真人^⑰，河未出龙马^⑱，山未出象车^⑲，蓂荚未植阶庭^⑳，蓂莆未生庖厨^㉑，王母未献白环^㉒，渠搜未见珍裘^㉓。灵瑞未效^㉔，又如彼也。昔东户季子^㉕、容成^㉖、大庭^㉗、轩辕、赫胥之君^㉘，咸得以此就功勒名^㉙。今诸卿独不可少假孤精心竭虑^㉚，以和天人，以格至理^㉛，使彼众事备，群瑞效，然后安乃议此乎，何遽相愧相迫之如是也^㉜？速为让章，上还玺绶，无重吾不德也。

【题解】

《三国志·文帝纪》注引《献帝传》载曹丕的第二道让禅令宣告群僚后，辅国将军等一百二十人又上书继续劝曹丕受禅称帝："臣闻符命不虚见，众心不可违。……臣等闻事君有献可替否之道，奉上有逆鳞固争之议，臣等敢以死请。"为此，曹丕作此第三道让禅令。

【注释】

①《全三国文》题作《让禅令》。

②至德：最高尚的道德。乾坤：原为八卦中的二卦，指天地。

③惠泽：恩泽，德泽。均：平均。造化：创造化育，与今"自然"义略同。

④优：惠及。洽：融合。

⑤玄德：指自然无为的素质。《老子》："生而不有，为而不恃，长而不宰，是谓玄德。"

⑥金革：指战争。金：兵戈之属。革：甲胄之属。

⑦苛慝（tè）：暴虐邪恶。慝：奸邪、邪恶、阴气、灾害。

⑧祯祥：吉兆。

⑨权、备：孙权、刘备。

⑩舞以干戚：舞：用作动词。干戚：乐舞的一种。古代舞乐有文武之分，文舞执羽旄，武舞执干戚。

⑪齐斧：即黄钺斧。凡师出征伐必斋戒入庙受斧，故称"斋斧"。齐

同"斋"。

⑫《康哉》之歌：指赞颂时势安宁之歌。

⑬击壤之戏：古游戏名。《太平御览》载魏邯郸淳《艺经》："壤，以木为之，前广后锐，长尺四，阔三寸，其形如履。将戏，先侧一壤于地，遥于三四十步，以手中壤敲之，中者为上。"后用以表现天下大治。

⑭高巢：即有巢氏。他为避免野兽侵袭，教民构木为巢，居于树上，作者以此谓天下未太平。

⑮备：齐，完备。

⑯景星：即瑞星，又称德星。《史记·天官书》："天精而见景星。景星者，德星也。其状无常，常出于有道之国。"

⑰真人：修心养性道德高深之人。

⑱龙马：古代传说中的瑞马。

⑲象车：旧指象征太平盛世的一种瑞应物。也称"山车"。

⑳蓂（míng）荚：古代传说中象征祥瑞的一种草，一名历英。

㉑蓁（shà）莆：瑞草名。蓁：古书上说的一种植物，叶大可做扇。

㉒白环：白玉环。

㉓渠搜：古西戎国名。珍裘：珍贵的皮衣。

㉔灵瑞：灵光祥瑞。

㉕东户季子：古代人君。

㉖容成：相传是黄帝的大臣，最早发明历法，道家认为他是黄帝、老子的老师。

㉗大庭：上古帝王名。一说大庭为神农氏的别号。

㉘赫胥：上古帝王名。

㉙就功：成功。勒名：建立功名。勒：雕刻，此谓树立。

㉚假：借。

㉛至理：最根本的道理。

㉜遽：急促。相愧：互相找难堪。

答刘廙等令①

天下重器②，王者正统，以圣德当之，犹有惧心，吾何人哉！且公卿未至乏主③，斯岂小事？且宜以待固让之后④，乃当更议其可耳。

【题解】

《三国志·文帝纪》注引《献帝传》载曹丕第二次上表辞让禅位后，侍中刘廙等人在延康元年十月以国不可一日无主为理由劝曹丕接受禅让即帝位："群生不可一日无主，神器不可以斯须无统。故臣有违君以成业，下有矫上以立事，臣等敢不重以死请。"曹丕下令答复，说明了自己推辞禅让的原因。

【注释】

①《全三国文》题作《答刘廙等奏受禅令》。
②重器：谓国家。
③乏主：缺少君主。
④固让：坚决地辞让，指汉献帝再三让位。

答苏林等令①

凡斯皆宜圣德②，故曰："苟非其人，道不虚行。"③天瑞虽彰，须德而光④。吾德薄之人，胡足以当之⑤？今让，冀见听许⑥，外内咸使闻知⑦。

【题解】

苏林,约公元 220 年前后在世。字孝友,陈留人,博学,多通古今字。建安中,为五官将文学。黄初中,迁博士,给事中,封安成亭侯。官至散骑常侍,以老归第。曹丕每遣人就问之,且常加赐遗。《三国志·文帝纪》注引《献帝传》载延康元年十月博士给事中苏林、董巴等人以星空分野、岁月至魏之说为依据上表,劝谏曹丕接受禅让即皇帝位,曹丕作此令婉拒之。

【注释】

①《全三国文》题作《答董巴等令》。苏林:字孝友,陈留人。博学,自通古今字旨,凡诸书传文间危疑,林皆释之。建安中,为五官将文学;黄初中,为博士给事中。

②斯:这,指苏林于延康元年十月上书中提到的星空天象。圣德:最高尚的道德。

③苟非其人,道不虚行:见《易经·系辞下·疏》:"言若圣人则能循其主辞,揆其义理,知其典常,是易道得行也。若苟非通圣之人,则不晓达易之道理,则易之道不虚空得行。"道:指天道。

④天瑞:上天所显现的吉祥预兆。德而光:圣德光大。

⑤胡:怎么。当:承受。

⑥冀:希望。见:被。听许:听取同意。

⑦外内:指朝廷内外。

答华歆等令①

以德则孤不足,以时则戎虏未灭②。若以群贤之灵③,得保首领,终君魏国④,于孤足矣。若孤者,胡足以辱四海?至乎天瑞人事,皆先王圣德遗庆⑤,孤何有焉?是以未敢闻命⑥。

华歆(157－232)，字子鱼，平原高唐(今山东禹城)人，汉末魏初时名士，曹魏重臣，是三国时期重要历史人物。曹操征讨孙权，"表歆为军师"。华歆是汉献帝禅让帝位给曹丕事件的主要参与者之一，在曹魏官至司徒、太尉。曹丕的《禅让令》发布后，汉献帝又下诏禅让。于是相国华歆、太尉贾诩、御史大夫王朗及九卿于延康元年十月丁卯联名上书，请曹丕接受禅让。曹丕作此令委婉地拒绝了。

【注释】

①《全三国文》题作《又令》，又作《让禅令又令》。

②戎虏：古时对西方或北方少数民族的蔑称，泛指外敌。

③灵：灵气、福气。《左传·隐公三年》："若以大夫之灵，得保首领以没。"

④君：统治、主宰。

⑤先王：指曹操。遗庆：余庆，泽及后人的余福。

⑥闻命：听命。

又答相国歆等令①

昔者大舜饭糗茹草②，将终身焉。斯则孤之前志也。及至承尧禅③，被珍裘，妻二女④，若固有之，斯则顺天命也。群公卿士诚以天命不可拒，民望不可违，孤亦曷以辞焉！

【题解】

《三国志·文帝纪》注引《献帝传》载曹丕第三次上表辞让禅位后，相国华歆等人再次上言："营坛场，具礼仪，择吉日，昭告昊天上帝，秩群神之礼，须禋祭毕，会群僚于朝堂，议年号、正朔、服色当施行。"经过多次禅让和推辞,曹丕认为此时受禅的时机已经成熟,所以在延康元年十月作此令同意百官的请求,接受禅让取代汉献帝即皇帝位。

【注释】

①《全三国文》题作《允受禅令》。

②饭糗茹草:形容所吃的东西极为粗陋。饭:作动词用,吃。糗:干粮。

③承尧禅:舜接受尧的禅让。

④妻二女:舜娶尧的两个女儿娥皇、女英为妻。

薄税令①（延康元年二月）

关津所以通商旅②,池苑所以御灾荒③,设禁重税④,非所以便民。其除池籞之禁⑤,轻关津之税,皆复什一⑥。

【题解】

汉末社会动乱,人民徭役繁重。曹丕即位魏王后于延康元年二月为了减轻人民负担,恢复农业生产,提升国力,颁布此令,减轻百姓的赋税。

【注释】

①《全三国文》题作《除禁轻税令》。

②关津:水陆必经的要道,设有关卡。商旅:指来往各地做买卖的商人。

③池苑:有池水林木的地方。

④设禁重税:设立禁区,加重税收。

⑤除:废除。池籞:帝王的禁苑。

⑥复:恢复。什一:古代赋税制度,十分税一,称"什一"。

复谯租税令（延康元年七月甲午）

先王皆乐其所生[1]，《礼》不忘其本。谯，霸王之邦[2]，真人本出[3]。其复谯租税二年。

【题解】

谯，是曹操和曹丕父子的故乡，在今安徽亳州。《三国志·文帝纪》载曹丕于延康元年七月甲午，"军次于谯，大飨六军及谯父老百姓于邑东"。裴注引《魏略》云，"设伎乐百戏"，曹丕在谯县驻军，大宴父老乡亲，并且下令免除谯县两年的租税，以示不忘本。

【注释】

①先王：前代帝王。

②霸王：古称有天下者为王，诸侯中最强大者为霸。邦：地方。成汤为诸侯时居谯，夏桀无道，汤伐之，遂有天下，国号商，都于此，故曰"霸王之邦"。

③真人：奉天命降生人世的真命天子。

以郑称为武德傅令[1]（延康元年五月）

龙渊、太阿出昆吾之金[2]，和氏之璧由井里之田[3]。砻之以砥砺[4]，错之以他山[5]，故能致连城之价[6]，为命世之宝[7]。学亦人之砥砺也。称笃学大儒，勉以经学辅侯[8]，宜旦夕入侍[9]，曜明其志[10]。

【题解】

郑称(？—约225)，字不详，河南开封人。活跃于东汉末年至魏国初期。汉末大儒，官至侍中、武德侯傅，卒于官。延康元年(220)五月，魏王曹丕封王子曹叡为武德侯，特任命时任侍中的郑称担任武德侯师傅。令中说了学习的重要性，希望他用经学教授武德侯，应该早晚入宫侍奉，显扬武德侯的志向。

【注释】

①《全三国文》据唐许敬宗等《文馆词林》题作《以郑称授太子经学令》，误。与曹叡被立为太子时在黄初七年不符。

②龙渊、太阿：皆古宝剑名。昆吾：山名。金：指铜。

③和氏之璧：春秋时楚人和氏(卞和)所得的宝玉，故称之为和氏璧。

④砻：磨具。砥砺：砂石、磨石。细者为砥，粗者为砺。

⑤错：磨刀石。《诗经·小雅·鹤鸣》："它山之石，可以为错。"他山：即它山。

⑥致：致使、导致。连城之价：价值连城。

⑦命世：闻名于当世。

⑧以经学辅侯：以经学辅佐武德侯曹叡。

⑨侍：《文馆词林》卷六百九十五作"授"，指入宫教授曹叡。

⑩曜：照耀、显示、发扬。

广询令①（延康元年七月庚辰）

轩辕有明台之议②，放勋有衢室之问，皆所以广询于下也③。百官有司，其务以职尽规谏④，将率陈军法⑤，朝士明制度⑥，牧守申政事⑦，缙绅考六艺⑧，吾将兼览焉。

广询，广泛地询问、广开言路之意。延康元年六月，曹丕治兵将南征孙权，霍性上疏说"兵者凶器，必有凶扰，扰则思乱，乱出不意"，谏劝曹丕要慎重。结果曹丕发怒，杀了他，之后又很后悔，于是下此令，表示愿广开言路。

【注释】

①《全三国文》题作《敕尽规谏令》。

②轩辕：传说中的古代帝王黄帝的名字，传说姓公孙，居于轩辕之丘，故名曰轩辕。曾战胜炎帝于阪泉，战胜蚩尤于涿鹿，诸侯尊为天子。后人以之为中华民族的始祖。明台：传说为黄帝听政之所。

③放勋：尧的名号，或为史臣赞美尧的话，称其勋业四达。衢室：相传唐尧征询民意的处所。下：下层、民间。

④务：务必、一定。规谏：以正义之道劝人改正言行的不当之处。

⑤将率：即将帅。陈：陈述。

⑥朝士：职官名，掌建邦、外朝、官次和刑狱等事。明：明习。

⑦牧守：州郡的长官，州官为牧，郡官为守。申：申饬。

⑧缙绅：古时官吏插笏于绅带间，故称仕宦为"缙绅"，也作"搢绅"。考：考校、研究。六艺：礼、乐、射、御、书、数六种科目。

问雍州刺史张既令^①（延康元年）

试守金城太守苏则②，既有绥民平夷之功③，闻又出军西定湟中④，为河西作声势⑤，吾甚嘉之。则之功效，为可加爵邑未耶？封爵重事，故以问卿。密白意⑥，且勿宣露也。

【题解】

张既（？—223），字德容，冯翊高陵（今陕西西安市高陵区）人。汉末三国时期曹魏名臣,黄初二年(221),临危受命,拜雍州刺史,平定诸胡叛乱。《三国志·魏书·苏则传》载"太祖(按:指曹操)崩,西平麹演叛,称护羌校尉。(苏)则勒兵讨之。演恐,乞降。文帝以其功,加则护羌校尉,赐爵关内侯"。曹丕认为苏则平叛有功,想给他封爵,但封爵是国家的要事,所以作此令提前征求雍州刺史张既的意见,让他单独回复自己,先不要声张。

【注释】

①《全三国文》题作《问张既令》。雍州:古九州之一,今陕西、甘肃及青海一带。

②试守:试用,在正式任命前试行代理某一职务。金城:地名,汉昭帝始元六年置郡,治允吾,故城在今甘肃皋兰西北黄河北岸。苏则:(?—223),字文师,扶风武功人。少以学问品行闻名于世,起家为酒泉太守,后又转安定、武都,所在皆有威名。曹操征张鲁,使苏则为军导。张鲁降,徙为金城太守,政绩卓越,并多次参与镇压凉州军阀叛乱。后征为侍中,不惧权势,怒斥董昭,敢于直谏,曹丕深惮之。

③绥民:安抚人民。平夷:平定蛮夷。

④西定湟中:西定:指平定湟中地区的叛乱。湟中:地名,在青海东北部,湟水流经其中,故名。《三国志·魏书·苏则传》:"李越以陇西反,则率羌胡围越,越即请服。"

⑤河西:泛指黄河以西的地区。

⑥白:禀告、陈说。

拜毛玠等子男为郎中令①(延康元年三月)

故尚书仆射毛玠②,奉常王修、凉茂③,郎中令袁涣④,少府谢奂、万潜⑤,中尉徐奕、国渊等⑥,皆忠直在朝,履蹈仁义⑦,并早即世⑧,而子孙陵迟⑨,恻然愍之,其皆拜子男为郎中⑩。

【题解】

延康元年,曹丕即魏王位,想到之前跟随曹操的功臣很多都去世了,而他们的子孙都很衰弱,不免产生怜悯之心,于是在当年三月作此令封他们的儿子为郎中,以表示对生者的关怀。

【注释】

①《全三国文》题作《拜毛玠等子为郎中令》。原题下有"下并元年"四字。

②故:前、过去的。毛玠:(? —216),字孝先,陈留平丘(今河南封丘)人,年少时为县吏,以清廉公正著称。早年跟随曹操,为曹操的重要谋士之一。魏国初建,为尚书仆射。

③奉常:即太常,九卿之一,掌宗庙礼仪,兼掌选试博士。王修:字叔治,本名为王脩。北海郡营陵人,先后侍奉孔融、袁谭、曹操。为人正直,治理地方时抑制豪强、赏罚分明,深得百姓爱戴。建安十年,曹操平冀州后,任命他为司空掾行司金中郎将,后徙奉常。凉茂:字伯方,山阳昌邑人。少已好学,论议时就经常引经典作凭据。曹操后来辟他为司空掾,举高第。魏国初建,迁尚书仆射,后为中尉奉常。

④郎中令:始于秦,为皇帝左右亲近的高级官员,主要职掌为守卫宫殿门户。袁涣:字曜卿,陈郡扶乐(今河南太康西北)人。东汉末年官员。汉末战乱,袁涣流寓江、淮一带,初为袁术所用,后投吕布。建安三年(198),曹操率兵剿灭了吕布,袁涣又转投曹操,拜沛南部都尉,后又任谏议大夫、郎中令等职,在任上尽心尽责,以敢谏直言称名。

⑤少府:官名,始于战国,秦汉相沿,为九卿之一。掌山海池泽收入和皇室手工业制造,为皇帝私府。

⑥中尉:即"执金吾",掌京师治安之长官。徐奕:字秀才,东莞人。初随孙策,后附曹操,为魏郡太守。魏建立后,为尚书令。曹操征汉中,任为中尉。国渊:字子尼,乐安县人。初,曹操辟为司空掾属,对曹操的屯田起过积极作用。后迁太仆,居列卿位。

⑦履蹈:实践、实行。

⑧即世：去世。

⑨陵迟：渐趋衰败。

⑩子男：儿子。郎中：官名。始于战国，秦汉沿置，管理车、骑、门户，并内充侍卫，外从作战。

收敛战亡士卒令①（延康元年十一月癸卯）

诸将征伐②，士卒死亡者或未收敛③，吾甚哀之。其告郡国给椑、椟殡敛④，送致其家，官为设祭。

【题解】

汉末天下大乱，连年征战，将士死亡甚众，很多都没有来得及收殓，尸骨露野。曹丕看到此情此景很悲伤，于延康元年十月下此令，让郡国给棺椁收殓，送还故里并组织祭奠。

【注释】

①《全三国文》题作《殡祭死亡士卒令》。

②伐：原本作"代"，误，据《魏志》改。

③士卒：士兵。收敛：即收殓，把尸体放进棺材。

④椑、椟：小棺材，亦泛指棺材。殡敛：为死者更衣下棺，准备埋葬。

以李伏言禅代合符谶示外令

以示外①。薄德之人②，何能至此，未敢当也。斯诚先王至德通于神明③，固非人力也。

李伏,东汉末曹操部属。任左中郎将。延康元年(220),李伏上书陈图谶、符命,向曹丕"劝进"。曹丕作此令委婉拒绝,但其实这是曹丕为合法继承帝位而做的舆论准备。

【注释】

①示外:对外展示、给外人看。

②薄德:轻微的德行,曹丕谦称。

③诚:实在。先王:指曹操。神明:神灵、神祇。

止群臣议禅代礼仪令

当议孤终不当承之意而已①。犹猎,还方有令②。

【题解】

延康元年十月,汉献帝下诏禅位给曹丕,尚书令桓阶等人奏谏曹丕接受禅让之旨,曹丕觉得当时时机未成熟,不能受禅,故作此令,制止群臣的建议。

【注释】

①此句是说:大家不要总是劝我受禅,也应当讨论一下我不该承受禅让的意见呀。

②猎:外出打猎。还:指外出打猎返回。

止群臣议禅代礼仪令

吾殊不敢当之①,外亦何豫事也②!

据《三国志·文帝纪》载上一篇《止群臣议禅代礼仪令》发布后，尚书令等人又奏请曹丕接受汉献帝的禅让，曹丕于是作此令继续委婉地拒绝。

【注释】

①殊：很、极。当：承受。

②外亦何豫事：曹丕当时在野外的军营之中，群臣劝他接受禅让并在开阔处设受禅坛。曹丕认为在野外不能行之。外：在野外。豫事：参与国事。

罢设受禅坛场令

属出①，见外便设坛场②。斯何谓乎③？今当辞让不受诏也。但于帐前发玺书④，威仪如常⑤。且天寒，罢作坛，使士归⑥。

【题解】

延康元年十月，侍中刘廙、常侍卫臻等继续奏谏曹丕受禅，并且修建禅让的坛场。曹丕下令说自己不准备接受禅让，而且野外天寒地冻，让停止修建坛场。

【注释】

①属出：适逢外出。

②坛场：举行祭祀、继位、盟会、拜将等大典的场所。

③斯何谓乎：这是怎么说呢。

④发：打开。玺书：古时用印信封记的文书，秦以后专指皇帝的诏书。

⑤威仪：帝王或显贵者出行的仪仗。

⑥士:士兵。

让禅令

泰伯三以天下让^①,人无得而称焉^②,仲尼叹其至德^③,孤独何人?

【题解】

延康元年十月,侍中刘廙等奏谏曹丕接受汉献帝的禅让即皇帝位,曹丕作此令列举了古代辞让的典故,拒绝了众人的请求。

【注释】

①泰伯:又称"太伯",周祖先古公亶父的长子(兄弟共三人),他曾经将帝位继承权让给了他弟弟。

②称:称赞。

③仲尼:孔子。至德:最高尚的道德。

三让玺绶令^①

冀三让而不见听^②,何汲汲于斯乎^③!

【题解】

曹丕三次推辞禅让之后,群臣还是接连劝说,故作此令答之。

【注释】

①玺绶:天子的印章及组绶。

②冀:希望。听:采纳、听从。

③汲汲:形容努力求取、不停歇的样子。于斯:于此,指禅让。

令

树德垂声②,崇化笃俗③。
道薄于当年④,风颓于百代⑤。

【题解】

此令仅存此二句,所作时间和背景暂不明,内容是关于风俗教化。

【注释】

①此令见《文选》桓温《荐谯秀表》注引《魏书》。

②树:树立、建立。垂声:流传名声。垂:传下去、传留后世。

③崇化:推崇感化、教化。笃俗:使风俗朴实。

④薄:微小。

⑤风:风俗。颓:衰败。

策

追封邓公策①

惟黄初二年八月丙午②,皇帝曰:咨尔邓哀侯冲③,昔皇天钟美于尔躬④,俾聪哲之才⑤,成于弱年⑥。当永享显祚⑦,克成厥终⑧。如何不禄⑨,早世夭昏⑩!朕承天序⑪,享有四海,并建亲亲⑫,以藩王室⑬。惟尔不逮斯荣⑭,且葬礼未备⑮,追悼之怀,怆然攸伤⑯。今迁葬于高陵⑰,使使持节兼谒者仆射郎中陈承⑱,追赐号曰邓公,祠以大牢⑲。魂而有灵⑳,休兹宠荣。呜呼哀哉!

【题解】

邓公,即曹冲,曹操幼子,由曹操的小妾环夫人所生。字仓舒,从小聪明仁爱,与众不同,深受曹操喜爱。建安十三年(208),曹冲十三岁时得了重病,曹操亲自为他向天请求保全生命。到了曹冲死去时,曹操极为哀痛。黄初二年(221),曹丕作此策追赠谥号给曹冲为邓哀侯,又追加称号为邓公。

【注释】

①《全三国文》题作《赠谥邓哀侯诏》。
②丙午:十六日。
③咨尔:《论语·尧曰》:"尧曰:'咨,尔舜!天之历数在尔躬。'"邢昺疏:"咨,咨嗟;尔,女也……故先咨嗟,叹而命之。"后常以"咨尔"用于句首,

表示赞叹或祈使。

　　④钟美:钟爱、集美。尔躬:你。

　　⑤俾:使,给。聪哲:明察多智。

　　⑥成于弱年:《三国志》本传:"生五六岁,智意所及,有若成人之智。"用大船称象,便是他的发明。弱年:幼年。

　　⑦显祚:高贵皇位。

　　⑧克:能。厥:其。终:寿终。

　　⑨如何:有"奈何"意。不禄:没有福气。

　　⑩夭昏:幼年死亡。

　　⑪天序:上天安排的秩序。

　　⑫亲亲:谓亲其所当亲,指同父兄弟。

　　⑬藩:屏。

　　⑭逮:至,到。

　　⑮葬礼未备:曹冲死于建安十三年,时值战乱,没有按照王侯的礼节安葬,故曰"葬礼未备"。

　　⑯攸伤:感伤。

　　⑰高陵:曹操的墓地。

　　⑱使:前"使"字为动词,派遣。后"使"字为名词,使者。陈承:人名。

　　⑲大牢:太牢,古代祭祀以牛、羊、猪三牲具备为太牢,以示尊崇之意。

　　⑳灵:原作"录",今据《三国志·邓哀王冲传》注改。

谥庞德策①（延康元年）

　　昔先轸丧元②,王蠋绝脰③,陨身徇节④,前代美之。惟侯式昭果毅⑤,蹈难成名,声溢当时⑥,义高在昔。寡人愍之,谥曰壮侯。

庞德(? —219),字令明,东汉末年雍州南安郡狟道县(今甘肃武山)人,东汉名将,被关羽军称作"白马将军"。初平中,庞德投奔马腾帐下,在平定羌民的征伐中屡立战功,后跟随马超征战平阳,抵御袁将郭援、高干。张白骑在弘农反叛时,庞德也参与战斗。后几经辗转,随张鲁归降于曹操麾下,被授官立义将军,封关内亭侯,食邑三百户。219 年,庞德协助曹仁抵御关羽,战败后不毁节以求生,威震天下,曹操为之流涕,封其二子为列侯。延康元年,曹丕即位,作此策派使者到庞德墓赐谥"壮侯",高度评价了庞德以身殉国的高尚品节。

【注释】

①《全三国文》题作《策谥庞德》。

②先轸:春秋时晋人。丧元:元,头也。丧元指被杀身亡。

③王蠋:战国齐人,燕破齐时,燕乐毅闻其贤,备礼请蠋,蠋谢不往,燕人劫之,蠋遂自杀。绝脰:断颈而死。绝:断。脰:颈。

④陨身:亡身、死亡。

⑤侯:指庞德。式:榜样。

⑥溢:溢满。

策孙权九锡文^①(黄初二年十一月)

盖圣王之法,以德设爵,以功制禄。劳大者禄厚,德盛者礼丰^②。故叔旦有夹辅之勋^③,太公有鹰扬之功^④,并启土宇^⑤,并受备物^⑥,所以表章元功^⑦,殊异贤哲也^⑧。近汉高祖受命之初,分裂膏腴以王八姓^⑨,斯则前世之懿事^⑩,后王之元龟也^⑪。

朕以不德,承运革命^⑫,君临万国,秉统天机^⑬,思齐先代⑭，坐而待旦⑮。惟君天资忠亮⑯，命世作佐⑰，深睹历数⑱，达见废兴⑲。远遣行人⑳，浮于潜汉㉑；望风影附㉒，抗疏称藩㉓。兼纳纤絺南方之贡㉔，普遣诸将来还本朝㉕。忠肃内发㉖，款诚外昭㉗；信著金石㉘，义盖山河。朕甚嘉焉。今封君为吴王，使使持节太常高平侯贞㉙，授君玺绶策书㉚，金虎符第一至第五㉛，左竹使符第一至第十㉜，以大将军使持节督交州㉝，领荆州牧事㉞。锡君青土㉟，苴以白茅㊱，对扬朕命㊲，以尹东夏㊳。其上故骠骑将军南昌侯印绶符策㊴。

今又加君九锡，其敬听后命㊵：以君绥安东南㊶，纲纪江外㊷，民夷安业㊸，无或携贰㊹，是用锡君大辂、戎辂各一㊺，玄牡二驷㊻；君务财劝农㊼，仓库盈积㊽，是用锡君衮冕之服㊾，赤舄副焉㊿；君化民以德(51)，礼教兴行(52)，是用锡君轩县之乐(53)；君宣导休风(54)，怀柔百越(55)，是用锡君朱户以居(56)；君运其才谋(57)，官方任贤(58)，是用锡君纳陛以登(59)；君忠勇并奋，清除奸慝(60)，是用锡君虎贲之士百人(61)；君振威陵迈(62)，宣力荆南(63)，枭灭凶丑(64)，罪人斯得(65)，是用锡君铁钺各一(66)；君文和于内(67)，武信于外(68)，是用锡君彤弓一(69)，彤矢百(70)，玈弓十(71)，玈矢千；君以忠肃为基(72)，恭俭为德，是用锡君秬鬯一卣(73)，圭瓒副焉(74)。钦哉(75)！敬敷训典(76)，以服朕命(77)，以勖相我国家(78)，永终尔显烈(79)。

【题解】

孙权（182—252），字仲谋，吴郡富春（今浙江杭州市富阳区）人，孙坚之子，孙策之弟，三国时代孙吴的建立者（229—252 年在位）。黄初二年，孙权为了利用魏国牵制蜀国，派遣使者去魏国说愿意自称藩属，归顺魏国，并送还战败归入东吴的魏国将士于禁等人。八月，曹丕作此策赐封孙权为吴王,加九锡。此策《三国志·文帝纪》载在黄初二年八月,《吴主传》载在十一月。或曹丕八月作此策,信使十一月送至吴国,两国史官记事各以己国时间为准,所以记载会有偏差。

【注释】

①《全三国文》题作《策命孙权九锡文》。九锡:中国古代皇帝赐给诸侯、大臣有殊勋者的九种礼器,是最高礼遇的表示。

②盛:原本作"威",今据《三国志·吴主传》改。

③叔旦:即周公旦,姬姓,名旦,是周文王姬昌第四子,周武王姬发的弟弟,曾两次辅佐周武王东伐纣王,并制作礼乐。因其采邑在周,爵为上公,故称周公。夹辅:辅佐。勋:功勋。

④太公:即太公姜尚,字子牙,周朝东海人。鹰扬:鹰之奋扬,喻威武或大展雄才。

⑤土宇:疆地,领土。启:开发,开拓。

⑥备物:美好之物,指天子赏赐之物。

⑦章:同"彰"。元功:大功。

⑧殊异:特异,超出寻常。贤哲:德才兼备的哲人。

⑨膏腴:肥沃富饶之地。王八姓:指刘邦封的刘氏以外的八王。即韩王信、梁王彭越、齐王韩信、长沙王吴芮、淮南王英布、燕王臧荼、赵王张耳、燕王卢绾。

⑩懿事:美事。

⑪元龟:大龟,古代用于占卜。引申为借鉴的意思。

⑫承运:承受天命。封建帝王为了统治人民,把自己说成天命所归。革命:实施变革以应天命,古代认为帝王受命于天,因称朝代更替为革命。

⑬秉统:掌握,总领。天机:国家的机要事宜。

⑭思齐:看齐。《论语·里仁》:"见贤思齐焉。"先代:前代。

⑮坐而待旦:坐看等待天明。

⑯君:指孙权。忠亮:忠诚正直。

⑰命世:闻名于当世。作佐:辅佐。

⑱历数:天道。

⑲达见:通达明察。达:通达。见:观察出。

⑳行人:使者。

㉑潜汉:汉水的支流。

㉒望风影附:迎合讨好别人。

㉓抗疏:上书直言。称藩:自居于附属国地位。

㉔纤:细致丝帛。绤:细葛布。二者都是当时吴地特产。

㉕诸将来还本朝:曹丕称帝,孙权抗疏称藩,曾将投降或被俘的魏将如于禁等送还于魏,故云。

㉖忠肃:忠诚恭敬。内发:发自内心。

㉗款诚:忠诚。外昭:即外明,表明于外。昭:明。

㉘信:忠实。著:显著,铭刻。金:钟鼎。石:碑石。

㉙使:前一"使"作动词;后一"使"作名词,即使者。持节:官名,古代使臣出行,必持符节以作凭证。节:符节。魏晋以后以持节为官名,有使持节、持节、假持节,权力大小不等,皆为州郡长官总军事者的职称。太常:官名。高平侯贞:人名,即邢贞,高平侯为封爵。

㉚玺绶:古代印玺上系有彩色组绶,称玺绶。用以指印玺。策书:皇帝命令之一种,多用于封土授爵,任免三公。

㉛金虎符:古代发兵用的符信,即虎符。

㉜竹使符:汉代分与郡国守相的信符。右留京师,左与郡国。

㉝交州:古地名。汉武帝元封五年设置十三州,交州为其一。东汉交州首府在广信(今广西苍梧)。三国吴分置广州,不久即并入交州,首府设于番禺,后迁至交趾。

㉞荆州:古九州之一。牧:官名。后称州官为牧。

㉟青土:东方之地。

㊱苴以白茅:以白茅包土。古代帝王分封诸侯的仪式。苴:包裹。白茅:多年生草,古代常用以包裹祭祀的礼物。

㊲对扬:对答称扬,旧时多对王命而言。

㊳尹:治理。东夏:中国的东部,此谓吴地。

㊴上:献上、奉还之意。此句是指建安二十四年十二月,曹操表孙权为汉骠骑将军,假节领荆州牧,封南昌侯。

㊵敬听:恭敬地倾听。后命:以后的命令。

㊶绥安:安定。

㊷纲纪:治理。江外:江南。

㊸夷:平。

㊹携贰:犹言离心。携:离。贰:二心。

㊺戎辂:王者在军中所乘之车。

㊻玄牡:祭祀用的黑公畜。此指驾车的马。驷:马四匹为驷。

㊼务:致力,从事。劝农:勉励农耕。

㊽仓库:《全三国文》作"仓庾"。盈积:满积。

㊾衮冕:衮衣和冠冕。古代帝王及大夫的礼服和礼帽。

㊿赤舄:古代帝王及贵族所穿的礼鞋。副:一副,一双。

(51)化:感化。

(52)兴行:兴起盛行。

(53)轩县:亦作"轩悬",诸侯陈列乐器的制度,诸侯只能三面悬挂钟磬。

(54)宣导:疏通、引导。休风:美好的风尚。

(55)怀柔:指统治者用政治手段笼络人心使之归附。百越:我国古代东南地区少数民族的总称,居住在今江、浙、闽、粤等地。

(56)朱户:以朱红所漆之门。古代帝王赏赐有功大臣或诸侯的九种物品之一。

(57)运:运用。才谋:才干和谋略。

(58)官方:做官应守的常道。

(59)纳陛:凿殿基为登升的阶级,纳之于檐下,不使露而升,故名。为古代赐给有特殊功勋者的"九锡"之一。

(60)奸慝:奸诈。

(61)虎贲:勇士。

(62)振威:振动威风。振:同"震"。陵迈:超越,高出,居上。

(63)宣力:致力,用力。荆南:荆州以南。

(64)枭灭：诛灭。枭：杀人而悬其头于木上。

(65)罪人斯得：《尚书·金縢》："周公居东二年，则罪人斯得。"斯：皆，全部。

(66)𫓧钺：𫓧与钺，刑戮之具。

(67)文和于内：以文教施政治民，内部和平安定。文和：即文治。

(68)武信：以武功征服于外。

(69)彤弓：朱红色的弓。古代帝王以此赐有功诸侯。

(70)彤矢：朱红色的箭。古代帝王以此赐有功诸侯。

(71)玈(lú)弓：黑色的弓。玈：黑色。

(72)基：根本。

(73)秬鬯：用黑黍和香草酿造的酒，用于祭祀降神。卣(yǒu)：古代酒器。

(74)圭瓒：古代用玉石做的酒器，状如勺，以圭为柄。

(75)钦：敬，敬佩。

(76)敬敷：恭敬地施行。敷：布、施。训典：礼仪典制。此句谓恭谨地按照先王的教导去施行。

(77)服：服从，执行。

(78)勖相：尽力赞助。

(79)永终：长久保持。显烈：功业昭著。

册孙登为东中郎将封侯策①

盖河洛写天意②，符谶述圣心③，昭晰著明④，与天谈也。故《易》曰："河出图，洛出书，圣人则之。"⑤孙将军归心国朝⑥，忠亮之节⑦，同功佐命⑧。而其子当为魏将军，著在图谶⑨，犹汉光武受命，李氏为辅⑩，王梁、孙咸，并见符纬也⑪。斯乃皇天启祐大魏⑫，永令孙氏仍世为佐⑬。其以登为东中郎将⑭，封县侯万户。昔周嘉公旦⑮，祚流七胤⑯；汉礼萧何，一门十侯⑰。

今孙将军亦当如斯。若夫长平之荣⑱，安丰之宠⑲，方斯蔑如⑳。

【题解】

孙登（209—241），字子高。吴郡富春（今浙江杭州市富阳区）人。孙吴皇太子，吴大帝孙权长子，会稽王孙亮、景帝孙休异母兄。黄龙元年（229），孙权称帝，立孙登为皇太子，在位二十一年，三十三岁卒，谥号宣太子。据《三国志·吴主传》载黄初二年，曹丕继册封孙权为吴王后"欲封权子登，权以登年幼，上书辞封"。《三国志·孙登传》亦云："魏黄初二年，以权为吴王，拜登东中郎将，封万户侯，登辞疾不受。"

【注释】

①《曹丕集校注》《曹丕全集》作《以孙登为东中郎封侯策》，《全三国文》题作《册孙权太子登为东中郎封侯文》。

②盖：发语词。河洛：河图洛书的简称。

③符谶：符命和谶纬。符命，古时以所谓"祥瑞"的征兆附合成君主得到天命的凭证。谶纬，谶书和纬书的合称。圣心：圣人的心意。

④昭晰：清晰，明白。

⑤语出《易·系辞》上。则：效法。

⑥孙将军：指孙权。国朝：本朝，指魏。

⑦忠亮：忠诚正直。

⑧佐命：古代帝王建立王朝，自谓承天受命，故称辅佐帝王创立帝业为佐命。

⑨图谶：汉代宣扬符命占验的书。

⑩李氏：指李通。

⑪王梁：《后汉书·王梁传》："（刘秀）即位议选大司空，而《赤伏符》曰：'王梁主卫作玄武，帝以野王卫之所徙，玄武水神之名，司空水土之官也。'于是擢拜梁为大司空，封武强侯。"

⑫启祐:开导保佑。

⑬仍世:累代。

⑭中郎将:官名,秦置。西汉时,皇帝的侍卫分置五官,左右三署,各设中郎将统率之。故有此名号。位仅次于将军。

⑮公旦:即周公旦。

⑯祚流七胤:福及七代。祚:赐福。胤:嗣,后代。

⑰汉礼萧何,一门十侯:萧何为刘邦建立汉王朝做出重大贡献。汉朝建立,封酂侯,食邑二千户。《汉书·萧何传》:"是日,悉封何父子兄弟十余人,皆有食邑。"

⑱长平:汉县名,在今河南西华东北。

⑲安丰:汉郡县名,在今安徽霍邱西。

⑳方斯:与此相比。蔑如:没有什么了不起。

教

答卞兰教①

赋者,言事类之因附也②;颂者,美盛德之形容也③。故作者不虚其辞,受者必当其实④。兰此赋,岂吾实哉!昔吾丘寿王一陈宝鼎⑤,何武等徒以歌颂⑥,犹受金帛之赐。兰事虽不谅⑦,义足嘉也⑧。今赐牛一头。

【题解】

卞兰,字不详,琅琊开阳人。父卞秉,官至魏国昭烈将军,被封为开阳侯。姑卞氏,魏武帝曹操皇后,魏明帝时位至太皇太后。曹操经过长期考察,终于在建安二十二年立曹丕为太子,此时"卞兰献赋赞述太子",于是曹丕作此教答谢他,并给予了一些赏赐。

【注释】

①卞兰:卞太后弟秉之子。少有才学,为奉车都尉、游击将军,加散骑常侍。教:上对下的训示。

②因附:指有所依据而加以铺陈。因:依据。附:增广铺陈。

③形容:形象描摹。

④受者:被颂者。

⑤吾丘寿王:汉赵人,字子赣,从董仲舒受《春秋》。武帝时拜东郡都尉,后征为光禄大夫。丞相公孙弘奏禁民挟弓弩,寿王以为无益,徒夺民防御之具。弘诎服。及汾阴得宝鼎,众说为周鼎,独寿王说为汉鼎。其说辞

颇辩,武帝悦,即日赐寿王黄金十斤。陈:陈述。

⑥何武:《汉书·何武传》:"益州刺史王襄使辩士王褒,颂汉德,作《中和》《乐职》《宣布》诗三篇。武年十四五,与成都杨覆众等共习歌之。是时,宣帝循武帝故事,求通达茂异士,召见武等于宣室,上曰:'此盛德之事,吾何足以当之哉!'以褒为待诏,武等赐帛罢!"

⑦谅:信实。

⑧嘉:赞许,嘉奖。

表

让禅表①

皇帝陛下：奉被今月乙卯玺书②，伏听册命③，五内惊震④，精爽散越⑤，不知所处。臣前上还相位，退守藩国，圣恩听许⑥。臣虽无古人量德度身自定之志⑦，保己存性，实其私愿。不寤陛下猥损过谬之命⑧，发不世之诏⑨，以加无德之臣。且闻尧禅重华⑩，举其克谐之德⑪；舜授文命⑫，采其齐圣之美⑬，犹下咨四岳⑭，上观璇玑⑮。今臣德非虞、夏⑯，行非二君，而承历数之咨⑰，应选授之命⑱。内自揆抚⑲，无德以称。且许由匹夫⑳，犹拒帝位，善卷布衣㉑，而逆虞诏㉒。臣虽鄙蔽㉓，敢忘守节以当大命㉔，不胜至愿㉕。谨拜章陈情㉖，使行相国永寿少府粪土臣毛宗奏㉗，并上玺绶㉘。

【题解】

建安二十五年，东汉气数已尽，汉献帝不得已下诏书将皇帝之位禅让给曹丕。曹丕接到诏书后，向汉献帝上此表，表中引用古事，表明自己当守节自励，怎么可以接受皇帝的禅让呢，拒绝了汉献帝的禅让。

【注释】

①《全三国文》题作《上书让禅》。《艺文类聚》题作《让授禅表》。表：臣子写给皇帝的一种奏章。

②奉：恭敬地捧着。被：同"披"，展开之意。今月：指建安二十五年十

月。玺书:用印章封记的文书。指献帝于乙卯诏曹丕禅代天下的册诏。

③伏听:匍匐恭听。伏:体前倾,面向下。册命:古代帝王封立太子、皇后、王妃或者诸王的命令。

④五内:五脏,谓内心。

⑤精爽:魂灵,精神。散越:魂飞魄散,吃惊之意。

⑥听许:准许,许可。

⑦量德度身:即度德量力,衡量自己的德行和能力。

⑧寤:同"悟",理解。猥损:辱损。猥:谦词。过谬:错加称许。曹丕自谦之词。

⑨不世:罕有,非常。

⑩重华:虞舜名。

⑪克谐:能够和谐。克:能够。

⑫文命:禹之名。授:传授。

⑬齐圣:智慧敏达,与圣者同。《尚书·冏命》:"昔在文武,聪明齐圣。"

⑭咨:征询,商量。四岳:古时分掌四时、方岳的官,即四方诸侯之长。

⑮璇玑:即"璇玑玉衡"。此指由璇玑以测天意,以审己合天心与否。

⑯虞、夏:指虞舜与夏禹。

⑰二君:亦指舜、禹。咨:征询,商量。

⑱选授:选择与授予。

⑲揆抚:扪心自问。

⑳匹夫:平民,庶人。

㉑善卷:传说中的上古隐者。

㉒逆:违背。

㉓鄙蔽:自谦之词。

㉔守节:信守名分,保持节操。大命:天命。

㉕不胜:非常,十分。

㉖拜章:上奏的章表。拜而上之,故称拜章。陈情:陈述内心之情事。

㉗行相国永寿少府:官名。粪土:腐土,秽土,引申为鄙视,此自谓轻贱。毛宗:人名。

㉘上：献上。

让禅第二表^①

　　奉今月壬戌玺书^②，重被圣命，伏听册告，肝胆战悸，不知所措。天下神器^③，禅代重事^④。故尧将禅舜，纳于大麓^⑤；舜之命禹，玄圭告功^⑥。烈风不迷^⑦，九州攸平^⑧。询事考言，然后乃命，而犹执谦让于德不嗣^⑨。况臣顽固^⑩，质非二圣^⑪，乃应天统^⑫，受终明诏^⑬；敢守微节^⑭，归志箕山^⑮，不胜大愿。谨拜表陈情，使并奉上玺绶。

【题解】

　　建安二十五年汉献帝下了第一道诏书禅位给曹丕，曹丕上表推辞，当年十月壬戌汉献帝再次下诏书禅位给曹丕。于是曹丕接到诏令后于甲子日再次上表拒绝接受禅让。

【注释】

　　①《全三国文》题作《上书再让禅》。

　　②壬戌：原本作"戊戌"，今据《三国志·文帝纪》注引改。玺书：指汉献帝于壬戌时所作的文书。

　　③神器：帝位。

　　④禅代重事：行禅让代易之亨，乃天下大事。

　　⑤纳于大麓：《史记·五帝本纪》："舜入于大麓，烈风雷雨不迷，尧乃知舜之足授天下。"麓：山脚。

　　⑥玄圭：黑色的玉，古代帝王举行典礼用的一种玉器。

　　⑦烈风：大风。

　　⑧九州：指冀、豫、雍、扬、兖、徐、梁、青、荆。此泛言中国。攸：语助词。

⑨询：谋。考：考核。嗣：继承，就位。

⑩顽固：愚昧鄙拙，不知变通。

⑪二圣：指舜、禹。

⑫天统：王统，正统。

⑬受终：《尚书·舜典》："受终于文祖。"注："终，谓尧终帝位之事。"明诏：《诗经·周颂·时迈》："明昭有周，式序在位。"谓明见于天。

⑭微节：卑贱的节操。微：谦词。

⑮箕山：山名。古代传说许由让位避世，隐于此，后遂以箕山为退隐的典故。曹丕引用此典，以示不受禅位之心。

让禅第三表①

臣闻舜有宾于四门之勋，乃受禅于陶唐②；禹有存国七百之功③，乃承禄于有虞④。臣以蒙蔽⑤，德非二圣，猥当天统⑥，不敢闻命。敢屡抗疏⑦，略陈私愿，庶章通紫庭⑧，得全微节，情达宸极⑨，永守本志。而音重复衔命⑩，申制诏臣⑪，臣实战惕⑫，不发玺书。而音迫于严诏⑬，不敢复命。愿陛下驰传骋驿⑭，召音还台⑮。不胜至诚，谨使宗奉书⑯。

【题解】

《三国志·文帝纪》注引《献帝传》载延康元年十月丁卯，汉献帝认为"四海不可以一日旷主，万机不可以斯须无统"，第三次下诏书禅位给曹丕。因此曹丕于乙巳上第三表依然拒绝接受禅让。但三次上表推辞，只是故作姿态，最后曹丕还是取代汉献帝建立了魏朝。

【注释】

①《全三国文》题作《上书三让禅》。

②四门：《尚书·尧典》："宾于四门，四门穆穆。"言舜由于推行德教，臣民从之；总理百官，百官从之；在四门迎送四方诸侯，诸侯和睦相处。陶唐：即尧。尧初居于陶，后封于唐为唐侯，故称陶唐。

③禹有存国七百之功：《艺文类聚》卷十一引《淮南子》："禹沐淫雨，栉疾风，决江疏河，凿龙门，辟伊阙。乘四载，随山刊木，平治水土，定七百国。"

④有虞：即虞，指舜。有：助词。

⑤蒙蔽：愚顽不明。

⑥猥：谦词，辱。

⑦疏：此指奏章，此句谓屡抗献帝诏册而上疏。

⑧庶：副词，希望。章：奏章。紫庭：帝王宫廷，即紫宫。

⑨宸极：北极星，古代认为北极星是最尊贵之星，为众星所拱，因此以喻帝位。

⑩音：即御史大夫张音，曾奉献帝之命传达禅让的意旨。衔命：受命，奉命。

⑪申：一再，重复。制诏：皇帝颁发的命令文告。

⑫战惕：战栗，惊恐。

⑬严诏：严厉的诏令。

⑭驰传骋驿：谓驾驿站车马急行。

⑮台：官署。

⑯宗：指毛宗。末二句据《三国志·魏书·文帝纪》补。

书

与吴质书①

五月二十八日,丕白②:

季重无恙! 途路虽局③,官守有限④,愿言之怀⑤,良不可任⑥。足下所治僻左⑦,书问致简⑧,益用增劳⑨。每念昔日南皮之游⑩,诚不可忘。既妙思六经⑪,逍遥百氏⑫;弹棋间设⑬,终以博弈。高谈娱心⑭,哀筝顺耳⑮;驰骛北场⑯,旅食南馆⑰;浮甘瓜于清泉,沈朱李于寒冰⑱。白日既匿⑲,继以朗月⑳。同乘并载㉑,以游后园㉒。舆轮徐动㉓,宾从无声㉔。清风夜起,悲笳微吟㉕。乐往哀来,怆然伤怀㉖。余顾而言,斯乐难常㉗。足下之徒㉘,咸以为然。今果分别㉙,各在一方㉚。元瑜长逝㉛,化为异物㉜。每一念至,何时可言? 方今蕤宾纪时㉝,景风扇物㉞,天气和暖㉟,众果具繁㊱。时驾而游㊲,北遵河曲㊳,从者鸣笳以启路㊴,文学托乘于后车㊵。节同时异㊶,物是人非,我劳如何㊷! 今遣骑到邺,故使枉道相过㊸。行矣,自爱㊹。丕白㊺。

【题解】

吴质(177－230),字季重,济阴(今山东菏泽市定陶区)人。东汉末及三国时曹魏官员,曹丕即位后,官至振威将军,假节都督河北诸军事。吴质是曹丕好友,曹丕作此《与吴质书》一篇,吴质亦有《在元城与魏太子》书的

165

回复。曹丕作书于军旅之际,忆起昔时在河北与吴质等人的优游情景,似乎有洗却俗务之心。而吴质的报书则承曹丕之旨,表面上是感恩戴德,希冀在偏远偏僻的地方做出一番事业;但内心深处,则是借自逊才不能理疆:"张敞在外,自谓无奇;陈咸愤激,思入京城,彼岂虚谈夸论,狂耀世俗哉?"能够得到曹丕之援回到京都。文章迂远回曲,状写元城风物,历史亦明白如画;至于所抒情慨,亦颇得建安文学悲凉慷慨的余韵。

【注释】

①《文选》卷四十二题作《与朝歌令吴质书》。"朝歌"当为元城。

②白:禀告,陈述。《三国志·王粲传》注引无此句。原本作"五朋二十八日",今据《文选》卷四十二改。

③途路:道路。局:近。

④官守:居官守职。有限:有规定的限制、制度。

⑤愿言之怀:愿倾心而谈的情怀。

⑥良:确实。任:承受。

⑦治:治所,指元城。僻左:偏僻之地。

⑧书问致简:写信致以问候。书、简:书信。

⑨增劳:增添忧思。

⑩昔日南皮之游:南皮,县名。秦置,汉属渤海郡。《三国志·王粲传》:"始文帝为五官将,及平原侯植皆好文学,粲与北海徐干字伟长,广陵陈琳字孔璋,陈留阮瑀字元瑜,汝南应玚字德琏,东平刘桢字公干并见友善。""昔日"疑是曹丕为五官将时,即建安十六年前后。

⑪妙思:精深的探讨。六经:指《诗》《书》《礼》《乐》《易》《春秋》。

⑫逍遥百氏:自由自在地评说诸子百家。百氏:犹言诸子百家。

⑬弹棋间设:有时设置弹棋之具,供研讨之余的消遣。

⑭高谈:大发议论。娱心:娱悦心情。

⑮哀筝:含有微妙清气的幽雅之音。哀:动听。筝:乐器。

⑯驰骛:奔走。北场:邺城北的校场名。

⑰旅食:古代称已入官未受正禄之士。南馆:馆名。此言驰骋、饮食自

由的生活乐趣。

⑱"浮甘瓜"二句：即"浮瓜沈李"，后人习用夏日旅游之词。甘瓜：味美或甜的瓜。朱李：熟得透红的李子。沈：同"沉"。

⑲此句《三国志·王粲传》注引《魏略》作"曒日既没"。

⑳朗月：明月。

㉑同乘并载：与下篇《又与吴质书》中"行则连舆，止则接席"同义。

㉒后园：指铜雀园的后园。

㉓舆轮：车轮。徐动：慢慢地行动。

㉔宾：原本作"参"，今据《三国志·王粲传》注引改。

㉕悲笳：笳，古代军中号角，其声悲壮，故曰悲笳。

㉖怆然：《三国志·王粲传》注引《魏略》作"凄然"。

㉗斯：《三国志·王粲传》注引《魏略》作"兹"。难常：难以持久。

㉘足下之徒：即如足下之类的知心朋友。

㉙今果：今日果然。谓不出南皮时所感所料。

㉚各在一方：言欢聚难常。

㉛元瑜：阮瑀字。

㉜异物：指死去化为土壤。

㉝蕤宾：古代十二律之一，位于午，在五月，故又为农历五月的别称。时：《三国志·王粲传》注引《魏略》作"辰"。

㉞景风：夏至后暖和的风。扇物：吹动万物。

㉟天气：原本作"天意"，今据《三国志·王粲传》注引改。

㊱众果：各种瓜果。繁：品种多。

㊲时驾：及时驾车出游。

㊳河曲：河道曲折之处，当指孟津附近临河之处。"北遵河曲"以上四句《三国志·王粲传》注引《魏略》无，今据《文选》卷四十二补。

㊴启路：开路。

㊵文学：随侍官名。

㊶节同时异：季节相同而时代不同了。

㊷劳：思念。

㊸枉道：绕道。由孟津至邺，如去元城，须绕道而过。

㊹行矣：日月易逝，行将之意。

㊺《三国志·王粲传》注引《魏略》无此二字。

又与吴质书

二月三日，丕白①：

岁月易得，别来行复四年②。三年不见，《东山》犹叹其远③，况又过之，思何可支④？虽书疏往反⑤，未足解其劳结⑥。昔年疾疫⑦，亲故多离其灾⑧。徐、陈、应、刘⑨，一时俱逝，痛何可言邪⑩！

昔日游处⑪，行则连舆⑫，止则接席⑬，何尝须臾相失⑭！每至觞酌流行⑮，丝竹并奏，酒酣耳热，仰而赋诗。当此之时，忽然不自知乐也⑯。谓百年己分⑰，长共相保⑱。何图数年之间⑲，零落略尽，言之伤心。顷撰其遗文⑳，都为一集。观其姓名，已为鬼录㉑。追思昔游，犹在心目，而此诸子，化为粪壤㉒，可复道哉！

观古今文人，类不护细行㉓，鲜皆能以名节自立㉔。而伟长独怀文抱质㉕，恬淡寡欲，有箕山之志㉖，可谓彬彬君子矣。著《中论》二十余篇，成一家之言㉗，辞文典雅，足传于后，此子为不朽矣。德琏常斐然有述作意㉘，其才学足以著书㉙，美志不遂，良可痛惜。间者历览诸子之文㉚，对之抆泪，既痛逝者，行自念也㉛。孔璋章表殊健㉜，微为繁富㉝。公干有逸气㉞，但未遒耳㉟；至其五言诗㊱，妙绝当时㊲。元瑜书记翩翩㊳，致足乐也㊴。仲宣独自善于辞赋㊵，惜其体弱㊶，不足起其文。至于所善㊷，古人无以远过也。昔伯牙绝弦于钟期㊸，仲尼覆醢于

168

子路㊹,愍知音之难遇,伤门人之莫逮也㊺。诸子但为未及古人㊻,自一时之隽也㊼。今之存者,已不逮矣!

后生可畏,来者难诬㊽,然吾与足下不及见也。行年已长大㊾,所怀万端,时有所虑,至乃通夕不瞑㊿,何时复类昔日?已成老翁,但未白头耳。光武言:"年已三十,在军十年,所更非一○一。"吾德虽不及○二,年与之齐。以犬羊之质,服虎豹之文○三;无众星之明,假日月之光○四。动见瞻观○五,何时易邪○六?恐永不复得为昔日游也。少壮真当努力,年一过往○七,何可攀援○八?古人思秉烛夜游○九,良有以也○十。顷何以自娱○十一?颇复有所造述否○十二?东望于邑○十三,裁书叙心○十四。丕白○十五。

【题解】

曹操喜欢延纳文学之士,除作为自己的座上客外,还让他们厕身于曹丕、曹植周围,以便提高曹丕、曹植的文学才能。其中最著名的是建安七子。但建安十七年(212)阮瑀病死。接着,徐干、陈琳、应场、刘桢四人病死于建安二十二年的一次大瘟疫中,同年王粲也在随曹操东征的途中病死。至此,建安七子均已先后逝世(孔融在建安十三年被曹操杀掉)。曹丕有感于"一时俱逝",于是给他的好友,同样也是邺下文人的吴质写下这篇充满伤感情调的文章。文章回顾邺下文人之间的真情厚谊,客观、公允地评价了邺下文人的诗文辞赋,具有较高的文学理论价值。

【注释】

①二月三日,丕白:《三国志·王粲传》注引《魏略》无此六字。

②岁月易得:易得失也,言运行之速。行:将,快要。

③"三年不见"二句:《诗经·豳风·东山》:"我徂东山,慆慆不归……自我不见,于今三年。"此句意谓:分别三年,《东山》诗里的士卒还叹恨时间太长久。

④支:支持,受得住。

⑤书疏:书信。

⑥劳结:怀念的郁结之情。劳:指怀念之苦情。结:指因怀念而心中郁结。

⑦昔年:指建安二十二年。疾疫:瘟疫。建安二十二年,瘟疫流行,传染特甚。

⑧离:同"罹",遭受。

⑨徐、陈、应、刘:指建安七子中的徐干、陈琳、应玚、刘桢。

⑩痛何可言邪:痛苦不是语言所能表达出来的。何,原本缺,今据《三国志·王粲传》注引《魏略》补。

⑪昔日游处:指西园、南皮之游。

⑫连舆:车子相连。

⑬接席:古人席地而坐,此谓坐席相接,坐在一起。

⑭相失:相分离。

⑮觞酌流行:此谓轮流饮酒。觞:酒杯。

⑯忽然不自知乐也:快意欢乐到忘己忘形的地步,进入不自觉的欢娱状态。

⑰已分:自己分内已定。

⑱长共相保:互相保持不散。

⑲何图:哪里想到。

⑳撰:编定。

㉑鬼录:已为幽冥之地所录载,即死亡。

㉒化为粪壤:指死亡后埋于地下,与土壤化为一体。

㉓类不护细行:意谓大都不拘于小节。类:大都,多半。护:拘泥。细行:小节。

㉔鲜:少。

㉕伟长:徐干字,著有《中论》。怀文抱质:文:文采;质:品德。

㉖箕山之志:传说尧把天下让给高士许由,而许由却避而隐居箕山。这里比喻徐干是一个不热衷名利的人。

㉗言:《三国志·王粲传》注引《魏略》作"业",今据《文选》卷四十二改。司马迁《报任安书》:"究天人之际,通古今之变,成一家之言。"

㉘德琏:应玚字。斐然:富有文采。述作:著文立说。述:阐述前人的成就。作:创作。

㉙其:《三国志·王粲传》注引《魏略》无此字,今据《文选》卷四十二补。

㉚间者历览:近来普遍地阅读。

㉛既痛逝者,行自念也:一方面哀痛死者,一方面就想到自己。

㉜孔璋:陈琳字。殊健:特别雄健。

㉝微为繁富:稍微烦冗。

㉞公干:刘桢字。逸气:豪放之气魄。

㉟遒:聚集。此谓"密"意。曹丕《典论·论文》评刘桢文章"壮而不密"。指未达到高度集中的豪壮之气。

㊱至:《文选》卷四十二无此字。今据《三国志·王粲传》注引《魏略》补。

㊲妙绝当时:在当时,没有比他写得更好的。

㊳元瑜:阮瑀字。书记:书札、奏记。翩翩:富有文采,自然流畅。

㊴致:同"至",极。读起来能给人以快感。

㊵仲宣:王粲字。独:原作"续",今据《三国志·王粲传》注引《魏略》改。

㊶体弱:体势软弱,缺乏挺拔之气。曹丕《典论·论文》:"文以气为主,气之清浊有体,不可力强而致。"刘桢亦云:"文之体实指强弱。"曹丕这里所指的"体",是指由作者先天的体气而构成的文章体势。

㊷所善:所擅长的作品。

㊸伯牙:俞伯牙。钟期:钟子期。两人都是春秋楚人。伯牙善鼓琴,子期知音。《吕氏春秋·本味》:"钟子期死,伯牙破琴绝弦,终身不复鼓琴。"

㊹仲尼覆醢于子路:孔子的学生子路,在卫国的一次内战中,被敌人剁成肉酱。孔子得知后,便把自己吃的肉酱倒掉,免得看见伤心。覆:倾倒。醢:肉酱。

㊺门人:学生。莫逮:赶不上。

171

㊻但为：只是。此句谓未达到钟期在奏乐、子路在儒学上的高度。

㊼隽：同“俊”。

㊽难诬：不可轻视。

㊾行年：即年龄。

㊿乃：原本缺此字，今据《三国志·王粲传》注引补。

(51)“光武言”四句：《东观汉记》：“光武赐隗嚣书曰：‘吾年已三十余，在兵中十岁，所更非一。’”光武：即刘秀，东汉开国皇帝。所更非一：所经历的不只一件事情。更：经历。原本无“已”字，今据《三国志·王粲传》注引补。

(52)虽：原本无此字，今据《三国志·王粲传》注引补。

(53)“以犬羊之质”二句：扬雄《法言》：“羊质而虎皮(披着虎皮)，见草而说，见豺而战。”喻貌似强大而实质虚弱。这是曹丕自谦之词，谓自己德行不够，虚处高位。质：实质。文：外形。

(54)“无众星之明”二句：《文子·上德》：“百星之明，不如一月之光。”曹丕活用此语，也是自谦词。喻自己并无高才，而只是凭借父亲曹操的声誉而身居高位。

(55)动见瞻观：一举一动都为众人所瞩目。属于登上高位的苦恼。

(56)易：改变。一作“已乎”。

(57)年一过往：时间一经过去。

(58)攀援：拉住，挽回。

(59)秉烛夜游：《古诗十九首》：“生年不满百，常怀千岁忧，昼短苦夜长，何不秉烛游。”秉：持，拿。

(60)良：诚然，确实。以：因由，缘故。

(61)何以自娱：还用什么来消遣解闷？

(62)造述：著作。

(63)东望：由孟津望元城。于邑：郁悒。

(64)裁书：裁笺作书，即写信。叙心：叙表心意。

(65)《三国志·王粲传》注引《魏略》无此二字。

又与吴质书（黄初元年）

　　南皮之游，存者三人^①。烈祖龙飞^②，或将或侯。今惟吾子^③，栖迟下仕^④。从我游处^⑤，独不及门^⑥。瓶罄罍耻^⑦，能无怀愧？路不云远，今复相闻^⑧。

【题解】

　　曹丕为太子时和曹真、曹休、吴质等人经常在渤海相邀游玩。等到曹丕即魏王位，曹休、曹真因为是宗亲都被封了爵位，出为列将，而吴质仍为长史。曹丕顾念吴质的声望，于是给吴质写信以安慰他。后来等到曹丕登基当皇帝，就封吴质为振威将军，并假节钺督河北，曾得意于一时。

【注释】

　　①南皮之游，存者三人：南皮，魏冀州渤海郡治所。与曹丕同游南皮的有"七子"（无孔融）等文学士，时至此，存者只有曹真、曹休、吴质三人。参见《与吴质书》注。

　　②烈祖：对祖先的敬称，此指曹操。烈：功业显赫。龙飞：《易·乾卦》："飞龙在天，利见大人。"古时以其比喻帝王。此指曹操。曹丕即帝位后追尊曹操为武帝，故称。一说"烈祖"当为"烈、丹"，指代曹休和曹真二人。

　　③吾子：相亲爱之称，尤今言"我的好友"，指吴质。

　　④栖迟下仕：谓居于下位，不被重视。栖迟：淹留，隐遁。

　　⑤游处：交游相处。

　　⑥及门：《论语·先进》："子曰：从我于陈蔡者，皆不及也。"本指不及列于自己的门墙，后因称受业弟子为及门。建安文人如七子大都依附于曹氏，形成邺下文人集团。而吴质虽然与曹丕交谊笃厚，但未及附于曹氏父子，故有"独不及门"之说。

⑦瓶罄罍耻：《诗经·小雅·蓼莪》："瓶之罄矣，维罍之耻。"《笺》："瓶小而罍大，罄，尽也，瓶小而尽，罍大而盈，言为罍耻者，刺王不使富分贫、众恤寡。"后以瓶罄罍耻比喻贤良被斥、正直受谗。

⑧路不云远，今复相闻：谓虽说路程不远，今通过书信相互了解。此二句暗示吴质很快会升迁。

与钟繇谢玉玦书①

丕白：良玉比德君子②，珪璋见美诗人③。晋之垂棘④，鲁之玙璠⑤，宋之结绿⑥，楚之和璞⑦，价越万金，贵重都城，有称畴昔⑧，流声将来⑨。是以垂棘出晋⑩，虞、虢双擒⑪；和璧入秦，相如抗节⑫。窃见玉书⑬，称美玉白如截肪⑭，黑譬纯漆，赤拟鸡冠⑮，黄侔蒸栗⑯。侧闻斯语⑰，未睹厥状。虽德非君子，义无诗人，高山景行，私所慕仰。然四宝邈焉已远⑱，秦、汉未闻有良比焉⑲。是以求之旷年⑳，不遇厥真，私愿不果㉑，饥渴未副㉒。近日南阳宗惠叔称君侯昔有美玦㉓，闻之惊喜，笑与抃会㉔。当自白书㉕，恐传言未审㉖，是以令舍弟子建因荀仲茂时从容喻鄙旨㉗。乃不忽遗㉘，厚见周称㉙。邮骑既到㉚，宝玦初至。捧匣跪发㉛，五内震骇㉜。绳穷匣开㉝，烂然满目。猥以蒙鄙之姿㉞，得睹希世之宝；不烦一介之使㉟，不损连城之价。既有秦昭章台之观㊱，而无蔺生诡夺之诳㊲。嘉贶益腆㊳，敢不钦承㊴！谨奉赋一篇㊵，以赞扬丽质。丕白。

【题解】

钟繇（151—230），字元常，豫州颍川郡长社县（今河南许昌长葛东）人，汉末至三国曹魏时著名书法家、政治家。《文选》李善注引《魏略》："后太祖

174

西征汉中,太子在孟津,闻繇有玉玦,欲得之,而难公言,使临淄侯植转因人说之,繇即送之,太子与繇书。"曹操建安二十年西征张鲁,当时曹丕在孟津,听说钟繇有美玉,托人求之。钟繇得知后即将美玉送给曹丕。于是曹丕给钟繇写了此书,表达了自己对此玉的喜爱以及对钟繇的感激,并为此玉写了一篇赋。

【注释】

①《文选》卷四十二题作《与钟大理书》,误。据《三国志·钟繇传》载,繇任大理时在建安二十一年五月后。玉玦:玉饰的一种,半环形,有缺口。

②此句《三国志·钟繇传》注引《魏略》作"夫玉以比德君子"。

③珪璋:玉器,喻美德。见美:被赞美。

④垂棘:春秋晋产美玉之地,见《左传·僖公二年》"垂棘之璧"注,后借以称美玉。班固《西都赋》:"翡翠火齐,流耀含英,悬黎垂棘,夜光在焉。"

⑤玙璠:鲁之美玉。《太平御览·逸论语》:"璠玙,鲁之宝玉也。孔子曰:美哉璠玙,远而望之焕若也,近而视之瑟若也。"原本作"璠玙",今据《三国志·钟繇传》注引《魏略》改。

⑥结绿:美玉名。

⑦和璞:即和氏璧,春秋楚人和氏(卞和)所得的宝玉。

⑧有称畴昔:被称赞于以往。畴昔:往日。

⑨流声:流传名声。

⑩垂棘出晋:《左传·僖公二年》:"晋荀息请以屈产之乘与垂棘之璧,假道于虞以伐虢。"

⑪虞、虢双擒:虞,周诸侯国,在今山西平陆县,姬姓。周古公亶父之子虞仲的后代。春秋时,晋假道于虞以灭虢,军还灭虞(《左传·僖公五年》)。虢,周诸侯国,姬姓。在今山西平陆县。有西虢、东虢、北虢之分,此指北虢。

⑫和璧入秦,相如抗节:即"完璧归赵"的故事,见《史记·廉颇蔺相如

列传》。

⑬窃:私下,谦指自己。玉书:录玉之书。

⑭截肪:切开的脂肪,喻色质白润。

⑮拟:像。鸡冠:赤红色。

⑯侔:相等,一样。蒸栗:蒸熟的栗,用以喻栗黄色。

⑰侧闻:谦词,从旁闻知。斯:这,此。

⑱四宝:上文所言的"垂棘、玙璠、结绿、和璞"。邈:远逝,很久,久远。

⑲良比:好到能与之相比的。《三国志·钟繇传》注引《魏略》作"良匹"。也:《三国志·钟繇传》注引《魏略》无此字。

⑳是以:原本缺此二字,今据《三国志·钟繇传》注引《魏略》补。求之旷年:寻求它用了很长时间。旷:久长的时间。

㉑不果:没有结果。

㉒饥渴未副:指因求玉玦不果所形成的饥渴不知的迫切心情。副:审,察知。未副:即不知道。

㉓宗惠叔:人名。称:说,言。君侯:古时称列侯为君侯。钟繇在曹操时拜为御史中丞,迁尚书仆射,并封东武亭侯。此为对钟繇的敬称。

㉔抃:鼓掌,表示欢欣。

㉕白书:书信告诉。

㉖审:周密。

㉗舍弟子建:曹植,字子建。荀仲茂:即荀宏,字仲茂。时:时机。从容:详尽细微,不慌不忙。喻:说明。鄙旨:曹丕自谦之词。喻鄙旨:《三国志·钟繇传》注引《魏略》作"转言鄙旨"。

㉘忽:忽略,不经意。

㉙周称:全面地、细致地陈述。

㉚邺骑:从邺地出发的将士。此谓钟繇遣使致书。

㉛捧匣跪发:《三国志·钟繇传》注引《魏略》作"捧跪发匣"。跪发:跪着打开。发:开。

㉜震骇:震动而惊喜、兴奋。《三国志·钟繇传》注引《魏略》无此四字。

㉝《三国志·钟繇传》注引《魏略》无此四字。

㉞蒙：愚昧。

㉟一介：一人。使：使者。

㊱秦昭：即秦昭王。章台：宫名，战国时建，以宫内有章台而名。《史记·廉颇蔺相如列传》载：秦昭王坐章台见相如，相如奉璧秦王。

㊲蔺生：指蔺相如。诡：欺诈。诳：欺骗。

㊳贶：赐予，加惠。腆：丰厚。

㊴钦承：亲自接受。

㊵赋：指《玉玦赋》。《三国志·钟繇传》注引《魏略》无"谨奉"以下十二字。

与钟繇五熟釜书①

昔有黄三鼎②，周之九宝③，咸以一体使调一味，岂若斯釜五味时芳④？盖鼎之烹饪，以飨上帝⑤，以养圣贤，昭德祈福⑥，莫斯之美⑦。故非大人⑧，莫之能造；故非斯器，莫宜盛德⑨。今之嘉釜，有逾兹美。夫周之尸臣⑩，宋之考父⑪，卫之孔悝⑫，晋之魏颗⑬，彼四臣者，并以功德勒铭钟鼎⑭。今执事寅亮大魏⑮，以隆圣化。堂堂之德，于斯为盛。诚太常之所宜铭⑯，彝器之所宜勒⑰。故作斯铭，勒之釜口，庶可赞扬洪美⑱，垂之不朽。

【题解】

《三国志·魏书·钟繇传》载"魏国初建，为大理，迁相国。文帝在东宫，赐繇五熟釜，为之铭曰……"钟繇建安二十一年为相国，曹丕于建安二十二年被立为太子，他认为钟繇是国家的栋梁之臣，于是写了此书并将铸好的五熟釜赏赐给钟繇，以表彰其功勋。

【注释】

①《全三国文》题作《铸五熟釜成与钟繇书》。五熟釜：古代炊具。一釜中分几格，可以同时烹调各物。虽为食器，却是国家政权兴盛的象征。

②有黄：即有熊氏，少典之于，国于有熊，败炎帝，杀蚩尤，诸侯尊为天子，方土德之瑞，故号黄帝。有：助词。三鼎：古代贵族祭祀之礼，因等级而异制，士用三鼎，大夫用五鼎。昔有黄：《全三国文》作"昔者黄帝"。

③九宝：即九鼎。《史记·孝武本纪》："禹收九牧之金，铸九鼎。"相传成汤迁九鼎于商邑，周武王迁之于洛邑，战国时，秦楚皆有兴师到周求鼎之事。

④五味：酸、苦、甘、辛、咸。时：同时。芳：香。

⑤飨：祭。

⑥昭：显示。祈：求。

⑦莫斯之美：没有这样的美尚。

⑧大人：德行高尚的人。

⑨宜：适于。盛德：大德，此指盛美的事。

⑩尸臣：主祭祀之事的大臣。

⑪考父：正考父。春秋时宋大夫，孔子七世祖。其铭见《左传》。

⑫孔悝：春秋卫大夫，孔圉之子。其铭在《礼记·祭统》。

⑬魏颗：春秋时晋大臣。《国语》曰："昔克潞之役，秦来图败晋功，魏颗以其身却退秦师于辅氏，亲止杜回，其勋铭于景钟，至于今不育，其子不可不兴也。"

⑭勒：雕刻，刻文于金石。

⑮寅亮：恭敬地侍奉。

⑯太常：九卿之一，掌礼乐郊庙社稷事宜。此指钟繇。铭：记功德、事迹之文。

⑰彝器：古代青铜祭器。《左传·襄公十九年》："且夫大伐小，取其所得，以作彝器。"注："彝。常也。谓钟鼎为宗庙之常器。"

⑱洪美：盛美。

与钟繇九日送菊书①

岁往月来,忽逢九月九日②。九为阳数③,而日月并应④。俗嘉其名,以为宜于长久,故以享宴高会⑤。是月律中无射⑥,言群木庶草,无有射地而生⑦。惟芳菊纷然独荣⑧,非夫含乾坤之纯和⑨,体芬芳之淑气⑩,孰能如此?故屈平悲冉冉之将老⑪,思餐秋菊之落英⑫。辅体延年⑬,莫斯之贵⑭。谨奉一束,以助彭祖之术⑮。

【题解】

农历九月初九是重阳节,古人有登高赋诗、观赏菊花的习俗。建安二十年三月曹丕随军出征在孟津,而钟繇留守邺城,两人不得相见,所以曹丕在重阳节给钟繇寄送菊花并修书一封以示祝福。

【注释】

①《全三国文》题作《九日与钟繇书》。

②忽逢:《艺文类聚》卷四、《初学记》卷四皆作"忽复"。

③九为阳数:《易》以阳爻为九,如初九等。

④并应:相应。"九月九日"句中有"日""月"二字,故云。

⑤享宴高会:即宴会。

⑥是:这,此。无射:十二律之一,月令用之专名。《史记·律书》:"无射者,阴气盛用事。阳气无余也,故曰无射。"律中无射即九月(阴历)。

⑦地:《初学记》卷四、《艺文类聚》卷四无此字。

⑧惟芳菊:《初学记》《艺文类聚》皆作"至于芳菊"。纷然:盛貌。

⑨非夫:有"如果"义。乾坤:天地,此谓阴阳二气的纯贞。

⑩体:体现。淑气:温和之气。

⑪屈平:即屈原。悲:悲痛。冉冉之将老:《离骚》:"老冉冉其将至兮,恐修名之不立。"冉冉:渐进。

⑫思:思念。餐秋菊之落英:《离骚》:"朝饮木兰之坠露兮,夕餐秋菊之落英。"餐:《初学记》卷四作"飱",《艺文类聚》卷四作"食"。落英:初生之花。

⑬辅:辅助。

⑭莫斯:没有比这更……

⑮彭祖:相传为殷大夫,姓篯,名铿,帝颛顼之孙,善导引行气,历夏经殷至周,年八百余岁。事见《列仙传》。术:导引行气以延年之法术。

与钟繇书

袁、王国士,更为唇齿①。荀闳劲悍②,往来锐师③。真君侯之劲敌④,左右之深忧也。

【题解】

汉末流行一种叫作甲乙疑论的辩论活动,参与辩论人假立甲方乙方,互相问答、辩驳。袁涣、王朗、荀闳都是当时善于辩论的人,钟繇要参与和他们的辩论,于是作为好朋友的曹丕写书给钟繇提醒他注意,表示自己很为他担心。

【注释】

①袁、王:指袁涣和王朗。国士:国中才能出众的人。唇齿:比喻袁、王二人关系密切,互为唇齿。

②荀闳:荀彧第四兄谌之子,字仲茂,为太子文学掾。劲悍:勇猛强悍。

③锐师:精锐的军队。

④君侯:指钟繇。劲敌:强大的敌人。

答钟繇书

得报,知喜南方①。至于荀公之清谈②,孙权之妩媚③,执书喝噱④,不能离手。若权复黠,当折以汝南许劭月旦之评⑤,权优游二国⑥,俯仰荀、许,亦已足矣。

【题解】

《三国志·魏书·钟繇传》注引《魏略》载:"孙权称臣,斩送关羽,太子书报繇,繇答书曰:'臣同郡司空荀爽言:人当道情,爱我者一何可爱!憎我者一何可憎!顾念孙权,了欠妩媚。'太子又书曰:'得报……'"据此知二书当作于建安二十五年正月孙权斩送关羽首级之后。孙权假意向曹魏称臣,并将斩获的蜀汉大将关羽的首级送给曹魏,于是曹丕和钟繇有了关于此事的书信往来。第一封书今已亡佚,此篇是第二封书。

【注释】

①知喜南方:指孙权斩送关羽首级至洛,上书称臣,曹丕得报,了南方之祸,故曰"知喜南方"。

②荀公:指荀爽。东汉颍川颍阴人,字慈明,荀淑之子。幼而好学,潜心经籍,时人谓"荀氏八龙,慈明无双"。献帝时,董卓专政,以爽重名,征入朝,九十五日内位登三公,见卓残暴,与王允等谋诛卓,爽病先卒。清谈:清雅的言谈、议论。

③妩媚:优美、柔顺的举止。时权与曹氏结好,故云。

④喝噱:欢快而笑。

⑤汝南:郡名,辖境相当于今河南颍河、淮河之间,京广铁路西侧一线以东,安徽茨河、西淝河以西,淮河以北地区。许劭:汉汝南平舆人,字子将,常评论乡里人物,每月辄更其品题。故汝南有"月旦评"。

⑥优游：犹豫不决的样子，指孙权在投降和不投降之间反复转换。二国：指魏与吴。

答繁钦书①

披书欢笑②，不能自胜。奇才妙伎③，何其善也。顷守宫士孙世有女曰琐④，年始九岁，梦与神通⑤。寤而悲吟⑥，哀声激切⑦，体若飞仙⑧。涉历六载⑨，于今十五。近者督将⑩，具以状闻，是日戊午，祖于北园⑪，博延众贤⑫，遂奏名倡⑬。曲极数弹⑭，欢情未逞⑮。白日西逝，清风赴闱，罗帏徒袪，玄烛方微⑯。乃令从官⑰，引内世女⑱。须臾而至，厥状甚美⑲。素颜玄发⑳，皓齿丹唇。详而问之，云善歌舞。于是提袂徐进，扬蛾微眺㉑，芳声清激，逸足横集㉒。众倡腾游，群宾失席㉓。然后修容饰妆㉔，改曲变度㉕。激《清商》，扬《白雪》，接孤声，赴危节。于是商风振条，春鹰秋吟，飞雾成霜㉖。斯可谓声协钟石㉗，气应风律㉘，网罗《韶濩》，囊括郑卫者也㉙。今之妙舞，莫巧于绛树㉚，清歌莫激于宋腊㉛。岂能上乱灵祇㉜，下变庶特㉝，漂悠风云，横厉无方㉞？若斯也哉。固非车子喉啭长吟所能逮也㉟。吾炼色知声㊱，雅应此选。谨卜良日㊲，纳之闲房㊳。

【题解】

繁钦（？—218），字休伯，东汉颍川（今河南禹州）人，曾任丞相曹操主簿，以善写诗、赋、文章知名于世。据《文选》卷四载，建安十六年繁钦作《与魏文帝笺》给曹丕，说他找到了一个歌喉优美的声妓。建安十七年正月曹丕作此书对音乐和声妓发表了自己的看法。

【注释】

①繁(pó)钦:字休伯,颍川(今河南禹州)人。长于书记,善为诗赋,为丞相主簿。建安二十三年卒。

②披:展开翻阅。

③伎:同"技"。

④顷:近来。守宫士:负责守卫宫门之吏。孙世:人名。琐:《太平御览》卷五百七十三作"璅"。

⑤通:交接,传授。

⑥寤:醒。言琐在睡梦中受神点化就能歌唱。

⑦激切:感情真挚动人。

⑧原本无此四字,今据《太平御览》卷五百七十三补。

⑨涉历:经过。

⑩督将:统兵的长官。指守宫士长官。

⑪"戊午"以下六字原本无,今据《太平御览》卷五百七十三补。

⑫博延:广泛地延揽。

⑬倡:古称歌舞艺人为倡。

⑭曲:歌曲。极:尽。

⑮逞:称愿,尽兴。

⑯"白日"四句:原本无此十六字,今据《初学记》卷二十五补。闱:内室。祛:除去。玄烛:月光。

⑰从官:部下、僚属。

⑱引内:即召纳。内:同"纳"。

⑲状:形象。

⑳素颜玄发:白面孔,黑头发。

㉑扬蛾:扬起长而美的眉毛。微眺:暗中斜望。

㉒逸足:快步。横集:奔放聚集。

㉓原本无此二句,今据《太平御览》卷五百七十三补。腾游:欢腾雀跃状。失席:离席。

㉔修容饰妆:修饰容颜和装束。

183

㉕曲、度：指音乐的节度。此句谓又改换了一种新的声乐。

㉖"激《清商》"七句：原本无此二十六字，今据《太平御览》卷五百七十三、卷九百二十六补。清商、白雪：古曲调名。孤声：独奏。危节：急促的节拍。商风：秋风。

㉗声：指调。协：协和。钟石：古代乐器黄钟、大石。

㉘气：指音韵。风律：乐曲的韵律。

㉙"网罗"二句：原本无此十字，今据《太平御览》卷五百七十三补。韶濩：古乐曲名。郑卫：指郑国卫国的音乐。

㉚绛树：歌女名。

㉛激：感动。原作"善"，今据《太平御览》改。宋腊：三国时善歌者。

㉜上：原本缺，今据《全三国文》补。灵祇：神灵。

㉝庶特：下层人民。庶：平民。特：牲畜。封建统治者视人民为"牲"。《全三国文》作"物"。

㉞横厉：纵横凌厉，形容气盛。无方：无边无际，谓无法度。

㉟车子：人名，当时善歌者。繁钦《与魏文帝笺》："都尉薛访车子，年始十四，能喉啭引声，与箫同音。"逮：及。

㊱炼：熟悉。

㊲卜：占卜。

㊳闲房：雅静的别室，意即纳为妾媵、侍姬。

嘲刘桢书①

夫物因人为贵②。故在贱者之手③，不御至尊之侧④。今虽取之，勿嫌其不反也⑤。

【题解】

刘桢(186—217)，字公干，东汉末年东平宁阳(今山东宁阳县泗店镇古城村)人，东汉名士。其祖父刘梁，官至尚书令，其人博学有才，警悟辩捷，以文学见贵。建安年间，刘桢被曹操召为丞相掾属，与魏文帝兄弟几人颇相友善。建安十六年(211)后，出任平原侯曹植庶子，不久即改任五官中郎将文学，随侍曹丕。然而，刘桢性傲，不拘礼法。一次曹丕宴请诸文学，酒酣忘情，命夫人甄氏出拜，坐中诸人都匍匐于地，不敢仰视，独刘桢平视不避。曹丕对此并未介意，而曹操听说后，要治以不敬之罪。经过援救，才"减死输作"，罚为苦役，终身未再受到重用。《三国志·魏书·刘桢传》："桢以不敬被刑。刑竟署吏。"注引《典略》曰："文帝尝赐桢廓落带，其后师死，欲借取以为象，因书嘲桢。"刘桢与曹丕关系至为密切，而曹丕兄弟亦视为亲故，诗酒唱酬，交往常不拘形迹。曹丕曾特赠刘桢廓落带，以示亲宠。后曹丕因故要取回此廓落带，于是写此书给刘桢，以轻松、调笑的语气说廓落带只是一种宽松简易而平常的带子，但器物是因人而显其特别的价值。

【注释】

①《全三国文》题作《借取廓落带嘲刘桢书》。廓落带：一种宽阔的玉带。

②为：原本作"而"，今据《三国志》本传注引《典略》改。

③手：原本作"子"，今据《三国志》本传注引《典略》改。

④至尊：至高无上的地位。后多指皇位，用为主帝的代称。

⑤嫌：疑虑。反：同"返"。

答友人书①

获累纸之命②，兼美之觊③。他既备善④，双钩尤妙⑤。前后之惠，非贤兄之贡⑥，则执事之贻也⑦。来若川流，聚成山积，其充匮负顿府藏者⑧，固已无数矣。

【题解】

此书见《太平御览》卷三百五十四题作《答刘备书》，又题《答刘先主》。但张溥、严可均等人认为丛书中的措辞如"贤兄之贡"等不应该是写给刘备的，姑且存疑。书的内容是对友人的多次馈赠表示感谢，则也不似写给刘备的书。

【注释】

①《太平御览》卷三百五十四题作《答刘备书》，又另题《答刘先主》，《全三国文》作《答刘备书》，皆误。《太平御览》作《答刘先主》，然意义绝不相贯，姑阙姓名。

②累纸：多次写信。

③贶：赐。

④善：好，全。或作"兼美之贶他。既备善"。

⑤钩：兵器名，似剑而曲。

⑥贤兄：指友人。贡：奉献。

⑦执事：对官员的泛称。贻：赠。

⑧充：原作"克"，今据《太平御览》卷三百五十四改。匮：大型藏物器。负：载。顿府：放置物品的房子。

与吴监书①

中国珍果甚多②，且复为说蒲萄③。当其朱夏涉秋④，尚有余暑。醉酒宿醒⑤，掩露而食⑥。甘而不饴⑦，脆而不酸⑧，冷而不寒⑨，味长汁多，除烦解倦⑩。又酿以为酒，甘于曲糵⑪，善醉而易醒。道之固以流涎咽唾⑫，况亲食之邪？南方有橘，酢正裂人牙⑬，时有甜耳。远方之果，宁有匹者乎⑭？

【题解】

此书见于《艺文类聚》卷八十七《果部下·葡萄》和《太平御览》卷九十二《果部九·葡萄》，两处文字略有不同，但都说"魏文帝诏群臣曰"。张溥题为《与吴监书》，不知为何。此文对葡萄的色、味、香作了形象的描绘，对葡萄大加赞扬，尤其在夏末时节，葡萄最是可口，能除烦解渴，还能酿葡萄酒，体现了曹丕对葡萄的喜爱。

【注释】

①《艺文类聚》卷八十七、《全三国文》卷六题作《诏群臣》。

②珍果：珍贵的果子。

③《艺文类聚》卷八十七作"且说葡萄"。《全三国文》卷六作"且复为葡萄说"。且复：暂只。蒲萄：即葡萄。

④朱夏：夏季。《尔雅·释天》："夏为朱明。"

⑤酲：酒醒后神志不清的感觉。

⑥掩露：为露所侵。掩：带。

⑦䁰（yuàn）：饱，满足，引申为厌。

⑧此句《艺文类聚》卷八十七作"酸而不脆"，不合文意。

⑨冷：凉。

⑩解倦：接触困倦。

⑪曲蘖：酒母，亦指酒。《艺文类聚》作"曲米"。曲：或作麹。

⑫流涎：流出羡慕的口水。咽唾：咽喉堵塞。

⑬酢：即"醋"本字。《急就篇》注："大酸谓之酢。"

⑭宁：难道。匹：匹敌。

【汇评】

杨慎曰：东坡《橄榄诗》："待得余甘回齿颊，已输崖蜜十分甜。"俗谚传南人说橄榄回味清甘，北人云待他回味时，我枣儿已甜了半日矣。坡诗盖用此意。今观魏文帝以蒲桃压橘，亦相类。可入《笑林》也。（《升庵诗话》

与群臣论蜀锦书^①

前后每得蜀锦^②，殊不相比^③，适可讶^④。而鲜卑尚复不爱也^⑤。自吾所织如意虎头连璧锦^⑥，亦有金薄、蜀薄^⑦，来至洛邑^⑧，皆下恶^⑨。是为下工之物^⑩，皆有虚名。

【题解】

"蜀"是四川的古称，因蜀地盛产桑而多有桑虫，桑蚕吐丝作茧而盛产丝，故蜀地自古便有"蚕丛古国"之誉，盛产丝织物，并通过丝绸之路将丝绸和锦缎传到了世界各地。蜀锦原材料为蚕丝，异常珍贵，其生产工艺烦琐，生产效率低，因此在古代有"寸锦寸金"的说法，而在当时，蜀锦是皇室与达官贵人才能享有的奢侈品。此书与前一篇相同，也有"魏文帝诏曰"。内容是曹丕对自己前后多次获得的蜀锦质量不一致，表示疑惑。

【注释】

①《艺文类聚》卷八十五题作《诏群臣》。《太平御览》卷八百十五谓"魏文帝诏曰"，《全三国文》卷六列其于《诏群臣》下。

②蜀锦：古代丝织物的一种，因产蜀地而名之。

③殊：特殊。比：《艺文类聚》作"似"。

④《全三国文》卷六"适"字前有"比"字，盖前二句录自《艺文类聚》，后录自《太平御览》，故"比"字复出。适：正，恰好。讶：惊奇。

⑤鲜卑：少数民族名，汉初居于辽东，后汉时移于匈奴故地。

⑥如意虎头连璧锦：织锦的总称。

⑦金薄：即金箔，金之薄片。用以饰物，俗谓贴金。此指锦上之贴金。蜀薄：蜀地产的贴金。

⑧洛邑：即洛阳。因周都洛邑，故址在河南洛阳，故称洛阳为洛邑。与上句或作"亦有金薄、蜀薄，来至洛邑"。

⑨下恶：下等，劣等，质地恶劣。

⑩下工：下等或低等的工匠。《太平御览》卷八百一十五作"下土"。

与群臣论被服书①

三世长者知被服②，五世长者知饮食。此言被服饮食难晓也③。夫珍玩必中国④，夏则缣总绡穗⑤，其白如雪；冬则罗纨绮縠⑥，衣叠鲜文⑦。未闻衣布服葛也⑧。

【题解】

此书在《太平御览》所引有"文帝诏曰"，内容是对中国所产的珍贵服饰进行描述。

【注释】

①《艺文类聚》卷八十五、《全三国文》卷六、《汉魏六朝名家集初刻》题作《诏群臣》。

②三世长者：历三世之贵胄。

③此句《全三国文》卷六作"非长者不别也"。

④珍玩：珍贵的玩赏物品。

⑤缣（jiān）：双丝织成的一种微带黄色的细绢。总（zǒng）：束发根垂于髻后为饰的丝带。绡：生丝织成的薄纱、薄绢。穗：细而疏的麻布。

⑥罗：质地轻软，稀疏的丝织品。纨：白色细绢。绮：即细绫，古代一种有花纹的丝织物。縠：绉纱，即今之轻纱，薄如雾。

⑦叠：累，一层层。鲜文：明亮的文采。

⑧布：粗布。葛：即布，以葛的纤维织成的布，俗称夏布。

与朝臣论秔稻书^①

江表惟长沙名有好米^②,何得比新城秔稻邪^③?上风吹之^④,五里闻香。

【题解】

秔稻,即粳稻,是一种不黏稻,是古代一种比较优质的粮食作物。此书对比了长沙所产的稻米和新城的稻米,认为新城之米优于长沙之米。

【注释】

①《艺文类聚》卷八十五、《太平御览》卷八百三十九、《初学记》卷二十七皆题作《魏文帝与朝臣书》。秔稻:即"粳稻"。

②江表:指长江中下游以南地区。从中原看,地在长江之外,故称江表。有:《太平御览》无此字。

③此句《艺文类聚》作"何时此新城粳稻邪?"。《太平御览》作"何时比新城粳稻也"。新城:即房陵、上庸、西城三郡之合称。

④吹:《全三国文》《太平御览》《艺文类聚》皆作"炊"。《曹丕集校注》《魏文帝集全译》《曹丕全集》作"吹"。

报崔琰书^①

昨奉嘉命^②,惠示雅数^③,欲使燔翳捐褶^④。翳已坏矣,褶亦去焉。后有此比^⑤,蒙复诲诸^⑥。

崔琰(？—216)，字季珪，清河郡东武城(今河北故城)人。东汉末年名士，司空崔林从兄，丞相曹操谋士。建安十一年，"太祖征并州、留琰傅文帝于邺。世子仍出田猎，变易服乘，志在驱逐。琰书谏之"。曹丕出猎不符合规定，崔琰作为曹丕的师傅上书进行劝谏，曹丕回写此书表示接受崔琰的教诲，已经有所悔改。

【注释】

①《全三国文》题作《与崔琰书》。崔琰：字季珪，清河郡东武城(今河北故城)人。初随袁绍，后归曹操，先后任曹丕师傅、东曹掾，官至中尉。后他站在拥汉一边，对曹操进魏王不满，被曹操赐死。

②嘉命：美好的命令，此谓教诲。

③惠示：是对崔琰谏书而言。雅数：高雅的道理。

④燔翳捐褶：烧掉华盖，舍弃骑服。燔：烧。翳：华盖。捐：舍弃。褶：骑服。

⑤比：类。

⑥蒙：敬词。诸：之于。

与曹洪书①

今鲁罪兼苗、桀②，恶稔厉、莽③。纵使宋翟妙机械之巧④，田单骋奔牛之诳⑤，孙吴勒八阵之变⑥，犹无益也。

【题解】

曹洪(？—232)，字子廉，沛国谯(今安徽亳州)人，汉末至三国曹魏时期名将，魏武帝曹操从弟。此书为李善注陈琳《为曹洪与魏文帝书》所引。《为曹洪与魏文帝书》曰："十一月五日，洪白。前初破贼(按：指张鲁)……

得九月二十日书……来示乃以为彼之恶稔，虽有孙田墨辈，犹无所救，窃又疑焉。"可知此书写作时间是建安二十年九月，曹洪出征张鲁之时。书中写了张鲁的罪过滔天，即使有精兵良将也必然会被打败。

【注释】

①曹洪：字子廉，曹操从弟。

②鲁：指张鲁。苗：为古代被放逐于边疆之少数民族，被视为有罪恶。桀：夏代最后一个君主。为古时暴君之典型。

③稔：庄稼成熟，引申为事物酝酿成熟。厉、莽：指周厉王和王莽。

④宋翟：即宋国人墨翟。墨子曰："公输为云梯，必取宋。"于是见公输，九设攻城之机变，墨子九拒之。

⑤田单骋奔牛之诳：田单，战国时齐人。《史记·田单列传》："田单为将军，破燕城时以千余牛为绛缯衣，画以五采龙文。束兵刃于角，灌脂束苇于尾，烧之。凿城数十穴，夜纵牛。壮士五千人随其后。牛尾热，怒而奔。燕军夜大惊。牛尾炬火，光明炫耀，燕军视之皆龙文，所触尽死伤，五千人因衔枚击之，而城中鼓噪从之。老弱皆击铜器为声，声动天地，燕军大骇，败走。齐人遂夷杀其将骑劫，燕军火乱奔走，齐人追亡逐北，所过城邑，叛燕归田单。而齐七十余城皆复为齐。"

⑥孙吴：指孙武和吴起。八阵：即方阵、圆阵、牝阵、牡阵、冲阵、轮阵、浮沮阵、雁行阵。

与王朗书

人生有七尺之形，死惟一棺之土①。惟立德扬名②，可以不朽，其次莫如著篇籍③。疫疠数起④，士人凋落⑤。余独何人，能全其寿⑥？故论所撰著《典论》、诗赋，盖百余篇。集诸儒于肃成门，讲论大义，侃侃无倦⑦。

【题解】

王朗(？—228)，字景兴，东海郯(今山东郯城西北)人，汉末三国时期曹魏经学家、重臣，著有《周易传》《春秋传》等。《三国志·文帝纪》裴松之注："帝初在东宫，疫疠大起，时人凋伤，帝深感叹，与素所敬者大理王朗书曰，'生有七尺之形'。"曹丕在建安二十二年冬十月被立为太子，同年冬疫疠流行，他的很多亲故好友染病而亡。所以曹丕在当时写了此书，表达了人生苦短、寿命难测的感慨，只有立德、立功、立言可以获得不朽。

【注释】

①此二句袭用《淮南子·精神训》"吾生也有七足之形，吾死也有一棺之土"意。人：《三国志·文帝纪》注引无此字。七尺：人身长约当古尺七尺，故以七尺代称身躯。形：形体。

②立德：树立圣人之德。《左传·襄公二十四年》："太上有立德，其次有立功，其次有立言，虽久不废，此之谓不朽。"

③篇籍：书籍，指著书立说，即立言。

④疫疠：即瘟疫。

⑤士人：士大夫。凋落：即凋伤、死亡。

⑥全其寿：保长寿命。

⑦原本无"故论"以下二十八字，今据《三国志·文帝纪》注引、《全三国文》卷六、《汉魏六朝名家集初刻》卷四补。肃成：太子讲学处。侃侃：滔滔不绝。

与王朗书(建安二十四年)

昔石厚与州吁游，父碏知其与乱①；韩子昵田苏，穆子知其好仁②。故君子游必有方③，居必就士④，诚有以也。嗟乎！宋忠无石子先识之明⑤，老罹此祸。今虽欲愿行灭亲之诛，立纯臣之节^⑥,尚可得邪!

【题解】

《三国志·蜀书·尹默传》注引《魏略》:"其子与魏讽谋反,伏诛。魏太子答王朗书曰……"魏讽,字子京,沛人,有口才,整个邺城为之倾动。钟繇基于此举荐他。曹操与刘备相持于汉中的时候,魏讽与长乐卫尉陈祎等人谋袭取邺城。还没有到举事日期,陈祎心中恐惧,向曹丕告密,曹丕诛杀魏讽,受牵连者数十人。曹丕后来给王朗写了此书,列举了知人善任的历史典故,说明了与人交友应该慎重,近朱者赤近墨者黑。

【注释】

①"昔石厚"二句:春秋时卫大夫石碏之子名厚与公子州吁交往甚密,州吁与厚密谋杀桓公而自立。碏因诱州吁及厚至陈国杀之,迎立公子晋为卫君。《春秋》赞美其能大义灭亲,谓之纯臣。事见《左传》隐公三年、四年。

②"韩子"二句:《左传·襄公七年》:"冬十月,晋韩献子告老。公族穆子有废疾,将立之。辞曰:'《诗》曰:"岂不夙夜?谓行多露。"又曰:"弗躬弗亲,庶民弗信。"无忌不才,让,其可乎?请立起也。与田苏游,而曰"好仁"。《诗》曰:"靖共尔位,好是正直。神之听之,介尔景福。"恤民为德,正直为正,正曲为直,参和为仁。如是,则神听之,介福降之。立之,不亦可乎?'庚戌,使宣子朝,遂老。晋侯谓韩无忌仁,使掌公族大夫。"韩无忌,谥穆子,晋臣。韩起,谥宣子,亦晋臣。无忌为起之兄。田苏,晋贤人。韩起与田苏游,苏称起"好仁",故无忌荐起。

③游必有方:《论语·里仁》:"子曰:'父母在,不远游,游必有方。'"方:原则。

④就士:接近贤士。就:趋,靠近。

⑤宋忠:指宋仲子。初事刘备,后附曹操。石子:指石碏。子:敬称。

⑥纯臣:忠纯笃实之臣。

194

与王朗书（延康元年）

孙权重遣使称臣①，奉贡明珠百筐，黄金千镒②，驯象二头③，或牝或牡④，扰禽鹦鹉⑤。其他珍玩盈舟溢航，千类万品。

【题解】

据《三国志·吴书·吴主传》载建安二十四年孙权再次向曹魏称臣，十一月曹丕作《策命孙权九锡文》，又想册封孙权的儿子孙登，孙权以孙登尚且年幼推辞了，于是又派西曹掾沈珩去魏国向曹丕进贡了很多宝物。曹丕于是作此书与王朗谈论此事。

【注释】

①孙权重遣使称臣：建安二十四年，孙权上书称臣于曹操。曹丕即位，孙权复于黄初二年称藩，故云。

②镒：古重量单位，二十两一镒。一说二十四两为一镒。

③驯象：驯养之象。《汉书·武帝纪》元狩二年："南越献驯象，能言鸟。"注引应劭："训者，教能拜起周章，从人意也。"

④牝：雌性。牡：雄性。

⑤扰：驯服。

又

丕白：不爱江汉之珠①，而爱巴蜀之钩②。此言难得之贵宝，不若易有之贱物③。

【题解】

此书仅存残句,题目和写作背景均不明,内容是讲不要刻意追求难得的宝物,还是应该讲求实用、易得。

【注释】

①爱:《全三国文》作"受"。江汉:长江和汉水。

②钩:兵器,似剑而曲。

③之:原本无此字,今据《全三国文》补。

又

蚤虱虽细①,虑于安寝②;鼷鼠至微③,犹毁郊牛④。

【题解】

此书仅存残句,题目和写作背景均不明,内容是说要防微杜渐,很小的事物也能造成很大的伤害。

【注释】

①蚤虱:跳蚤与虱子。细:小。

②虑:忧虑。《初学记》作"困",《全三国文》作"处",《太平御览》作"虐"。安寝:安逸地睡眠。

③鼷:小鼠。《春秋·成公七年》:"鼷鼠食郊牛角,改卜牛。"定公十五年、哀公元年皆有鼷鼠伤郊祭牛事。至微:极小。

④郊牛:祭祀天地的牛。

与刘晔书①

刘生帽裁两段②,制微不长,有似里父之服③。今帽所当著④。

【题解】

刘晔(171—234),字子扬,淮南成德(今安徽寿县东南)人,是光武帝刘秀之子阜陵王刘延的后代,三国时期魏国著名的战略家。他年少知名,人称有佐世之才,是曹操手下举足轻重的谋士,他屡献妙计,对天下形势的发展往往一语中的。刘晔历仕数朝,是曹魏的三朝元老。此书评论刘晔的帽子形制不好,像是乡下人的服饰。

【注释】

①刘晔:字子扬。淮南成德人,曹操的重要谋士,辟为司空仓曹掾。文帝时为侍中,赐关内侯。明帝时为东亭侯。

②刘生:指刘晔。《全三国文》作"别生",并注"别当作刘",无"两段"二字,《太平御览》亦无二字。帽:形状或用途似帽的物品。

③里父:乡里野老,即在乡里有一定影响的绅士。

④著:穿戴。《太平御览》卷六百八十七、《全三国文》无此句。

与诸将书

刘备既孤老①,智穷势极②,正使欲与死争。则诸将军便当就穴中③,捋取之尔④。

【题解】

黄初三年,刘备在关羽、张飞等人都去世之后率大军攻打吴国,双方在夷陵展开大战。据《三国志·文帝纪》载曹丕曾预言刘备此战必败。后战果正如曹丕所料。而且同年七月,蜀国大将黄权率众投降魏国。蜀国大势已去,曹丕作此书勉励诸将乘势擒拿刘备,消灭蜀国。

①孤老:势孤年老,士气已衰。

②穷:尽。极:极限。

③穴中:喻刘备犹穴中之物。

④捋:以手握物,顺手掠取。此谓擒。

报吴王孙权书①(黄初三年正月癸亥)

昔隗嚣之弊,祸发栒邑②;子阳之禽,变起扞关③。将军其亢厉威武④,勉蹈奇功⑤,以称吾意。

【题解】

黄初二年八月,孙权派使臣入魏国称臣,曹丕命太常邢贞持节任命孙权为大将军,封吴王,加九锡。是年刘备因为孙权袭杀关羽,亲率诸军伐吴,孙权遣书请和,刘备正当盛怒,没有接受求和。后刘备攻破屯于巫及秭归的吴军,并继续从秭归率诸将向吴国进军。于是黄初三年正月,孙权上书曹丕,请求魏国出兵帮助吴国,曹丕作此书答之,勉励孙权率军杀敌立功。

【注释】

①《全三国文》题作《报吴主孙权》。

②隗嚣:东汉成纪人,字季孟,王莽末,据陇西起兵,初附刘玄,任御史大夫,旋属光武,封西州大将军,后又称臣于公孙述为朔宁王。光武西征,嚣奔西城,恚愤而死,《后汉书》有传。栒邑:县名。属扶风郡。建武六年,隗嚣遣将行巡侵犯扶风,征西将军冯异拒破之。又《后汉书·冯异传》:"(异)遣诸将上陇,为隗嚣所败。乃诏异军栒邑。未及至,隗嚣乘胜使其将王元、行巡将二万余人下陇,因分遣巡取栒邑。异即驰兵,欲先据之。……

198

异乘其(巡)不意,卒击鼓建旗而出。巡军惊乱奔走,追击数十里,大破之。祭遵亦破王元于汧,于是北地诸豪长耿定等,悉畔隗嚣降。"隗嚣于后汉,时叛时降。栒邑一战,是其失败的关键一战。

③子阳:即公孙述,字子阳,东汉扶风茂陵人。王莽时,为导江卒正。后起兵,据有益州(今四川),自立为蜀王。建武六年四月称帝,国号成家,建元龙兴。建武十二年为汉军所破,被杀。禽:同"擒"。扞关:古关名,故址在今湖北长阳县西。《后汉书·公孙述传》记载,述自立为天子以后,"使将军侯丹开白水关,北守南郑;将军任满从阆中下江州,东据扞关。于是尽有益州之地"。《后汉书·光武帝纪》:"(建武)十一年……六月……帝自将征公孙述……八月,岑彭破公孙述将侯丹于黄石。辅威将军臧宫与公孙述将延岑战于沈水,大破之。""(十二年)冬十一月戊寅,吴汉、臧宫与公孙述战于成都,大破之。述被创,夜死。"

④亢厉:振奋。

⑤勉蹈:努力达到。

又报孙权书①

前使于禁、郭及夫所遗吾纤骊马②,本欲使禁自致之③。念将军傥欲速得④,今故以付徐、奉往⑤。此二马,朕之常所自乘,甚调良善走⑥,数万匹之极选者⑦,乘之真可乐也。中国虽饶马⑧,其知名绝足⑨,亦时有之耳⑩。

【题解】

此书与前《又报孙权书》同时作,此时孙权上表向魏国称臣,两国关系暂时缓和,书中写曹丕送给孙权自己的坐骑、名马,意在拉拢孙吴。

①《全三国文》题作《与孙权书》。

②于禁：字文则，泰山钜平(今山东泰安)人。原是鲍信的士兵，归附曹操后拜为军司马、大将军。建安二十四年在樊城战败，投降关羽，羽败后复归吴。文帝即位，孙权称藩，遣禁还，帝引见禁，拜为安远将军。事见《三国志》本传。郭及夫：人名，不可考。《艺文类聚》作"敦及士"，《太平御览》为"及王敦去时"五字。纤骊马：良马名。骊：黑色马。

③致：送上。

④傥：倘若。

⑤付：交与。徐、奉：指徐盛、丁奉，皆为吴将。《艺文类聚》于"故"下有"先"字。

⑥调良：畜养训练得很好。

⑦极选：选取最好的。

⑧饶：多，丰足。

⑨绝足：善走之马。

⑩时：偶尔。

又①（黄初三年）

老虏边窟②，越险深入，旷日持久③。内迫罢弊④，外困智力⑤。故见身于鸡头⑥，分兵拟西陵⑦，其计不过谓可转足前迹以摇动江东⑧。根未著地⑨，摧折其支⑩。虽未刳备五脏⑪，使身首分离，其所降诛，亦足使虏部众凶惧⑫。昔吴汉先烧荆门，后发夷陵⑬，而子阳无所逃其死；来歙始袭略阳⑭，文叔喜之⑮，而知隗嚣无所施其巧。今讨此虏，正似其事，将军勉建方略⑯，务全独克⑰。

【题解】

黄武元年(黄初三年)春正月,吴国攻打蜀国,斩其将。五月,孙权大破蜀军,刘备奔走。此时孙权已向魏国称臣,所以孙权派遣使者去魏国汇报攻破刘备所获印绶及首级、所得土地,并上表说将吏功勤,应该给他们加爵赏。曹丕给孙权送去黼子裘、明光铠、马,又以素书所作《典论》及诗赋赐予孙权,并作此篇勉励孙权正要抓住时机消灭蜀国。

【注释】

①《全三国文》题作《诏答吴王》。

②老虏:指刘备。与《与诸将书》"刘备既孤老"同义。边窟:意谓刘备军在边境集结。窟:人或物聚集处。

③旷日:拖延时日。旷:间隔,此谓拖延。

④迫:逼迫。罢弊:羸弱疲困。弊:同"敝"。

⑤困:艰难,困乏。谓处于困境险地。智力:智谋,才能。

⑥见:同"现"。鸡头:山名,在甘肃省庆阳市西。

⑦西陵:即夷陵,在今湖北省宜昌市东。黄武元年,孙权改夷陵为西陵(见《三国志·吴主传》)。

⑧转:转动,改变。足:原作"是",今据《三国志·吴主传》注引《魏略》改。江东:指吴地。

⑨著:着。

⑩支:同"枝"。

⑪刳:剖开,挖空。

⑫凶惧:恐惧骚动。

⑬吴汉:东汉宛人,字子颜,以贩马为业,后归光武帝刘秀为偏将军。荆门:山名。在湖北宜都西北。建武十一年春,光武代蜀王公孙述,吴汉留夷陵。十二年,吴汉先放火烧荆门,发夷陵,与公孙述部大战于广都、成都之间,八战八克,斩述首。事见《后汉书》卷十八《吴汉传》。

⑭来歙:东汉南阳新野人,字君叔,刘秀祖姑的儿子,辅佐刘秀起兵,击破隗嚣军,屡立战功,官至中郎将。略阳:县名,属天水郡,在今陕西省。来

歆始袭略阳,事见《后汉书·来歆传》:"八年春,歆与征虏将军祭遵袭略阳……斩嚣守将金梁,因保其城。嚣大惊曰:'何其神也。'"注引《东观记》:"上(指刘秀)闻得略阳,甚悦,左右怪上数破大敌,今及小城,何足以喜?然上以略阳嚣所依阻,心腹已坏,赐制其支体易也。"

⑮文叔:即东汉光武帝刘秀,字文叔。

⑯将军:指孙权。勉:尽力。建:设置。方略:计谋,策略。

⑰克:制胜。

又报孙权书①（黄初三年九月）

君生于扰攘之际②,本有纵横之志③,降身奉国④,以享兹祚⑤。自君策名已来⑥,贡献盈路⑦。讨备之功,国朝仰成⑧。埋而掘之⑨,古人之所耻。朕之与君,大义已定,岂乐劳师远临江汉⑩?廊庙之议⑪,王者所不得专。三公上君过失⑫,皆有本末。朕以不明,虽有曾母投杼之疑⑬,犹冀言者不信⑭,以为国福⑮。故先遣使者犒劳,又遣尚书、侍中践修前言⑯,以定任子⑰。君遂设辞⑱,不欲使进,议者怪之⑲。又前都尉浩周,劝君遣子⑳,乃实朝臣交谋㉑。以此卜君㉒,君果有辞,外引隗嚣遣子不终㉓,内喻窦融守忠而已㉔。世殊时异,人各有心。浩周之还,口陈指麾㉕,益令议者发明众嫌㉖。终始之本,无所据仗㉗,故遂俯仰从群臣议㉘。今省上事㉙,款诚至深㉚,心用慨然㉛,凄怆动容㉜。即日下诏,敕诸军但深沟高垒,不得妄进。若君必效忠节㉝,以解疑议,登身朝到㉞,夕召兵还。此言之诚,有如大江㉟。

【题解】

《三国志·吴主传》载:"孙权外托事魏,而诚心不款。魏遣侍中辛毗、尚书桓阶往与盟誓,并征任子,权子孙登辞让不受。魏乃命曹休等数道攻吴。时扬越蛮夷多未平,复内难未弭,权卑辞上书,求自解厉,若必不见置,当奉还土地,寄命交州。"黄初三年九月,因孙权向魏国称臣,所以曹丕派使臣去吴国订立盟誓并且带走孙登作为人质,但是孙权改口不同意。于是曹丕为此作书给孙权,措辞严厉,软硬兼施让孙权投降。

【注释】

①《全三国文》题作《又报吴主孙权》。

②扰攘:混乱。

③纵横:驰骋,横冲直撞。此谓建功立业。

④降身:屈身。

⑤祚:皇位。此谓福。

⑥策名:出仕。古时仕者名书于策,以明系属之。

⑦盈路:谓贡品充积于路,言其多。

⑧国朝:本朝,指魏。仰成:仰首等待成功,喻坐享其成。

⑨埋而掘之:《国语》曰:"狸埋之,狸掘之,是以无成功。"

⑩乐:快乐,满足。劳师:慰劳军队。

⑪廊:殿四周的通道。庙:太庙。二者都是古代帝王和大臣用以议论政事的地方,后因称朝廷为廊庙。

⑫三公:辅助国君掌握军政大权的最高官员,汉魏时以太尉、司徒、司空为三公。上:指上奏。

⑬曾母投杼:春秋时,曾子住在费地,费人有与曾参同姓者杀人,人告曾母曰:"曾参杀人。"曾母曰:"吾子不杀人。"织自若。顷之,又有人告,其母尚织自若。后有一人又告之,其母惧,投杼逾墙而走。事见《战国策·秦策》。喻流言可畏。

⑭冀:希望。言者:议论的人。不信:不实。

⑮国福:国家的福气。

⑯尚书、侍中:指尚书桓阶与侍中辛毗。践修:实行,修好,通好。

⑰任子:古代统治者为了取得别国的信任,常派出自己的亲属或重臣去别国作人质,叫任子。

⑱设辞:借口。

⑲不欲使进,议者怪之:指魏三公奏议,怪罪孙权。见《三国志·吴主传》注引《魏略》。

⑳浩周:三国吴人。

㉑实:落实。

㉒卜:观察。

㉓隗嚣遣子不终:建武五年,光武帝遣使来歙说隗嚣遣子入侍,嚣乃遣长子恂诣阙,然嚣怀异心。八年,光武帝招降,嚣终不降,于是诛其子恂。不终:无结果。

㉔窦融:东汉初平陵人,字周公,累世仕宦河西。更始时,据河西,称五郡大将军。光武称帝,决策附汉,授凉州牧,因随光武西征隗嚣有功,被封为安平侯。平陇蜀后,拜为冀州牧,旋即升任大司空。自以非旧臣,谦恭自守。

㉕麾:对将帅的敬称,此谓孙权。

㉖发明众嫌:解除了众人的嫌疑。《吴主传》黄初元年(220)注引《魏略》:"文帝问周等,周以为权必臣服。"故云。

㉗据仗:凭据,凭证。

㉘俯仰:此谓应付周旋。

㉙省:察看。上事:指奉上的事物。

㉚款诚:真诚,诚恳。

㉛慨然:激昂,愤激。

㉜凄怆:悲感。

㉝效:实现。忠节:忠贞的节操。

㉞登:指孙权之子孙登。

㉟大江:长江。意谓诚心,大江可作证。

与孟达书（延康元年）

近日有命①，未足达旨②，何者？昔伊挚背商而归周③，百里去虞而入秦④，乐毅感邹夷以蝉蜕⑤，王遵识逆顺以去就⑥，皆审兴废之符效⑦，知成败之必然。故丹青画其形容⑧，良史载其功勋⑨。闻卿姿度纯茂⑩，器量优绝⑪，当骋能明时⑫，收名传记⑬。今者翻然濯鳞清流⑭，甚相嘉乐。虚心西望⑮，依依若旧⑯。下笔属辞⑰，欢心从之。昔虞卿入赵⑱，再见取相；陈平就汉⑲，一觐参乘⑳。孤今于卿，情过于往，故致所御马物以昭忠爱㉑。

【题解】

孟达（？—228），字子度，本字子敬，因刘备的叔父名叫刘子敬，为避讳而改字，扶风郡（治今陕西兴平东南）人。孟达初事刘璋，后刘备进蜀，以达为宜都太守。关羽覆败后，孟达与刘封忿争不和，遂于延康元年率部曲四千余家投奔魏国。在魏国被封为散骑常侍，领新城太守。当时曹丕刚继承王位，听说孟达带部队来投奔非常高兴，于是写作此书，大大赞扬了孟达的弃暗投明之举。

【注释】

①有命：可能指《向化手令》。

②未足达旨：未能够充分地表达意旨。

③伊挚背商而归周：伊挚即伊尹，名挚，商汤臣，为汤妻陪嫁之奴隶，后佐汤伐夏桀，被尊为阿衡（宰相）。此句疑有误。疑当为"背夏归殷"。

④百里去虞而入秦：百里，即百里奚。春秋时秦穆公之贤相。原为虞大夫，晋献公灭虞，虏奚，以为秦穆公夫人陪嫁之臣。奚以为耻，逃至宛，被

楚人捉住,秦穆公闻其贤,用五羖羊皮赎之,后委以国政,称为五羖大夫。助秦穆公速成霸业。

⑤乐毅:战国燕将。魏乐羊之后,好研习兵书。自魏使燕,燕昭王任为上将,联赵、楚、韩、魏,总领五国兵伐齐,攻占七十余城,唯莒、即墨未下。以功封于昌国,号昌国君。燕惠王继位,齐行反间计,惠王使骑劫代乐毅,毅惧诛,出奔赵。齐国兴兵,大破燕军,尽复失地。毅在赵,封于观津,号望诸君。鸱夷:即越大夫范蠡。范蠡佐越王勾践灭吴,知勾践为人不可共以安乐,因浮海出齐,变姓名,自谓鸱夷子皮。蝉蜕:言去微至贵。

⑥王遵:字子春。霸陵人,少豪侠,有才辩,与隗嚣举兵,任将军。建武七年,嚣遣使称臣于公孙述,述以其为朔宁王,王遵乃从光武帝召,与家属东诣京师,拜为太中大夫,封向义侯。

⑦审:仔细观察研究。符效:犹言符命,即吉祥效应。

⑧丹青:绘画用的颜色,此代指画师。形容:形象,容貌。

⑨良史:优秀的史官。此谓史籍。

⑩姿度:资质,气度。纯茂:美好。

⑪器量:本指器物容量,此谓人的才识和度量。优绝:优胜超绝。

⑫明时:政治清明的时代,此指魏。

⑬收:记入。

⑭翻然:迅速转变貌。濯鳞:喻清除罪恶。

⑮虚心:心无成见,谓不思蜀。西望:当时孟达还在蜀,故云。

⑯依依:隐约。

⑰属辞:写作,撰文。

⑱虞卿:战国时游说之士,因进说赵孝成王为赵上卿,受相印,故称虞卿。主张以赵为主,合纵以抗秦。

⑲陈平:汉阳武人,少时家贫,好读书。秦末农民起义,初从项羽,后归刘邦。有谋略,积功任护军中尉,封曲逆侯。惠帝时为左丞相,吕后时徙为右丞相,后与太尉周勃合力尽诛诸吕,迎立文帝,卒安汉朝。《史记》《汉书》皆有传。

⑳觏:会见。参乘:陪乘或陪乘的人。古代乘车,尊者在左,御者在右,

又一人在右,号参乘。此以乘车喻受重任。

㉑昭:显示,彰明。忠爱:出自内心的爱。

又与孟达书(延康元年)

今者海内清定①,万里一统②,三垂无边尘之警③,中夏无狗吠之虞④。以是弛罔阔禁⑤,与世无疑⑥。保官空虚⑦,初无资任⑧。卿来相就,当明孤意,慎勿令家人缤纷道路,以亲骇疏也⑨。若卿欲来相见,当先安部曲⑩,有所保固⑪,然后徐徐轻骑来东⑫。

【题解】

此书与前书《汉魏六朝百三名家集》《全三国文》皆分为两篇,而《魏略》后放在一起。他们内容相互关联,都是嘱咐孟达来投奔的时候应该怎么行动,不要节外生枝、有所惊扰。

【注释】

①海内清定:天下太平。

②一统:统一。

③三垂:即三边。垂:边境。边尘:指战争。尘:《全三国文》作"城"。警:危急的信息。

④中夏:中原地区。狗吠:喻有盗匪之患。

⑤弛罔阔禁:谓王纲禁令松宽,内呈和平气象。弛:放松。罔:纲,法纲。阔:放宽。禁:禁令。

⑥疑:猜忌。

⑦保官:即保宫,囚禁犯罪官吏及其眷属的监狱。

⑧资任:犹质子。古代派往别国作抵押的人,多为王子或世子。此以

207

国家无人质喻海内清定。资,一作"质"。

⑨骇:惊扰。疏:远。

⑩部曲:豪门大族私人的军队。此指孟达的军队。

⑪保固:凭险固守,谓安全。

⑫徐徐:缓慢貌。来东:魏都洛阳在蜀东,故云。

报吴王孙权书①

知已选择见船②,最大樟材者六艘③,受五百石④,从沔水送付樊口⑤。

【题解】

这是答复孙权进贡礼品的书信,仅存若干残句。

【注释】

①《全三国文》题作《与孙权书》。

②见船:即舰船。

③樟材:即樟木。材:原作"林",今据《全三国文》改。

④此句"百"字后,《太平御览》卷七百七十有"里"字,今据《全三国文》删。

⑤沔水:水名,为汉水上游。樊口:地名,在今湖北鄂州。

又

今因赵咨①致文马一匹②,白罽子裘一领③,石蜜五斛④,鳆鱼千枚⑤。(《御览》作八百五十七、九百三十八)

【注释】

①赵咨:字德度,南阳人,博闻多识,善于辩论。三国时期吴国大臣,吴蜀夷陵之战时,奉孙权之命出使曹魏。

②文马:毛色有文采的马。

③貔子裘:用貔鼠皮做成的裘。貔:鼠的一种,体小,背部灰色,腹部白色,尾毛蓬松,毛皮柔软如绒,可作衣物。

④石蜜:野蜂所酿的蜜。斛:古量器,十斗为一斛。

⑤鳆鱼:亦叫鲍鱼、石决明。

送剑书①

仆有剑一枚②,明珠标首③,蓝玉饰靶④,用给左右⑤,以除妖气⑥。

【题解】

《全三国文》所收曹丕的文章,都会写明出处,唯独此篇没有标明出处。

【注释】

①此文《全三国文》未标出处。今考察各类书无此篇,且文中自称"仆",非曹丕书信习惯用语,疑为他人所为,严氏误收。但暂又无他文以订正,姑录之以存其旧。

②仆:自谦之辞。

③明珠:珍珠。标:标志,装饰。首:指剑把尖端。

④蓝玉:即蓝宝石。靶:同"把",柄。

⑤用:《全三国文》作"因"。左右:对人不直称其名,而称其为"左右",表示尊敬。

⑥妖气:不祥之气,多指凶祸。

答曹洪书①

　　今鲁包凶邪之心②,肆蛊惑之政③。天兵神拊④,师徒无暴⑤,樵牧不临⑥。

【题解】

　　曹洪(? －232),字子廉。沛国谯(今安徽亳州)人。汉末至三国曹魏时期名将,魏武帝曹操从弟。曹丕即位后,拜曹洪为骠骑将军。此书是曹洪出征张鲁时曹丕写给他的。

【注释】

　　①此篇见《文选·陈孔璋为曹洪与文帝书》注。

　　②鲁:指张鲁。包:藏。

　　③肆:随意地推行、施行。蛊惑:迷惑、毒害。张鲁以五斗米道治理汉中,故云。

　　④天兵:王师,国家的军队。神拊:神妙的攻击。

　　⑤师徒:士兵。无暴:谓王师为仁义之师。暴:凶残。

　　⑥樵牧:樵夫和牧人。

与曹洪书①

　　五贤兴邦②,二八登帝③。

【题解】

此书或与上篇《答曹洪书》为同一书的遗文。

【注释】

①《北堂书钞》卷十一仅存此二句。

②五贤:狐偃、赵衰、颠颉、魏武子、司空季子,此五人随重耳流亡十九年,后助重耳返国。

③二八:指八恺(仓舒、陨皑、梼戬、大临、龙降、庭坚、仲容、叔达)和八元(伯奋、仲堪、叔献、季仲、伯虎、仲熊、叔豹、季貍),都是古代的贤人。

书①

汉中地形,实为险固,四岳三涂皆不及也②。张鲁有精钾数万③,临高守要④,一夫挥戟,千人不得进。而我军过之,若骇鲸之决网罟⑤,奔兕之触鲁缟⑥,未足以喻其易。

【题解】

此书或前面两书为同一篇的遗文,写的都是征讨汉中之事,因为张鲁有精兵良将扼守险要之地,所以曹丕写信提醒曹洪出征张鲁时应该小心。

【注释】

①《全三国文》和《汉魏六朝名家集初刻》皆未载。见《太平御览》卷三百五十三。

②四岳:指西岳华山、南岳衡山、东岳泰山、北岳恒山。三涂:指太行山、镮辕山、峥滉山,在今河南嵩山西南。

③钾:同"甲"。

④要:要塞。

⑤骇鲸:受惊吓的鲸。决:裂。网罟:捕鱼及捕鸟兽的工具。

⑥兕:犀牛之类的巨兽。鲁缟:鲁国产的白色生绢。

戒鄢陵侯彰书①

卿新有功②,今西见上③,宜勿自伐④,应对常若不足者⑤。

【题解】

曹彰(? —223),字子文,沛国谯县(今安徽亳州)人,曹操与武宣卞皇后所生第二子、曹丕之弟。建安二十一年(216),封鄢陵侯。建安二十三年(218),曹彰受封为北中郎将、行骁骑将军,率军征讨乌桓,又降服辽东鲜卑大人轲比能,取得了很大的战功。曹彰回城面见曹操时,曹丕写此书劝诫曹彰不要居功自夸,要时刻保持谦虚的姿态。

【注释】

①见《三国志·任城威王彰传》。

②新有功:指建安二十三年四月的讨伐乌桓之战。

③上:指曹操。当时曹操在长安,彰自代过邺去长安,故曰"西"。

④自伐:自我夸耀。

⑤应对:应说。常若不足:经常表现得像自己有不足之处,表示谦虚。常:恒常。

答杨修书①

重惠流离卮②,昭厚意③。

此书已不全,内容是对杨修赠送琉璃玉杯表示感谢。

【注释】
①《太平御览》卷七百六十一仅存此二句。
②重惠:丰厚的惠赠。流离:即琉璃,宝石名。卮:酒杯。
③昭:昭示、显露。

诸物相似乱者①

　　武夫怪石似美玉②,蛇床乱蘼芜③,荠苨乱人参④,杜衡乱细辛⑤,雌黄似石留⑥,黄鳝鱼相乱⑦,以有大小相异。敌休乱门冬⑧,百步似门冬⑨。房葵似狼毒⑩,钩吻堇与荇华相似⑪。拔楔与卑解相似⑫,一名狗脊⑬。菊有二种⑭,苗花如一,唯味小异,苦者不中食。野葛食之杀人⑮,家葛种之⑯,三年不收。后旅生⑰,亦不可食。乌头、天雄、附子一物⑱,春秋冬夏采各异也。远志苗曰小草⑲,根曰远志。芎䓖苗曰江离⑳,根曰芎窮。"

【题解】
　　此文见于张华《博物志》卷七,题《魏文帝所记诸物相似乱者》,写的是自然界中诸物形似而质不同。严可均认为文多引自《典论》,明此或亦《典论》文也。

【注释】
①见晋张华《博物志》卷七题《魏文帝所记诸物相似乱者》。

②武夫:亦作"砆砆",似玉的美石。

③蛇床:植物名,又名蛇粟、蛇米。乱:干扰。蘪芜:香草名。亦名蕲茞,又名江蓠,即芎藭苗。

④茅蒬:药草名,又名地参,可入药,根茎都似人参。

⑤杜衡:一种香草,似葵而香,根可入药。细辛:草名,可入药。

⑥雌黄:矿物名,亦名石黄,可作颜料,亦可供药。石留:即石榴。

⑦黄鳊鱼:即黄花鱼和鳊鱼。

⑧门冬:即麦门冬。

⑨百步:草名,可入药。

⑩房葵:即防葵,多年生草本植物,有毒。狼毒:亦作"茄毒",药草,有剧毒。

⑪钩吻:又名野葛,毒草。堇:同"仅"。

⑫拔楔:即菝葜,植物名,根茎可入药。卑解:即萆薢,蔓草,叶如心脏形,边缘有缺刻,根可入药。

⑬狗脊:草名,其茎细而叶花两两对生,其根大如拇指,长而多歧,状似狗脊,故名。古人多以为菝葜为狗脊。

⑭菊:即菊花。

⑮野葛:即"钩吻"。葛,植物名,多年生蔓草,可制成葛粉供食用。

⑯家葛:人工种植的葛。

⑰旅生:野生。旅:不播种而生,故曰"旅"。

⑱乌头:又称川乌头,草本植物,以块根入药。天雄:如附子之形长而细者。附子:为乌头的旁生块根,即依附于母根的子根。自此以下文字,据《博物志》卷四补。

⑲远志:植物,根可入药。

⑳芎藭:植物名,多年生草本,叶似芹,秋开白花,有香气,根茎皆可入药。

诗　序①

为太子时②,北园及东阁讲堂并赋诗③,命王粲、刘桢、阮

214

瑀、应玚等同作。

【题解】

此文已不全,是曹丕所作诗的前序。

【注释】

①此文见《初学记》卷十引《魏文帝集》。诗序:诗集前面的序言。

②为太子时:曹丕为太子时在建安二十二年十月。此时王粲等人都因病去世,所以"太子"二字疑当为"五官中郎将",或为后人所改。

③北园:即铜雀园。东阁讲堂:设置在铜雀园内的讲堂。

序

典论·自叙

初平之元①，董卓杀主鸩后②，荡覆王室③。是时四海既困中平之政④，兼恶卓之凶逆⑤，家家思乱，人人自危⑥。山东牧守⑦，咸以《春秋》之义⑧"卫人讨州吁于濮⑨"，言人人皆得讨贼，于是大兴义兵⑩。名豪大侠⑪，富室强族，飘扬云会⑫，万里相赴。兖、豫之师战于荥阳⑬，河内之甲军于孟津⑭。卓遂迁大驾⑮，西都长安。而山东大者连郡国，中者婴城邑，小者聚阡陌，以还相吞并⑯。会黄巾盛于海、岱⑰，山寇暴于并、冀⑱。乘胜转攻，席卷而南。乡邑望烟而奔⑲，城郭睹尘而溃⑳。百姓死亡，暴骨如莽㉑。

余时年五岁，上以世方扰乱㉒，教余学射㉓，六岁而知射。又教余骑马，八岁而知骑射矣㉔。以时之多故㉕，每征，余常从。建安初㉖，上南征荆州㉗，至宛，张绣降㉘。旬日而反㉙。亡兄孝廉子修、从兄安民遇害㉚。时余年十岁㉛，乘马得脱。夫文武之道，各随时而用。生于中平之季㉜，长于戎旅之间㉝，是以少好弓马，于今不衰。逐禽辄十里，驰射常百步㉞。日多体健㉟，心每不厌㊱。建安十年，始定冀州㊲。濊貊贡良弓㊳，燕代献名马㊴。时岁之暮春㊵，勾芒司节㊶，和风扇物㊷，弓燥手柔㊸，草浅兽肥。与族兄子丹猎于邺西㊹，终日手获獐鹿九、雉兔三十余㊺。

后军南征⑯，次曲蠡⑰，尚书令荀或奉使犒军⑱。见余，谈论之末，或言："闻君善左右射，此实难能。"余言："执事未睹夫项发口纵⑲，俯马蹄而仰月支也⑳。"或喜笑曰："乃尔！"余曰："埒有常径㉑，的有常所㉒。虽每发辄中，非至妙也㉓。若驰平原㉔，赴丰草㉕，要狡兽㉖，截轻禽㉗。使弓不虚弯㉘，所中必洞㉙，斯则妙矣㉚。"时军祭酒张京在坐㉛，顾或拊手曰㉜："善㉝！"

余又学击剑㉞，阅师多矣㉟。四方之法各异，唯京师为善㊱。桓、灵之间㊲，有虎贲王越㊳，善斯术，称于京师㊴。河南史阿言昔与越游㊵，具得其法㊶。余从阿学之，甚精熟㊷。尝与平虏将军刘勋、奋威将军邓展等共饮酒㊸。宿闻展善有手臂㊹，晓五兵㊺，又称其能空手入白刃㊻。余与论剑良久㊼，谓言将军法非也。余顾尝好之，又得善术，因求与余对。时酒酣耳热，方食芋蔗㊽，便以为杖，下殿数交，三中其臂，左右大笑。展意不平㊾，求更为之㊿。余言吾法急属[51]，难相中面[52]，故齐臂耳[53]。展言愿复一交。余知其欲突以取交中也[54]，因伪深进[55]。展果寻前[56]，余却脚剿[57]，正截其颡[58]。坐中惊视[59]。余还坐，笑曰："昔阳庆使淳于意去其故方[60]，更授以秘术[61]。今余亦愿邓将军捐弃故伎[62]，更受要道也[63]。"一坐尽欢。

夫事不可自谓己长。余少晓持复[64]，自谓无对。俗名双戟为坐铁室[65]，镶楯为蔽木户[66]。后从陈国袁敏学[67]，以单攻复，每为若神，对家不知所出[68]。先日若逢敏于狭路[69]，直决耳[70]！余于他戏弄之事少所喜[71]，唯弹棋略尽其巧[72]，少为之赋[73]。昔京师先工有马合乡侯、东方安世、张公子[74]，常恨不得与彼数子者对[75]。

上雅好诗书文籍[76]，虽在军旅，手不释卷，每每定省从容⑰。常言人少好学则思专⑱，长则善忘⑲。长大而能勤学者，唯吾与袁伯业耳⑳。余是以少诵诗、论⑪，及长而备历五经⑫、四部⑬、《史》、《汉》、诸子百家之言⑭，靡不毕览⑮。所著书论诗赋⑯，凡六十篇。至若智而能愚⑰，勇而能怯⑱，仁以接物，恕以及下⑲，以付后之良史⑳。

【题解】

《典论》是最早的文艺理论批评专著，三国时代曹丕所著，写于曹丕做魏太子时期，原有 22 篇，后大都亡佚，只存《自叙》《论文》《论方术》三篇。

【注释】

①初平：汉献帝刘协年号，公元 190—193 年。

②董卓：字仲颖，陇西临洮人，生于颍川，东汉末年军阀。东汉灵帝时，任并州牧。昭宁元年(189)，率兵入洛阳，废少帝，立献帝，专断朝政。曹操等起兵反对。他挟献帝西迁长安，自为太师，后为王允、吕布所杀。杀主：指毒死少帝。鸩后：以鸩酒杀死何太后。

③荡覆：推翻。

④困：厄，受难于。中平：汉灵帝刘宏年号，公元 184—189 年。

⑤恶：憎恶。凶逆：凶狠暴逆。

⑥思乱：悲感动乱。自危：自觉危险。

⑦山东：崤山或华山以东地区。牧守：州郡之长官。

⑧以：依据。

⑨州吁：卫公子，杀桓公而自立。濮：陈国地名，在今安徽省亳州市东南。

⑩义兵：以有道伐无道为义兵，这里指起兵讨伐董卓的关东各州郡军队。

⑪名豪大侠：即在朝在野的名门豪族，行侠仗义的知名之士，指关东义士。

⑫飘扬云会：谓讨伐董卓的联军云集。

⑬兖、豫之师：指兖州刺史刘岱和豫州刺史孔伷的军队，即山东、河南的义兵。荥阳：县名，在今河南省。初平元年二月，曹操拒董卓于荥阳汴水，遇卓将徐荣，战不利。

⑭河内：郡名，相当于今河南黄河南北两岸的地区，此指袁绍。甲：军队。军：驻扎。

⑮大驾：帝王出行车驾，按规模有大驾、法驾、小驾之别。

⑯"而山东"四句：这几句谓山东大大小小的军阀为了扩大自己的势力，互相火并。婴城邑：环绕城邑固守。婴：环绕。聚阡陌：聚兵于田野之中。

⑰会：恰巧，适逢。黄巾：指黄巾起义。海、岱：青、徐二州之地，东海与泰山之间。岱：泰山。

⑱山寇：统治阶级对农民起义军的侮辱称呼。并、冀：并州和冀州。

⑲乡邑：小城镇。烟：农民起义之烽烟。

⑳城郭：城池，谓郡州牧守之师。尘：烟尘，此指农民起义之声势。

㉑莽：草。

㉒上：指曹操。世：《全三国文》作"四"。方：正。

㉓射：指射技，武功。

㉔知：《太平御览》《魏志》作"能"。

㉕多故：多事之时，多变故。

㉖建安：汉献帝年号，公元196—220年。

㉗南征荆州：《三国志·武帝纪》："建安二年正月，公（曹操）攻张绣。"

㉘宛：地名，在今河南南阳。

㉙旬：一旬，此谓不久。

㉚孝廉子修：即曹昂，字子修，曹操之长子。弱冠举孝廉。从兄：堂兄。

㉛十岁：当为十一岁。

㉜季：末世，末年。

㉝戎旅：军队。

㉞常：《曹丕集校注》作"出"。

㉟体健：《太平御览》作"体倦"。

㊱每：常，往往。

㊲冀州：今山西、河北、河南、辽宁一带。

㊳濊貊：我国古代北方少数民族，依濊水而居，故名。濊水在今辽宁凤城以东。贡：贡献。良弓：好弓。

㊴燕代：即燕州和代州，今山西一带，产名马。

㊵暮春：春三月。

㊶勾芒：木盛在春，故称木盛为勾芒。此指草木始生。

㊷和风扇物：暖和的风吹动万物。

㊸手柔：原本作"手摇"，今据《魏志》改。

㊹子丹：曹丕堂兄曹真字。邺西：邺城之西。

㊺余：原本无此字，今据《太平御览》补。

㊻南征：指建安十七年曹操南征孙权。

㊼次：临时驻扎或住宿。

㊽荀彧：字文若，曹操的重要谋士，任尚书令，为曹操谋划，击败袁绍，平定河北。

㊾执事：各部门的专职人员，用为对有官爵者的敬称。此谓荀彧。项发口纵：提起马头，放开马口。

㊿俯马蹄：谓俯身射中马蹄。马蹄：一种放得很低的黑箭靶。仰月支：谓对迎面飞来物的射击。月支，一种箭靶子的名称。

○51 埒：界限。常径：固定的小道。

○52 的：靶子。常所：固定的场所。

○53 至妙：绝妙。

○54 若驰：《全三国文》依《太平御览》于"若驰"间加"夫"字。

○55 丰草：谓木草茂密处。

○56 要：求，取。狡兽：狡猾的兽。

○57 截：割断，此谓截杀。轻禽：飞禽。

○58 使弓不虚弯：谓弓每发必中。

○59 洞：穿。

⑥⓪斯则妙矣:《太平御览》作"斯则妙尔"。

⑥①军祭酒:官名,即军师祭酒,军中首席参谋。张京:人名。

⑥②顾:视,看。拊手:拍手。

⑥③善:妙。

⑥④余:原本作"予",今据《全三国文》改。

⑥⑤阅:经历。

⑥⑥京师:即洛阳。

⑥⑦桓、灵:汉桓帝、汉灵帝。

⑥⑧虎贲:官名,皇宫中卫戍部队的将领。王越:人名。

⑥⑨称:闻名于。

⑦⓪河南:汉县名。史阿:人名。

⑦①具得其法:深得其法。具:全。

⑦②阿:即史阿。甚:原本无,今据《太平御览》卷五百九十三补。

⑦③平虏将军:官名。奋威将军:官名。刘勋、邓展:人名。酒:原本无,今据《初学记》卷九补。

⑦④宿:早先。善有手臂:即善用手臂。

⑦⑤五兵:指矛、戟、弓、剑、戈五种兵器。

⑦⑥空手入白刃:空手赤拳与锋利的刀子相对。

⑦⑦良久:很久。

⑦⑧芊蔗:即甘蔗。《艺文类聚》作"干蔗",《太平御览》作"甘蔗"。芊:上古本作"芋",《曹丕集校注》《魏文帝集全译》作"芊"。

⑦⑨意不平:内心不服气。

⑧⓪更:再。

⑧①急属:快捷。

⑧②难相中面:难以击中面部。

⑧③故齐臂耳:所以很敏捷地击中臂部。齐:敏捷。

⑧④突:突然。谓出其不意。交中:正中。

⑧⑤伪深进:假装深入。

⑧⑥寻:继。

⑧却脚:退脚。勦:偷袭。勦,上古本作"鄹"。

⑧颡:额。

⑧坐中:在座的人。

⑨淳于意:汉临淄人,曾任太仓长,故称太仓公。从师阳庆学医,庆授以秘方及黄帝扁鹊脉书,相传能据人面部所呈五色诊病,知人生死。

⑨秘术:妙术。

⑨捐弃故伎:抛弃旧技。

⑨更受要道:重新传授重要的道理。要道:切要的方法。

⑨持复:武技名,舞双戟之类。

⑨双戟、坐铁室:武技名,即"持复"。

⑨镶楯、蔽木户:古兵器。镶:刀剑之类。楯:即盾牌。《曹丕集校注》同,上古本、《魏文帝全译》作"盾"。

⑨陈国:即陈州,今河南淮阳及安徽亳州市一带。袁敏:人名,事迹不详。

⑨对家不知所出:指技巧奇妙变化如神。

⑨逢敏于狭路:即狭路相逢,两者均无退让。

⑩直决耳:真正决定个高低。

⑩戏弄:玩耍。

⑩弹棋:古代一种游戏。

⑩少为之赋:指《弹棋赋》。

⑩京师:京城,国都。马合乡侯、东方安世、张公子:皆好弹棋而精于此道者,事迹不详。

⑩数子:谓以上数人。对:对局。

⑩上:指曹操。雅好:即爱好。诗书文籍:文学典籍,即经典诗书及诸典籍。

⑩每每:往往,常常。《全三国文》删一"每"字。定省:子女早晚向亲长问安。从容:有闲暇之时。

⑩思专:即专心思考。

⑩长则善忘:年老则好忘。

222

⑩袁伯业：人名，袁绍从兄袁遗，字伯业。曾任长安令。

⑪诗、论：指《诗经》和《论语》。

⑫五经：《易》《尚书》《诗经》《礼》《春秋》。

⑬四部：即经史子集。

⑭《史》《汉》：指司马迁的《史记》和班固的《汉书》。诸子百家：先秦至汉初各种学派的总称。

⑮靡：无。毕览：阅尽。

⑯所著书论诗赋：自此以下三十四字为《全三国文》依《太平御览》所补。

⑰智而能愚：聪明中又有愚笨。

⑱勇而能怯：勇敢时又有胆怯。

⑲恕：宽容、宽恕。

⑳付：给、交付。

繁钦集序①

上西征②，余守谯③，繁钦从。时薛访车子能喉啭④，与笳同音⑤。钦笺还⑥，与余盛叹之⑦。虽过其实，而其文甚丽。

【题解】

繁钦（？—218），字休伯，东汉颍川（今河南禹州）人。曾任丞相曹操主簿，以善写诗、赋、文章知名于世。

【注释】

①《全三国文》题作《叙繁钦》。繁钦：字休伯，颍川（今河南禹州）人。长于书记，善为诗赋，为丞相主簿。建安二十三年卒。

②上：指曹操。西征：指建安十六年曹操西征马超、韩遂等。

③谯：误，当为邺。曹丕《感离赋序》："建安十六年，上西征，余居守。"

曹植《离思赋》："建安十六年，大军西讨马超，太子留监国。"

④车子：人名，当时善歌者。繁钦《与魏文帝笺》："都尉薛访车子，年始十四，能喉啭引声，与箛同音。"

⑤箛：古管乐器名。

⑥笺：书札，指建安十七年正月九日繁钦所作《与魏太子书》。

⑦盛叹：大加赞叹。

陈琳集序^①

上平定汉中^②，族父都护还书与余^③，盛称彼方土地形势。观其辞^④，知陈琳所叙为也^⑤。

【题解】

陈琳（？—217），字孔璋，广陵射阳（今江苏宝应，一说盐城盐都区大纵湖镇）人。东汉末年著名文学家，"建安七子"之一。职务司空军师祭酒，代表作《为袁绍檄豫州文》《饮马长城窟行》《武军赋》。

【注释】

①《全三国文》题作《叙陈琳》。陈琳：建安七子之一。

②上：指曹操。汉中：郡名，故治在今陕西省汉中市南郑区。平定汉中，指建安二十年三月曹操西征张鲁事。

③族父：同族兄弟之父，亦泛指同族伯叔父。都护：官名。汉置西域都护，都护诸国，以并护南北道，故号都护，本为加官。此指曹洪，他是曹操的从弟，即曹丕的叔父。建安二十年十一月五日陈琳作《为曹洪与曹丕书》，所以说"族父都护还书与余"。

④辞：或作"词"。

⑤叙为：写作。

建安诸子集序

维建安二十四年二月丙午①，魏太子丕造刀三②，其二曰含章③，彩似丹霞。又造百辟宝剑三④，其二曰流彩虹⑤。

李尤⑥，字伯仁，少有文章⑦。贾逵荐尤有相如、扬雄之风⑧，拜兰台令史⑨，与刘珍等共撰《汉记》⑩。

王粲长于词赋，陈琳、阮瑀之章表书记，今之俊也⑪。

建安二十四年二月壬午，魏太子丕造百辟宝剑，长四尺二寸。选兹良金⑫，令彼国工⑬，精而炼之。至于百辟，淬以清漳⑭，砺以礛诸⑮，光似流星，名曰飞景⑯。

余好击剑，命彼国工，以为宝器，饰以文玉⑰，表以通犀⑱。

余好击剑，善以短乘长⑲，精而炼之。其始成也，五色骇炉⑳，巨橐自鼓㉑，云物仿佛㉒，飞鸟翔舞。

昔周鲁宝雍狐之戟㉓，屈卢之矛㉔，孤父之戈㉕，徐氏匕首㉖，凡斯皆上世名器。君子虽有文事㉗，必有武备矣㉘。

魏太子造百辟匕首三：其一理似坚冰㉙，名曰清刚；其二曜似朝日㉚，名曰扬文；其三状似龙文㉛，名曰龙鳞。

昔者周鲁宝赤刀孟劳㉜。

丕造百辟宝刀，其一文似灵龟㉝，名曰灵宝；其二彩似丹霞，名曰含章；其三锋似崩霜㉞，刀身剑铗㉟，名曰素质。又作露陌刀㊱，一名龙鳞。

酒以成礼㊲，过则败德㊳。孝灵之末㊴，朝政堕废㊵，官司并湎于酒㊶，贵戚尤甚㊷。流俗沈荒㊸，故作《酒诲》以戒。孝灵帝末，群官百司并湎于酒，斗酒至千钱㊹。

【题解】

这是曹丕为五官中郎将和太子期间为建安诸子的诗文集所题的序辞。由于张溥辑录于多种类书,如《初学记》《北堂书钞》《艺文类聚》《太平御览》等,使得文字不完整,颠倒破碎,文意不明。

【注释】

①维:发语词。丙午:十六日。

②魏太子:曹丕自称。建安二十二年,曹丕被立为太子。

③含章:剑名。

④百辟:剑名,取"百炼利器,以辟不祥"之意。

⑤流彩虹:别名。

⑥李尤:后汉雒人,字伯仁,少以文章显,和帝时执兰台令史。安帝时为谏议大夫,受诏与刘珍等俱撰《汉记》。顺帝时迁安乐相,有诗赋铭诔等二十八篇。

⑦文章:文辞。

⑧贾逵:字梁道,河东襄陵(今山西临汾)人,初为丞相府主簿,后举茂才,除沔池令,文帝时历官豫州刺史。逵外修军旅,内治民事,造新坡,通运渠二百余里,人称贾侯渠。相如:即司马相如,字长卿,成都人,汉赋的代表作家。扬雄:字子云,成都人,汉赋的重要作家,多仿相如。风:风度。

⑨兰台:本为汉代宫廷藏书处,设御史中承掌管,后置兰台令史,掌书奏。

⑩刘珍:字秩孙,一名宝,南阳蔡阳人,《后汉书》有传。原本误作"刘桢"。《汉记》:即《东观汉记》。

⑪俊:杰出。

⑫良金:精美的金属。

⑬国工:国中技艺高超的工匠。

⑭淬:把铸件烧红即浸入水中,使之坚硬。清漳:水名,漳河上游的一大支流,在山西省东部。

⑮砺:磨治。礛诸:治玉之石。

⑯景：即"影"。

⑰饰：修饰。文玉：有文彩的玉。

⑱表：用作动词。通犀：犀牛角的一种，即通天犀。

⑲乘：同"胜"，战胜，压服。

⑳五色：青、黄、赤、白、黑五色。骇：起，播散。

㉑橐：鼓风器。

㉒云物：天象云气之色。云：指五色的云。物：指风气日月星辰，此谓炼剑时炉上空之景。

㉓周鲁：即周时鲁国。雍狐：山名，又戟名。《管子·地数》："雍狐之山发而出水，金从之。蚩尤受而制之，以为雍狐之戟芮戈。"

㉔屈卢：古代造矛的良匠名，后用作良矛的代称。

㉕孤父：孤，同"狐"。狐父，地名，以产戈著称，故地在今安徽砀山附近。

㉖徐氏匕首：《战国策·燕策》："太子预求天下之利匕首，得赵人徐夫人之匕首，取之百金……乃为装遣荆轲。"荆轲刺秦王之匕首即此。

㉗文事：即文治。

㉘武备：武装的准备。《史记·孔子世家》："孔子摄相事，曰：'吾闻有文事者必有武备，有武事者必有文备。'"

㉙理：文理，条理。坚：硬，牢固。

㉚曜：光明貌。

㉛文：同"纹"。

㉜孟劳：《谷梁传》僖公元年："孟劳者，鲁之宝刀也。"后来用作宝刀的通名。

㉝灵龟：龟的一种，先秦人以为是吉祥之物。

㉞锋：尖。崩霜：崩，倾倒。霜崩之后而尖，故曰崩霜。

㉟铗：剑把。

㊱露陌：刀名。

㊲酒以成礼：《左传·庄公二十二年》："酒以成礼，不继以淫，义也。"成礼：使礼完备。

㊳败德:败坏道德。

㊳孝灵:即汉灵帝。

㊵堕废:毁坏。

㊶官司:百官。涵:沉迷。

㊷贵戚:君主的内外亲族。

㊸流俗:流行的世俗。沈荒:沉溺于迷乱之中。

㊹至千钱:价值昂贵到千钱。至:同"值"。

论

典论·论文

文人相轻^①，自古而然。傅毅之于班固^②，伯仲之间耳。而固小之^③，与弟超书，曰^④："武仲以能属文^⑤，为兰台令史，下笔不能自休^⑥。"夫人善于自见，而文非一体，鲜能备善^⑦。是以各以所长，相轻所短^⑧。里语曰^⑨："家有弊帚，享之千金^⑩。"斯不自见之患也^⑪。

今之文人，鲁国孔融文举^⑫，广陵陈琳孔璋^⑬，山阳王粲仲宣^⑭，北海徐干伟长^⑮，陈留阮瑀元瑜^⑯，汝南应玚德琏^⑰，东平刘桢公干^⑱。斯七子者^⑲，于学无所遗^⑳，于辞无所假^㉑，咸以自骋骥騄于千里，仰齐足而并驰^㉒。以此相服，亦良难矣^㉓。盖君子审己以度人^㉔，故能免于斯累，而作《论文》^㉕。

王粲长于辞赋，徐干时有齐气^㉖，然粲之匹也。如粲之《初征》《登楼》《槐赋》《征思》，干之《玄猿》《漏卮》《圆扇》《橘赋》，虽张、蔡不过也^㉗。然于他文，未能称是^㉘。琳、瑀之章表书记^㉙，今之隽也。应玚和而不壮^㉚，刘桢壮而不密^㉛。孔融体气高妙，有过人者；然不能持论^㉜，理不胜辞^㉝，以至乎杂以嘲戏^㉞，及其所善^㉟，扬、班俦也^㊱。

常人贵远贱近^㊲，向声背实^㊳，又患暗于自见^㊴，谓己为贤。夫文本同而末异^㊵，盖奏议宜雅^㊶，书论宜理^㊷，铭诔尚实^㊸，诗赋欲丽^㊹：此四科不同，故能之者偏也^㊺，唯通才能备其体⁴⁶。

文以气为主,气之清浊有体,不可力强而致⁴⁷。譬诸音乐,曲度虽均⁴⁸,节奏同检⁴⁹,至于引气不齐⁵⁰,巧拙有素⁵¹,虽在父兄,不能以遗子弟⁵²。

盖文章,经国之大业⁵³,不朽之盛事。年寿有时而尽,荣乐止乎其身⁵⁴,二者必至之常期⁵⁵,未若文章之无穷。是以古之作者,寄身于翰墨⁵⁶,见意于篇籍⁵⁷。不假良史之辞,不托飞驰之势,而声名自传于后⁵⁸。故西伯幽而演《易》⁵⁹,周旦显而制《礼》⁶⁰。不以隐约而弗务⁶¹,不以康乐而加思⁶²。夫然,则古人贱尺璧而重寸阴⁶³,惧乎时之过已⁶⁴。而人多不强力⁶⁵,贫贱则慑于饥寒,富贵则流于逸乐⁶⁶。遂营目前之务,而遗千载之功⁶⁷。日月逝于上,体貌衰于下,忽然与万物迁化⁶⁸,斯志士之大痛也⁶⁹!融等已逝,唯干著《论》,成一家言⁷⁰。

或问屈原相如之赋孰愈⁷¹,曰:"优游案衍,屈原之尚也⁷²;穷侈极妙⁷³,相如之长也。然原据托譬喻⁷⁴,其意周旋⁷⁵,绰有余度⁷⁶。长卿、子云⁷⁷,意未能及已。"

余观贾谊《过秦论》,发周秦之得失,通古今之制义,洽以三代之风,润以圣人之化。斯可谓作者矣⁷⁸。

李尤字伯宗,年少有文章,贾逵荐尤有相如、扬雄之风。拜兰台令史,与刘珍等共撰《汉记》⁷⁹。

议郎马融,以永兴中帝猎广成,融从。是时北州遭水潦蝗虫,融撰《上林颂》以讽⁸⁰。

【题解】

《典论·论文》是中国文学批评史上第一篇文学专论,是曹丕在建安后期为魏太子时所撰。文中批评了"文人相轻""贵远贱近"等陋习,提出了

230

著名的"文气"说和"四科八目"的文体论,论述了"文章"的重要作用。被称作"文学的自觉",这对后来文学的发展有着重要的推动作用。《典论》二十篇到现在大多已经失散,只剩下残章断简。而幸运的是,《论文》一篇由于被南朝的萧统选入了《昭明文选》而得以完整保留下来。

【注释】

①《艺文类聚》于"文"前有"夫"字。

②傅毅:东汉初年的文学家,字武仲,扶风茂陵(今陕西兴平东北)人,傅育之子。建初中,为兰台令史,拜郎中,与班固、贾逵共典校秘书。早卒,现存诗赋二十八篇。班固:字孟坚,扶风安陵人,东汉史学家、文学家,著有《汉书》《西都赋》《白虎通义》等。

③小之:小看他(傅毅)。

④超:班固之弟班超,字仲升,曾出使西域。

⑤属文:写文章。

⑥下笔不能自休:写起文章来没完没了不知休止。

⑦鲜:很少。备善:全精通。

⑧相:《全三国文》依《艺文类聚》所加。

⑨里语:俗话、俚语。

⑩家有弊帚,享之千金:此句见《东观汉记》卷一《光武帝纪》,意谓自己家里的破扫帚,也看得很贵重。

⑪斯不自见之患也:这是看不清自家短处的弊病啊。

⑫孔融:字文举,孔子第十二世孙,曾任北海相及大中大夫。

⑬广陵:今江苏扬州。

⑭山阳:今山东南部。

⑮北海:今山东昌乐县境。

⑯陈留:今河南开封市。

⑰汝南:今属河南省。

⑱东平:今属山东省。

⑲斯七子者:这七个人,即孔融、陈琳、王粲、徐干、阮瑀、应场、刘桢。

"建安七子"之称始见于此。子：《艺文类聚》作"人"。

⑳遗：遗漏。句意谓学识广博，无所不知。

㉑假：依傍。句意谓文辞能创新，无所因袭。

㉒骋：驰骋，跑马。骥騄：骏马。《全三国文》作"骐骥"。齐：疾。此二句意为：他们凭着自己的才能，像驰骋千里的骏马，在文坛上争先恐后地并驾齐驱。"咸以自骋骥騄于千里"，《三国志·王粲传》作"咸自以骋骥于千里"，《艺文类聚》作"咸自以骋骐骥于千里"。

㉓亦良难矣：也很困难呵。良：很。

㉔审：检查。度：估量。

㉕累：弊病。而：《全三国文》依《艺文类聚》改为"乃"。

㉖齐气：一般解释为古代齐国地方习俗文气舒缓。这里是指徐干文章气势比较舒缓。《三国志·王粲传》注引《典论》曰："粲长于辞赋，干时有逸气，然非粲匹也。"与今所传篇文不同。

㉗张、蔡：指张衡和蔡邕。张衡：字平子，南阳西鄂（今河南省南阳市）人，东汉著名文学家和科学家。蔡邕：东汉文学家，字伯喈，汉末女诗人蔡琰的父亲。

㉘此句意谓：王粲、徐干除赋外，写别种文体就不那样拿手了。称：符合。

㉙《全三国文》据《艺文类聚》作"陈琳阮瑀"。章表书记：奏章、表文及书信之类。

㉚和而不壮：文章的气势缓和但不雄壮。

㉛壮而不密：文章的气势雄壮而不绵密。

㉜持论：立论。

㉝辞：《全三国文》作"词"。

㉞《艺文类聚》"至乎"前无"以"字。

㉟《艺文类聚》于"及其"下有"时有"二字。

㊱扬：扬雄。班：班固。俦：匹敌。《三国志·王粲传》注于"班"下有"之"字。

㊲贵远贱近：这里的"远""近"既指时又指地，但主要指时。

㊳向声背实:趋向美名而背弃实际。

㊴暗:糊涂,不明白。

㊵本同而末异:本源相同,支流(指体裁)各异。

㊶奏议宜雅:奏章议事要典雅庄重。

㊷书论宜理:书信和议论文要有条理。

㊸铭诔尚实:记载功德的铭文和叙述死者生平的诔文应崇尚事实。

㊹诗赋欲丽:诗歌辞赋要辞藻华丽。

㊺科:类。此二句意谓:四类文体要求不同,而作家擅长的只偏于某一方面。

㊻通才:全才。

㊼气之清浊有体,不可力强而致:文气的清与浊应有类型和来源,不是勉强可以达到的。

㊽曲度:曲调。

㊾检:法度。

㊿引气:运气行腔。

(51)素:素质,指人的天赋。

(52)遗:《文选》卷五十二、《全三国文》卷八作“移”。

(53)经国:治国。

(54)止乎其身:限于自己一身。

(55)常期:一定的限期。

(56)寄身于翰墨:从事文章写作。翰墨:笔墨,文章。

(57)见:同“现”,表露心意。

(58)“不假”三句:这三句意谓:不必借助历史家的记载,也不必依托有权势者的宣扬,就能扬名后世。飞驰:指达官显贵。

(59)西伯:指周文王姬昌。史载:文王被纣王囚于羑里,因推演《易》象而作卦辞。

(60)周旦:即周公旦,武王之弟,成王之叔。

(61)不以隐约而弗务:不因为贫困失志而不写文章。

(62)不以康乐而加思:不因为富贵康乐而转移心思(不写文章)。加:转移。

⑥璧：玉之通称。

⑥惧乎时之过已：深恐时间流逝过去。已：《文选》卷五十二作"也"。

⑥强力：努力。

⑥则：原本无，今据《文选》卷五十二补。流于逸乐：纵情享乐。

⑥遂营目前之务，而遗千载之功：只为眼前的事务忙碌，遗漏了千载不朽的功业（指著述）。

⑥与万物迁化：指死亡。迁化：变化。

⑥大痛：最大的悲痛。斯志士：《全三国文》作"斯志士之"，《艺文类聚》于"士"下有"所"字。

⑦《论》：即《中论》。成一家言：指自成一说足以闻名于世。曹丕《又与吴质书》："伟长独怀文抱质，恬淡寡欲，有箕山之志，可谓彬彬君子矣。著《中论》二十余篇，成一家之言。"

⑦以下为《全三国文》据《北堂书钞》所加。或：有人。相如：即司马相如。孰愈：谁胜过谁。

⑦优游案衍：优游：远且长。案衍：曲折貌。此谓屈赋文章深远悠长曲折。尚：上也。

⑦穷侈极妙：穷：极，尽。侈：张开，铺张。妙：细微。此谓相如赋极力铺张，描写细微。

⑦据托：依托，寄托。

⑦周旋：运转。

⑦绰有余度：犹今言"绰绰有余"。

⑦长卿：即司马相如。子云：即扬雄。

⑦此段为《全三国文》据《太平御览》所加。贾谊：汉初政治家、散文家。《过秦论》：贾谊的政论文代表作。周秦：即周朝和秦朝。制义：制度的意义。洽：合。三代：指夏、商、周三代。

⑦此段为《全三国文》依《北堂书钞》所加，与《建安诸序》中一段重复。

⑧此段为《全三国文》依《艺文类聚》所加。议郎：官名，秦置，汉制秩比六百石，征贤良方正敦朴有道之士任之，掌顾问应对。马融：汉扶风茂陵

234

人,字季长。安帝时为校书郎中,于东观典校秘书。桓帝时为南郡太守。融博洽,为世通儒,有学生千余。永兴:汉桓帝年号,公元153—154年。帝:指桓帝。猎:打猎。广成:即广成苑,东汉宫苑名,为皇帝狩猎之所,在今河南汝州西。也称广成泽。马融作《广成颂》描写狩猎之事,即指此苑。北州:北方州郡。水潦:即水涝。《上林颂》:即《广成颂》。讽:规劝。

典论·论方术①

颍川郤俭能辟谷②,饵伏苓③;甘陵甘始④,亦善行气⑤,老有少容⑥;庐江左慈⑦,知补导之术⑧,并为军吏⑨。初,俭之至,市伏苓,价暴数倍⑩。议郎安平李覃⑪,学其辟谷,餐伏苓,饮寒水,中泄利⑫,殆至陨命。后始来,众人无不鸱视狼顾⑬,呼吸吐纳。军谋祭酒弘农董芬为之过差⑭,气闭不通,良久乃苏⑮。左慈到,又竞受其补导之术⑯。至寺人严峻⑰往从问受⑱,阉竖真无事于斯术也⑲。人之逐声⑳,乃至于是。光和中㉑,北海王和平亦好道术㉒,自以当仙㉓。济南孙邕少事之㉔,从至京师。会和平病死,邕因葬之东陶㉕。有书百余卷㉖,药数囊㉗,悉以送之。后弟子夏荣言其尸解㉘。邕至今恨不取其宝书仙药。刘向惑于《鸿宝》之说㉙,君游眩于子政之言㉚,古今愚谬,岂惟一人哉!

【题解】

此文是《典论》中的一篇。曹操为防止类似黄巾起义之事再度发生,将方术之士聚于邺下。此论为当时所作,揭露了方士的虚伪,批驳了当时一些人妄图长生不老的想法,认为他们很可笑。

【注释】

①《全三国文》题作《论郄俭等事》。严可均从《文选》《意林》《博物志》《北堂书钞》中辑出六条,统置于该题下。这是其中的一段。方术:古时指方士求仙、炼丹的方法,也指医、卜、星、相等技术。

②颍川:郡名,今河南中部及南部。汉治阳翟。郄俭:魏时的方术之士,曹植在《辩道论》中提及,说他是"阳城"人。辟谷:一种道术,指不吃五谷以求成仙。

③饵:吃。伏苓:中草药名,别名云苓、白茯苓,大如拳,皮黑而皱,肉白微赤,寄生于山林中腐朽的松树根上,具有解热、安神等功效。

④甘陵:地名,故址在今河北省清河县。甘始:《神仙传》:"甘始,太康人,善行气不食,服天门冬。治病不用针艾。在人间三百岁,乃入王屋山。"

⑤行气:道家呼吸吐纳之法。

⑥少容:犹今言"童颜"。

⑦庐江:汉郡名,治所在今安徽潜山。左慈:字元放,少居天柱山,习炼丹补导之术,晓房中之术。

⑧补导之术:即房中之术。补导:增益,引导。

⑨军吏:军中小吏。

⑩市:用作动词。暴:猛涨。

⑪议郎:官名,秦置,汉制秩比六百石,征贤良方正敦朴有道之士任之,掌顾问应对。安平:汉置县,属涿郡。李覃:人名,为当时的方术之士,生平不详。

⑫饮寒水,中泄利:《博物志》卷七作"饮水中寒泄痢",《全三国文》卷七同。泄利:水泻痢疾一样的病。利:同"痢"。

⑬鸱视狼顾:道家养生导引之术。《淮南子·精神训》:"是故真人之所游,若吹呴呼吸,吐故纳新,熊经鸟伸,凫浴蝯躩,鸱视虎顾,是养形之人也。"

⑭军谋祭酒:官名,首席参谋。弘农:郡名,辖境相当于今河南内乡、宜阳以西、黄河华山以南、陕西柞水以东。董芬:人名,生平不详。

⑮苏:苏醒。

⑯竞:争。

⑰寺人:原为宫廷内的近侍,东汉后指宦官。严峻:人名。

⑱往从问受:去跟从他询问接受补导之术。

⑲阉竖:太监的贱称。

⑳逐声:追求名声。

㉑光和:汉灵帝刘宏年号,公元178—184年。

㉒北海:汉置,始为国。辖山东旧青州府东部、莱州府西部之地,基本对应今日的潍坊市。治营陵(今山东昌乐县东南五十里)。后为郡。东汉徙治剧(今山东寿光市东南三十一里),南齐治都昌(今江苏东海县东北),南朝宋及后魏治平寿(今山东潍坊市西南),隋改为高阳郡。隋改青州置。唐复曰青州,旋仍曰北海郡,后又为青州。宋曰青州北海郡。金改为益都府,即今山东青州市。王和平:方术之士,性好道术。

㉓仙:升仙。

㉔济南:郡名。孙邕:当时的方术之士。

㉕东陶:地名。

㉖书:指方术之书。

㉗囊:袋。

㉘夏荣:王和平的弟子,亦是当时的方术之士。尸解:道家认为修道者死后,留下形骸,魂魄散去成仙,称为尸解。

㉙刘向:西汉学者。惑:迷惑。《鸿宝》:道术书篇名。《汉书·刘向传》:"上复兴神仙方术之事,而淮南有《枕中鸿宝苑秘书》,书言神仙使鬼物为金之术。"

㉚君游:即伏理,字君游。《汉书·儒林传》:"受《诗》于匡衡,由是《齐诗》有匡伏之学。"《后汉书·伏湛传》注:"理,为当世名儒,以《诗》授成帝,为高密太傅。"眩:迷惑。子政:刘向的字。

周成汉昭论①

或方周成王于汉昭帝②,金高成而下昭③。余以为周成王体上圣之休气④，禀贤姒之胎诲⑤，周、召为保傅⑥，吕尚为太师⑦。口能言，则行人称辞⑧；足能履，则相者导仪⑨。目厌威容之美⑩，耳饱仁义之声⑪，所谓沉渍玄流⑫，而沐浴清风者矣⑬。犹有咎悔⑭，聆二叔之谤⑮，使周公东迁⑯。皇天赫怒⑰，显明厥咎⑱，犹启诸《金滕》⑲，稽诸国史⑳，然后乃悟。不亮周公之圣德㉑，而信《金滕》之教言，岂不暗哉！

夫孝昭，父非武王，母非邑姜。养惟盖主㉒，相则桀、光㉓，体不承圣㉔，化不胎育㉕，保无仁孝之质㉖，佐无隆平之治㉗。所谓生于深宫之中，长于妇人之手。然而德与性成，行与礼并。年在二七，早智夙达㉘。发燕书之诈㉙，亮霍光之诚㉚。岂将有启《金滕》，信国史而后乃悟哉！使夫昭、成均年而立㉛，易世而化㉜，贸臣而治㉝，换乐而歌㉞，则汉不独少，周不独多也。

【题解】

周成，即周成王，姬姓，名诵，周武王姬发之子，母邑姜（齐太公吕尚之女），西周王朝第二位君主，在位 21 年。周成王继位时年幼，由周公旦辅政，平定三监之乱。周成王亲政后，营造新都洛邑、大封诸侯，还命周公东征、编写礼乐，加强了西周王朝的统治。汉昭，即汉昭帝，西汉第八位皇帝，汉武帝刘彻少子，赵婕妤（钩弋夫人）所生。汉昭帝即位时年仅八岁，在霍光、金日磾、桑弘羊等辅政下，沿袭武帝后期政策，与民休息，加强北方戍防。始元六年（前 81），召开"盐铁会议"，就武帝时期盐铁官营、治国理念等问题召集贤良文士讨论，会后罢除榷酒（酒类专卖）。元凤元年（前 80），以谋反罪诛杀桑弘羊、上官桀等，专任霍光，进一步改革武帝时制度，罢不急之官，减轻赋税。因内外措施得当，武帝后期遗留的矛盾基本得到了控制，西汉王朝衰退趋势得以扭转，"百姓充实，四夷宾服"。建安时期，社会上流行"高成而下昭"的说法。曹丕则从他们二人的时代、出身、享年、教养、辅臣、德行等等出发,通过品评历史人物是非,提出"周成不如汉昭"的进步历史观。

【注释】

①《太平御览》卷四百四十七题为《典论·周成汉昭》。严可均以为是《典论》。曹植亦有《成王汉昭论》,与此属同题共作。

②或:有人。方:对比。周成王:西周国王,姬姓,名诵。其父武王死时,他年幼,由叔父周公旦(周武王之弟)摄政。周公旦东征胜利后,大规模分封诸侯,巩固了西周王朝的统治,后归政于成王。汉昭帝(前94—前74):西汉皇帝,武帝子,名弗陵。其统治期间,由霍光、桑弘羊等辅政。

③金:皆、都。高成而下昭:提高成王的地位而贬低昭帝。下,贬低。

④体:体现,行。上圣:德才最高超的人,此谓武王。休气:盛美气质。《太平御览》作"淑气"。

⑤禀:承受。贤妣:贤惠的先母。此谓邑姜,武王之妻,吕尚之女。《左传·昭公元年》:"当武王邑姜方震大叔,梦帝谓己:'余命而子曰虞,将与之唐。'"胎诲:即胎教。旧时说妇女怀胎后,其思想、视听、言动,必须谨守礼仪,予胎儿以良好的影响。汉贾谊《新书·胎教》:"周妃后妊成王于身,立而不跛,坐而不差,笑而不喧,独处不倨,虽怒不骂,胎教之谓也。"

⑥周、召:即周公旦和召公奭。保傅:古代辅导天子或诸侯子弟的官员,统称为保傅。《尚书·君奭》篇:"召公为保,周公为师,相成王为左右。"

⑦吕尚:即太公望,也称姜子牙。太师:古三公(太师、太傅、太保)之一。

⑧行人:职官名,掌朝觐聘问,接待宾客之事。称辞:符合言辞,谓行人教他言辞。

⑨相者:辅佐之人。导:引导。仪:法度。

⑩厌:满。威容:庄重的仪容。

⑪仁:亲也,包括恭、宽、信、敏、惠、智、勇、忠、恕、孝、悌等内容。义:事之宜。

⑫沉渍:深深地沾染。玄流:指武王的恩泽。

⑬沐浴:浸身,置身。清风:清丽之风,此谓美好的风气。

⑭咎悔:失误,可以责备之处。

⑮聆:听。二叔:指武王的弟弟管叔和蔡叔。谤:诽谤。

⑯周公东迁:指成王听信二叔的诽谤之后而疑周公。

⑰皇天:对天尊称。赫怒:发怒。

⑱厥:其。咎:过去。

⑲启:开。《金滕》:《尚书》中的一篇。《尚书·金滕》:"武王有疾,周公作《金滕》。"

⑳稽:问。国史:国家的史官。

㉑亮:诚信,理解。圣德:美德。

㉒盖主:即盖长公主。

㉓桀、光:指上官桀和霍光。

㉔体:体质。

㉕化:教化,指胎教。

㉖保:指保傅。

㉗佐:辅佐。隆平:盛平、升平。

㉘早智:即早惠,智慧发育较早,年幼时即聪明出众。夙达:早通达事理。

㉙发:觉察。燕书:指诈为燕王旦的奏书。

㉚霍光:字子孟,河东平阳人,霍去病异母弟。武帝时,为奉车都尉,出入宫廷二十余年,小心谨慎,无过失。昭帝八岁即位,光以大司马大将军受遗诏辅政,政事一决于光。

㉛使夫昭、成均年而立:使周成王、汉昭帝都在同样的时代而立。均年:等同的时代。

㉜易世而化:即对换一下统治。易:交换。

㉝贸:更换,变易。

㉞换乐:调换一下礼乐。

240

汉文帝论^①

　　昔有苗不宾^②,重华舞以干戚^③。尉佗称帝^④,孝文抚以恩德。吴王不朝^⑤,锡之几杖^⑥,以抚其意,而天下赖安^⑦。能弘三章之教^⑧,恺悌之化^⑨,欲使曩时累息之民^⑩,得阔步高谈^⑪,无危惧之心。若贾谊之才敏^⑫,筹画国政^⑬,特贤臣之器^⑭,管、晏之姿^⑮,岂若孝文大人之量哉^⑯!

【题解】

　　汉文帝(前202—前157),汉高祖第四子,母薄姬,出生于长安,是《二十四孝》中亲尝汤药的主角。前196年被封为代王。前180年太尉周勃、丞相陈平迎立代王刘恒入京,是为汉文帝。其即位后,励精图治,兴修水利,衣着朴素,废除肉刑,使汉朝进入强盛安定的时期。刘恒登基三月后(文帝前元元年正月)立刘启为皇太子,汉文帝与其子汉景帝统治时期合称为文景之治。《三国志》载曹丕称帝后,"集诸儒于肃城门内,讲论大义,侃侃无倦,常嘉汉文帝之为君,宽仁玄默,务欲以德化民,有贤圣之风。时文学诸儒或以为孝文虽贤,其于聪明,通达国体,不如贾谊"。曹丕于是写了此论,借表彰汉文帝的肚量和雄才大略,推崇其为君之道。

【注释】

①《全三国文》题作《论太宗》。
②有苗:我国古代部族,活动在长江中游以南一带。宾:归服,顺从。
③重华:虞舜名。舞以干戚:《淮南子·齐俗训》:"故当舜之时,有苗不服,于是舜修政偃兵,执干戚而舞之。"意谓有苗不服,舜不使用武力,而以德感化之。
④尉佗:南越王赵佗,秦真定人。

241

⑤吴王：指吴王刘濞，刘邦兄刘仲之子，封吴会稽。

⑥锡：赐。几杖：几案与手杖，以供老年人平时靠身和走路时扶持之用，故以赐几杖为敬老之礼。

⑦赖安：赖以安定。

⑧能：《全三国文》作"乃"。弘：扩大、推广。三章：即三教。汉儒宣扬夏尚忠，商尚敬，周尚文。

⑨恺悌：和乐简易。化：感化。

⑩曩时：昔时。累息：犹"屏息"。

⑪阔步：大步走，喻行动自由。

⑫贾谊：汉初政论家、辞赋家。

⑬筹画：谋划。

⑭特：殊，出众。器：才能，本领。

⑮管、晏：春秋齐相管仲和晏婴。后言大臣多能善治者，常以管晏并称。

⑯大人：德行高尚的人。量：度量。

汉武帝论①

孝武帝承累世之遗业②，遇中国之殷阜③。府库余钱帛④，仓廪畜腐粟⑤。因此有意乎灭匈奴，廓清边境矣⑥。故即位之初，从王恢之画⑦，设马邑之谋⑧。自元光以迄征和⑨，四五十载之间⑩，征匈奴四十余举⑪。逾广汉⑫，绝梓岭⑬，封狼居胥⑭，禅姑衍⑮，梁北河⑯，观兵瀚海⑰。刘单于之旗⑱，剿阏氏之首⑲，探符离之窟⑳，扫五王之庭㉑，纳休屠、昆耶之附㉒，获祭天金人之宝㉓。斩名王以千数㉔，馘首虏以万计㉕。既穷追其败亡㉖，又摧破其积聚。虏不暇于救死扶伤㉗，疲困于孕重堕殰㉘。元封初㉙，躬执武节㉚，告以天子自将㉛，慑以两越之诛^㉜。彼时号为威震匈奴矣^㉝。

【题解】

汉武帝刘彻(前156－前87),出生于长安未央宫猗兰殿,西汉第七位皇帝(前141－前87在位),著名政治家、战略家。十六岁即位,政治上,颁行推恩令,加强君主专制与中央集权。经济上,推行平准、均输、算缗、告缗,抑制商贾。文化上,罢黜百家,独尊儒术,设立太学。本文已残缺不全。从内容看是对汉武帝的文治武功做出评价和总结,借以表明曹丕自己打败吴、蜀,一统天下的雄心壮志。

【注释】

①《全三国文》题作《论孝武》。

②孝武帝:即汉武帝,名刘彻,汉景帝之子。累世:历代。指高帝以至文景之世。遗业:遗留下的业绩。

③中国:即国中。殷阜:富实。

④府库:官府储存财物的仓库。钱帛:《全三国文》作"金钱"。

⑤仓廪:粮仓。畜:同"蓄",储积。腐粟:腐烂之米。谓储积米之多而陈旧。

⑥廓清:澄清、肃清。

⑦画:谋划、计划。

⑧设:设立,建立。

⑨元光:汉武帝年号(前134—前129)。征和:汉武帝年号(前92—前89)。

⑩四五十载:原本作"四十五载",今据《艺文类聚》卷十二改。

⑪举:《全三国文》于"举"下有"盛"字。

⑫广汉:辽阔空旷。原本作"广漠",今据《艺文类聚》改。

⑬绝:跨越。梓岭:地名。

⑭封:筑坛祭天。狼居胥:古山名。

⑮姑峄：即姑衍。峄：《全三国文》作"幕"。上古本作"幕"。

⑯梁北河：为北河作桥梁。北河：黄河北经今宁夏回族自治区折向东流至阴山南麓，为河套，古称北河。

⑰观兵：检阅军队以示兵威。翰海：蒙古地区的大沙漠。

⑱刈：割取，此谓砍。单于：汉时匈奴称其君长为单于。

⑲剿：讨伐，此谓截断。阏氏：汉时匈奴王妻妾的称号，称母为母阏氏。

⑳探：寻求，摸取。窟：穴。

㉑扫：扫除，此谓铲除。五王：匈奴之邀濮王、稽且王、呼于屠王、折兰王、卢胡王。

㉒休屠、昆耶：休屠，匈奴的一个部落，其王都在今甘肃武威市北。昆耶，匈奴的一个部落，亦作"浑邪""混邪"。附：依附，顺服。

㉓祭天金人：金铸的佛像，祭天为主。

㉔名王：匈奴等少数民族的部族首领的称号。

㉕馘：截耳。古代战争中割取敌人左耳以计功曰"馘"。首虏：所获敌人的首级。

㉖败亡：《艺文类聚》作"散亡"。

㉗不暇：来不及。

㉘孕重：怀孕，此谓负重。堕殡：胎死。

㉙元封：汉武帝年号，前110—前105。

㉚躬执：亲自拿。

㉛告以天子自将：《史记·匈奴列传》："单于能，即前与汉战，天子自将兵待也。"

㉜惧：惊慌失措。两越：南越和东越。

㉝此句原本为"易彼符号可为威震匈奴矣"，意不明，今据《太平御览》卷八十八改。

交友论①

夫阴阳交②，万物成；君臣交，邦国治③；士庶交④，德行光⑤。同忧乐,共富贵,而友道备矣⑥。《易》曰:"上下交而其志同⑦。"由是观之⑧,交乃人伦之本务⑨,王道之大义⑩,非特士友之志也⑪。夷吾侈而鲍叔廉⑫,此其志不同也;张疏洁而陈遵污⑬,此其行不齐也⑭。

《白虎通》曰⑮:"朋友之道有四:近则正之⑯,远则称之⑰,乐则思之⑱,患则死之⑲。"扬子《法言》⑳:"朋而不心,面朋也;友而不心,面友也㉑。"《说苑》曰㉒:"魏文侯叹田子方曰㉓:'自友方也㉔,君臣益亲,百姓益附㉕,吾是以知友士之功焉。'"

【题解】

本文是曹丕谈论交友之道所作,认为善交友对个人和国家都是非常重要的。

【注释】

①严可均曰:"《初学记》十八引《魏文帝集论》,疑即《典论》之误。"《全三国文》作《交友论》,为严氏后加。

②阴阳:古代哲学概念。古代以阴阳解释万物的化生及其基源,凡天地、日月、昼夜、草木、虫鱼、鸟兽、男女,以至腑脏、气血皆分属阴阳。交:结合。

③邦国:国家。

④士庶:士人与庶民。

⑤光:光大。

⑥友道:交友的准则。备:具备。

⑦上下:指尊卑。

⑧是:原作"由",今据《全三国文》改。

⑨人伦:人与人的相互关系,道德准则。务:致力、从事。

⑩王道:谓先王所行的正道。

⑪特:但,只。士友:即朋友。

⑫夷吾：即管仲，名夷吾。鲍叔：即鲍叔牙，春秋时齐人。

⑬张疏洁而陈遵污：张疏、陈遵，都是西汉人。污，不清白。

⑭齐：同。

⑮《白虎通》：即《白虎通义》。东汉班固撰，四卷，记录汉章帝建初四年在白虎观议五经同异的结果。当时成篇者有《白虎通奏》《白虎通德论》，又命班固撰集成书，名《白虎通义》。晋以来省称《白虎通》。

⑯近：接近，亲近。正：纠正，使之正。

⑰远：疏远，离开。称：颂扬。

⑱乐：喜悦，此谓得意。思：想念。

⑲患：祸患。死：替死，此谓分担祸患。

⑳扬子：即扬雄，仿《易经》《论语》作《太玄》《法言》。

㉑这几句话意谓：朋友不交心、不知心，是表面上的朋友。

㉒《说苑》：汉刘向撰，二十卷，皆录可以为人取法的逸闻轶事。

㉓魏文侯：战国时魏国的建立者，名斯。叹：赞叹。田子方：战国时魏人，名无择，魏国的贤者。

㉔自友方：自从和田子方交好。友：用作动词，交友。

㉕附：依附。

酒诲①

酒以成礼，过则败德②，而流俗荒沉③，作《酒诲》。

孝灵之末④，朝政堕废⑤。群官司百⑥，并湎于酒⑦，贵戚尤甚⑧，斗酒至千钱⑨。中常侍张让子奉为太医令⑩，与人饮酒，辄掣引衣裳⑪，发露形体⑫，以为戏乐。将罢，又乱其舄履⑬，使大小差跱⑭，无不颠倒僵仆⑮，蹉跌手足⑯，因随而笑之。

洛阳令郭珍⑰，居财巨亿⑱。每暑夏招客⑲，侍婢数十，盛妆饰,被罗縠,袒裸其中⑳,使之进酒。

【题解】

当时中国正处战乱之时,粮食作物产量不高,于是曹操曾"表制禁酒",曹丕也写作此文,论述了酗酒的危害,以劝人适度饮酒,要形成良好的风气。

【注释】

①此文辑录于不同典籍,虽显得散乱,但其内容和主旨还是明确的,今统为一篇。

②成礼:使礼完备。败德:败坏道德。

③流俗:流行于社会上的风俗习惯。荒沉:过度。

④孝灵:即汉灵帝。

⑤堕废:毁废,腐败。

⑥群:原作"郡",据《全三国文》改。百司:即百官。

⑦湎于酒:沉迷于酒。

⑧贵戚:君主的内外亲族。

⑨至:同"值",价值。

⑩中常侍:皇帝的侍从官。张让:颍川人,汉桓帝时为小黄门,灵帝时为中常侍,封列侯。太医令:官名,掌医之政令。

⑪掣引:截断,拉扯。

⑫发露:显露。

⑬舄:重木底鞋,古时最尊贵的鞋,多为帝王大臣穿。

⑭差踦:失足,跛脚。此谓行动不便。

⑮僵仆:犹"偃卧",直挺挺地倒下。

⑯蹉跌:跌伤。

⑰洛阳:或作雒阳。郭珍:人名。

⑱居:屯聚。

⑲招客:请客。

⑳被:同"披"。袒裸:露胸。

　　荆州牧刘表,跨有南土①。子弟骄贵,并好酒,为三爵②:大曰伯雅,次曰中雅,小曰季雅。伯雅受七胜③,中雅受六胜,季雅受五胜。又设大针于杖端,客有酒醉寝地者④,辄以劓刺之⑤,验其醉醒⑥,是酷于赵敬侯以筩酒灌人也⑦。大驾都许⑧,使光禄大夫刘松⑨,北镇袁绍军。与绍子弟日共宴饮⑩。松尝以盛夏三伏之际,昼夜酣饮极醉,至于无知,云以避一时之暑。二方化之⑪,故南荆有三雅之爵⑫,河朔有避暑之饮⑬。

【注释】

①南土:南方地区、南方的土地,此指荆州。

②三爵:三个酒杯。下文"伯雅、中雅、季雅"为酒杯名。

③受:容量。胜:禁得起。一作"升"。

④寝地:睡在地上。

⑤劓:凿。

⑥验:检验。

⑦酷:一作"丑"。赵敬侯:战国赵烈侯之子,名章,与韩、魏共灭晋,分其地,在位十二年。

⑧大驾:指汉献帝。都:居。许:许昌。

⑨光禄大夫:官名,汉武帝时改战时所设立的中大夫为光禄大夫,执掌顾问应对。魏晋以后无定员,皆为加官及褒赠之官。

⑩绍子弟:指袁绍之子谭、熙、尚。

⑪二方:南方与北方。

⑫南荆:即荆州。

⑬河朔:泛指黄河以北的地区。

奸　谗

　　佞邪秽政①,爱恶败俗②。国有此二事,欲不危亡,不可得也。何进灭于吴匡、张璋;袁绍亡于审配、郭图;刘表昏于蔡瑁、张允。孔子曰:"佞人殆③。"信矣！古事已列于载籍④,聊复论此数子⑤,以为后之监诫⑥,作《奸谗》⑦。

　　中平之初⑧,大将军何进、弟车骑苗⑨,并开府⑩。近士吴匡、张璋,各以异端有宠于进⑪。而苗恶其为人。匡、璋毁苗而称进,进闻而嘉之,以为一于己。后灵帝崩,进为宦者韩悝等所害。匡、璋忌苗,遂劫进之众,杀苗于北阙⑫,而何氏灭矣。昔郑昭公杀于渠弥⑬,鲁隐公死于羽父⑭,苗也能无及于此乎！夫忠臣之事主也,尊其父以重其子,奉其兄以敬其弟,故曰:爱其人者,及其屋乌⑮。况乎骨肉之间哉！而进独何嘉焉？

【题解】

　　东汉末年,曹丕在立为太子之前与他的兄弟曹植有过竞争,而曹植身边的一些大臣对此事也有很大影响,曹丕从此事出发,写作此文,以汉末何进、袁绍、刘表生前亲小人远贤臣而导致死后家族灭亡之事,说明要分辨是非,严防奸邪之徒在内部作乱。

【注释】

①佞邪:奸邪。秽政:污浊的政治。

②爱恶:好恶。

③殆:危险。

④载籍:书籍。

⑤聊:姑且。数子:数人,指上述何进等人。

⑥监诫:即"鉴诫",借鉴,告诫。

⑦奸谗:邪恶不正的谗言。

⑧中平:东汉灵帝刘宏年号。

⑨弟车骑苗:何进的弟弟何苗任车骑将军。

⑩开府:古代高级官吏设置府署的制度。汉代三公可开府,置属官,将军亦有开府者。

⑪异端:不合正统。

⑫北阙:古代宫殿北门面的门轴。

⑬郑昭公杀于渠弥:谓郑昭公被渠弥所杀。

⑭鲁隐公:名息姑,伯禽七世孙。

⑮爱其人者,及其屋乌:即"爱屋及乌"。爱其人而推爱及于与之有关的人或物。

　　袁绍之子,谭长而慧①,尚少而美。绍妻爱尚,数称其才。绍亦雅奇其貌,欲以为后②。未显而绍死③。别驾审配④,护军逢纪⑤,宿以骄侈不为谭所善⑥,于是外顺绍妻,内虑私害⑦,矫绍之遗命⑧,奉尚为嗣。颍川郭图、辛评,与配、纪有隙⑨,惧有后患,相与依谭。盛陈嫡长之义⑩,激以绌降之辱⑪,劝其为乱。而谭亦素有意焉。与尚亲振干戈⑫,欲相屠裂⑬。王师承天人之符应⑭,以席卷乎河朔⑮,遂走尚枭谭,禽配馘图⑯。二子既灭,臣无余⑰。绍遇因运,得收英雄之谋,假士民之力,东苞巨海之实,西举全晋之地⑱,南阻白渠黄河,北有劲弓胡马⑲,地方二千里,众数十万,可谓威矣!当此之时,无敌于天下,视霸王易于覆手⑳,而不能抑遏愚妻,显别嫡庶,婉恋私爱,宠子以貌。其后败绩丧师,身以疾死。邪臣饰奸,二子相

250

屠。坟土未干,而宗庙为墟,其误至矣!

【注释】

①长:排行第一。

②后:继承人。

③显:显露,明确。指立袁尚为继承人的事还没最后定。

④别驾:官名,汉制为州刺史的佐吏,因随刺史出巡时另乘驿车,故名。

⑤护军:官名。逢纪:字元图,南阳人。东汉末年袁绍部下谋臣,建安七年,袁绍去世,逢纪、审配私下改袁绍遗命,立袁尚继位。袁谭不能继位,自称车骑将军,屯黎阳。袁尚不多给袁谭兵,并使逢纪随之。袁谭要求配兵为审配拒绝,一怒之下杀了逢纪。

⑥宿:早。

⑦私害:个人的利害。

⑧矫:假托。遗命:临终之命。

⑨隙:怨恨,纷争。

⑩盛:程度深,极。嫡长:封建制度规定,长子为后嗣。

⑪绌降:贬降。

⑫振:挥动。

⑬屠裂:残杀而闹分裂。

⑭王师:谓曹操所统率的军队。天人:天与人。符应:古代相信所谓天降的祥瑞与人事相应叫符应。

⑮席卷:有如卷席,谓全部占有。河朔:黄河以北地区。

⑯走:赶走。枭:悬头示众。禽:同"擒",捉住。馘:截耳,此指斩杀。

⑰余:《全三国文》注此"句有脱文"。

⑱苞:同"包"。巨海:大海。举:占领。晋:今山西、河北南部和陕西中部等地。

⑲白渠:汉代关中平原的人工灌溉渠道,在陕西三原县西北。劲弓:强有力的弓弩。胡马:胡地的马,谓良马。

⑳霸王：成霸王之业。覆手：反复其手，形容很容易。

　　刘表长子曰琦，表始爱之，称其类己①。久之，为少子琮纳后妻蔡氏之侄②，至蔡氏有宠。其弟蔡瑁、表甥张允，并幸于表③。惮琦之长，欲图毁之④。而琮日睦于蔡氏，允、瑁为之先后⑤。琮之有善，虽小必闻⑥；有过，虽大必蔽。蔡氏称美于内，瑁、允叹德于外⑦。表日然之⑧。而琦益疏矣，出为江夏太守，监兵于外⑨。瑁、允阴司其过阙⑩，随而毁之。美无显而不掩，阙无微而不露。于是表忿怒之色日发，诮让之书日至⑪，而琮坚为嗣矣⑫。故曰容刀生于身疏，积爱出于近习⑬，岂谓是邪？昔泄柳、申详，无人乎穆公之侧，则不能安其身⑭。君臣则然，父子亦犹是乎？后表疾病，琦归省疾⑮。琦素慈孝，瑁、允恐其见表，父子相感，更有托后之意。谓曰："将军命君抚临江夏，为国东藩，其任至重，今释众而来⑯，必见谴怒，伤亲之欢心，以增其疾，非孝敬也。"遂遏于户外⑰，使不得见，琦流涕而去，士民闻而伤焉。虽易牙杜宫，竖牛虚器⑱，何以加此！琦岂忘晨凫北犬之献乎⑲？隔户牖而不达，何言千里之中山⑳。嗟乎！父子之间，何至是也！

【注释】

　①类己：像自己。

　②纳：娶。

　③幸：宠幸。

　④图：图谋。毁：诽谤，讲别人的坏话。

　⑤日睦：天天亲近。先后：犹左右。谓蔡瑁、张允在蔡氏身边伺候奉承。

⑥必闻:原作"各闻",今据《全三国文》改。

⑦内:指内室。谓蔡氏在刘表面前称赞刘琮。叹德:赞叹德行。外:与"内"相对而言。

⑧日然之:一天天地这样。

⑨疏:疏远。江夏:郡名。监兵:统兵。

⑩阴司:暗中侦察。司:侦察。阙:缺点、过错。

⑪发:表现,显露。诮让:谴责。

⑫坚:坚定。

⑬容刀:佩刀。指互相残杀。身疏:身体的疏远。近习:亲近。

⑭"昔泄柳、申详"三句:语出《孟子·公孙丑》下。泄柳:春秋鲁国人,字子柳。鲁缪公闻其贤,往见之,柳初闭门不纳,后仕缪公为臣。申详:孔子弟子子张的儿子,子游的女婿。

⑮疾病:病重。省:探视。

⑯抚临:安抚,坐镇。藩:屏障。释:弃。

⑰遏:阻止。户:门。

⑱易牙:春秋齐桓公幸臣,雍人,名巫,亦称雍巫。长调味,善逢迎。传说曾烹其子以进桓公。管仲死,与竖刁、开方专权。桓公死,易牙与竖刁杀害群吏立公子无亏,齐遂大乱。杜宫:堵塞宫门。竖牛:春秋鲁卿叔孙豹之子。器:食具。

⑲晨凫:野鸭。北犬:猎犬。

⑳中山:春秋战国时的一个小国,在今河北正定东北。

　　表卒,琮竟嗣立,以侯与琦①。琦怒投印,伪辞奔丧,内有讨瑁、允之意。会王师已临其郊,琮举州请罪②,琦遂奔于江南③。昔伊戾、费忌④,以无宠而作谗;江充焚丰⑤,以负罪而造蛊。高、斯之诈也贪权⑥;躬、宠之罔也欲贵⑦,皆近取乎骨肉之间,以成其凶逆。悲夫!

【注释】

①侯：古代五等爵位的第二等。《礼记·王制》："王者之制禄爵，公、侯、伯、子、男，凡五等。"

②举州请罪：谓以荆州降曹。

③江南：湖北的南部和湖南、江西一带。

④伊戾：春秋宋寺人惠墙伊戾向宋公诬告太子痤勾结楚国，将作乱。宋公囚痤，缢死。后来知痤无罪，乃烹伊戾。费忌：即费无极，楚国人。专门挑拨生事，把太子的师傅伍奢害死，结果造成吴灭楚的大祸。

⑤江充：汉邯郸人，字次清，本名齐，因畏罪逃亡，改名充。

⑥高、斯：指秦国的赵高和李斯。

⑦躬、宠：息夫躬和孙宠，汉哀帝时大臣。

匡、璋、配、图、珝、允之徒，固未足多怪。以后监前①，无不烹菹夷灭，为百世戮诋②。然犹昧于一往者，奸利之心笃也③。其谁离父子，隔昆弟④。成奸于朝，制事于须臾⑤，皆缘匡隙以措意，托气应以发事⑥。挟宜愠之成画，投必忿之常心⑦。势如憞怒，应若发机⑧。虽在圣智，不能自免，况乎中材之人⑨？若夫爰盎之谏淮南，田叔之救梁孝，杜邺之绐二王，安国之和两主，仓唐之称《诗》，史丹之引过，周昌犯色以庭争，叔孙切谏以陈诚，三老抗疏以理冤，千秋托灵以寤主⑩。彼数公者，或显德于前朝，或扬声于上世⑪，或累迁而登相⑫，或受金于帝室⑬。其言既酬，福亦随之。斯可谓善处骨肉之间矣！

【注释】

①监：借鉴。

②烹：古代用鼎镬煮人的酷刑。菹：古代酷刑，把人剁成肉酱。夷灭：

消灭。戮诋:惩罚,耻笑。

③奸利:用不正当的手段取得利益。

④昆:兄。

⑤成奸于朝:谓奸事在极短的时间内成功。朝:早晨。制事:制造事端。

⑥缘:沿着。厓隙:水边或山边的空隙,此谓父子、兄弟之间的小小间隙。措意:施行意图。气:气色。谓父子、兄弟之间所流露出的感情、气色。

⑦挟:藏着,怀着。愠:怨恨。画:计划、计策。

⑧憞怒:愤怒。憞:怨恨。发机:拨动弩牙,言其疾。

⑨圣智:上智。中材:平庸之才。

⑩爰盎:即袁盎。汉楚人,字丝,父役居安陵。田叔:赵陉城人。为人廉直,喜任侠,官拜郡守、诸侯相。杜邺:字子夏,本魏郡繁阳人,武帝时迁徙茂陵,敢于直言。绐:欺骗,此谓轻视、讽刺。二王:指哀帝祖母傅太后同母弟子阳信侯郑业和帝舅阳安侯丁明。安国:即韩安国,字长孺。仓唐之称《诗》:魏文侯废太子击,立击弟诉,封击于中山,三年不往来。赵仓唐进大雁于文侯,应对以礼,文侯感悟,废诉而召立击,父子更亲。史丹:字君达。汉元帝时为驸马都尉侍中。周昌:汉沛人。从刘邦起兵破秦,为中尉。刘邦即帝位,为御史大夫,封汾阴侯。犯色:冒犯汉高祖的威严。叔孙:叔孙通,汉高祖时为博士。三老:古时掌教化的乡官。此指西汉时上党县壶关的三老之人。千秋:即田千秋,亦称车千秋,汉长陵人,汉武帝时为高寝郎。昭帝时,因年老特许乘小车入朝,因称车千秋。

⑪上世:上代。

⑫登:升。指田千秋升任丞相。

⑬受金:指叔孙通受到皇帝奖赏。

内　诫

三代之亡,由乎妇人①。故《诗》刺艳妻②,《书》诫哲妇③,

255

斯已著在篇籍矣。近事之若此者众④。或在布衣细人⑤,其失不足以败政乱俗⑥。至于二袁⑦,过窃声名⑧。一世豪士⑨,而术以之失,绍以之灭⑩。斯有国者所宜慎也⑪。是以录之,庶以为诫于后⑫,作《内诫》。

古之有国有家者,无不患贵臣擅朝⑬,宠妻专室⑭。故女无美恶,入宫见妒;士无贤愚,入朝见嫉。夫宠幸之欲,专爱擅权⑮,其来尚矣⑯!然莫不恭慎于明世⑰,而恣睢于暗时者⑱,度主以行志也⑲。

【题解】

内诫,是古代社会为规范家中妇女言行所作的训诫之文。曹丕此文根据历史上妇人干政导致祸乱的诸多事迹,认为要吸取历史的教训,禁止妇人干政。

【注释】

①三代:指夏、商、周。古人多说夏桀亡于妹喜,商纣亡于妲己,周幽亡于褒姒。

②《诗》刺艳妻:《诗经·小雅·正月》:"赫赫宗周,褒姒灭之。"《诗经·大雅·瞻卬》也细数了褒姒的罪过。刺:批评。艳:妖艳。妻:原作"女",今据《全三国文》改。

③《书》诫哲妇:《诗经·大雅·瞻卬》:"哲夫成城,哲妇倾城。"哲妇:多谋虑的妇女。《意林》作"晨妇"。

④近:指离曹丕时代较近的时期。

⑤布衣:平民。细人:地位卑微的人。

⑥败政乱俗:败坏政治,扰乱风俗。

⑦二袁:指袁绍、袁术。

⑧过窃:过分窃据。

⑨豪士:豪放任侠之士。

⑩术以之失,绍以之灭:指袁绍、袁术为后宫妇人的原因而失败。

⑪国:古代帝王封某人为某公或某王时,划出几郡或几县作为王、公的属土,称之为国。

⑫庶:庶几,表示希望。

⑬贵臣:显贵的臣子。擅朝:独揽朝政。

⑭专室:小屋。此谓爱妻所受到的宠遇。

⑮宠幸:宠爱。擅权:独揽大权。

⑯尚:同"上"。

⑰恭慎:恭敬谨慎。明世:清明的时代。

⑱恣睢:狂妄凶暴貌。暗时:黑暗时。一作"闲时"。

⑲度:揣测,考虑。行志:施行心计。

故龙阳临钓而泣,以塞美人之路①;郑袖伪隆其爱,以残魏女之貌②。司隶冯方之女,国色也③,世乱避地扬州④。袁术登城,见而悦之,遂纳焉,甚爱幸之。诸妇害其宠⑤,绐言将军以贵人有志节⑥,但见时宜数涕泣⑦,示忧愁也。若如此⑧,必长见敬重。冯氏女以为然,后每见术辄垂涕⑨。术果以为有心志,益宠之⑩。诸妇因是共绞杀,悬之于厕梁⑪,言其哀怨自杀⑫。术诚以为不得志而死,厚加殡敛⑬。

【注释】

①龙阳临钓而泣,以塞美人之路:龙阳:战国时魏有宠臣食邑龙阳,号龙阳君。事见《战国策·魏策》。

②郑袖伪隆其爱,以残魏女之貌:郑袖:楚王宠妃。隆:隆盛。残:残害,陷害。郑袖为了巩固自己的地位,耍尽手段,陷害魏美人。事见《战国策·楚策》。

③司隶:即司隶校尉,管理京都一带的地方官,相当于州刺史,有权览察京中官吏的不法行为。国色:姿容极其美丽的女子。

④扬州:为汉十三刺史部之一。东汉为广陵郡,治历阳,或寿春,或曲阿。

⑤悦:或作"怡"。诸妇:指袁术的其他妻妾。害:害怕,担心。

⑥给言:谎言。给:欺骗。以:原无此字,今据《全三国文》补。贵人:女官名,此指冯方之女。

⑦见:原作"当",今据《全三国文》改。宜数:原无此二字,今据《全三国文》补。涕泣:或作"泣"。

⑧若如此:原无此三字,今据《全三国文》补。

⑨每:原无此字,今据《全三国文》补。垂涕:流涕。

⑩益:更加。宠:原作"哀",今据《意林》改。

⑪绞杀:缢死。杀:原缺,今据《全三国文》补。厕:一作"庙"。

⑫其哀怨:原缺,今据《全三国文》补。哀怨:或作"哀愁"。

⑬殡殓:入殓和停枢。

袁绍妻刘氏甚妒忌。绍死,僵尸未殡①,宠妾五人,妻尽杀之②。以为死者有知,当复见绍于地下③。乃髡头墨面④,以毁其形。追妒亡魂,戮及死人⑤,恶妇之为,一至是哉!其少子尚⑥,又为尽杀死者之家。媚说恶母⑦,蔑死先父⑧,行暴逆⑨,忘大义,灭其宜矣⑩!绍听顺妻意,欲以尚为嗣,又不时决定⑪。身死而二子争国⑫,举宗涂地⑬,社稷为墟。上定冀州屯邺⑭,舍绍之第⑮。余亲涉其庭,登其堂,游其阁,寝其房⑯。栋宇未堕,陛除自若⑰,忽然而他姓处之。绍虽蔽乎⑱,亦由恶妇!

上洛都尉王琰,获高干⑲,以功封侯,其妻哭于室,以为琰富贵⑳,将更娶妾媵,而夺己爱故也。

①僵尸:尸体。殡:埋葬。

②妻:指袁绍妻子刘氏。

③于地下:原缺,今据《全三国文》补。

④髡头:剃去头发。墨面:弄脏脸。

⑤戮:侮辱。

⑥少子尚:袁绍小儿子袁尚。

⑦媚:原作"嫔",据《全三国文》"旧校云,嫔疑媚"改。恶:或作"其"。

⑧蔑死:轻视至极。先父:亡父,指袁绍。

⑨暴逆:凶暴逆施。

⑩灭其宜矣:犹言"罪有应得"。

⑪不时决定:不及时决定。

⑫二子争国:袁绍死后,少子袁尚和长子袁谭展开争夺继承权的斗争。

⑬举宗:整个袁氏宗族。涂地:比喻败坏到不可收拾的地步。

⑭上:指曹操。屯:驻。邺:邺城。

⑮舍:宿。第:宅第。或作"地"。

⑯寝:睡。

⑰栋宇:房屋。堕:毁坏。陛除:殿坛。陛:殿坛之台阶,此指殿。除:坛。

⑱蔽:蒙蔽。

⑲上洛:地名,亦作"上雒",地在今陕西商州。都尉:官名。王琰:人名。高干:袁绍外甥,并州刺史。

⑳富贵:或作"官贵"。

诫 子①

父母于子,虽肝肠腐烂为其掩避②,不欲使乡党士友闻其罪过③。然行之不改,久久人自知之。用此任官④,不亦难乎!

【题解】

这是《典论》中的一篇,内容是从父母的角度训诫子女,子女应该严于律己,父母也不应该一味包庇子女的错误。

【注释】

①此文《太平御览》四百五十九引。

②腐烂:指父母为子女费尽心血,甚至肝破肠断。掩避:即掩蔽,为子女护短。

③乡党:乡族朋友。士友:官场上的朋友。士:官吏。

④任官:担任官职。

太 子①

余蒙隆宠②,忝当上嗣③。忧惶踧踖④,上书自陈。欲繁辞博称⑤,则父子之间不文也⑥;欲略言直说,则喜惧之心不达也⑦。里语曰⑧:"汝无自誉⑨,观汝作家书⑩。"言其难也。

【题解】

此文论述的是作为太子,应该有合乎规范的言行。

【注释】

①《意林》卷五题作《太子篇序》。《全三国文》卷八题作《太子》。

②蒙:敬词,承蒙。隆宠:指皇帝的厚爱。

③忝:愧。上嗣:古代君主的嫡长子,此谓太子。

④忧惶:忧虑惶恐。踧踖:局促不安。

⑤繁辞:繁多的言辞。博称:广泛的称引、言说。

⑥文:文饰。

⑦喜惧之心:既高兴又恐惧的心情。喜:被立为太子之喜悦。惧:唯恐不能称职之忧惧。达:表达。

⑧里语:俚语、俗话。

⑨自誉:自己称赞自己。

⑩家书:家人来往之书信。

论郤俭等事^①

夫生之必死,成之必败,天地所不能变,圣贤所不能免②。然而惑者望乘风云③,与螭龙共驾④,适不死之国⑤,国即丹溪⑥。其人浮游列缺⑦,翱翔倒景⑧,饥餐琼蕊⑨,渴饮飞泉⑩。然死者相袭⑪,丘垄相望⑫。逝者莫反⑬,潜者莫形⑭,足以觉也⑮。

然人形性,同于庶类⑯。劳则早毙,逸则晚死⑰。

淳于意诊赵章⑱,谓其命在五日,后至七日乃死。章嗜粥,内脏充实,故得延日也⑲。

【题解】

郤俭,是建安时期的方士。此文由五段组成,散见于各典籍中,清严可均《全三国文》题之为《论郤俭等事》,今从之。其主旨与《典论·论方术》相同,也是指出方术有欺骗之处,不可信任。

【注释】

①《全三国文》将《典论·论方术》并入此文之"淳于意诊赵章"段之后。

②"夫生之必死"四句:意谓生死、成败不可改变。

③惑者：疑惑的人。望：期望。

④螭龙：传说中无角的龙。

⑤适：去、到。

⑥丹溪：神话中的地名。

⑦浮游：漫游。列缺：高空。

⑧倒景：道家指天上最高处。景：同"影"。

⑨琼蕊：古代传说中琼树的花蕊，似玉屑。

⑩飞泉：喷泉。

⑪袭：继承。此谓死者一个接一个。

⑫丘垄：坟墓。

⑬逝者：去丹溪国的人。反：同"返"。

⑭潜者：潜逃的人。形：形迹。

⑮觉：醒悟。

⑯形性：形状、性格。庶类：众多的物类。

⑰劳：疲劳。毙：死。

⑱淳于意：人名，西汉初齐临淄（今山东淄博东北）人，姓淳于，名意。淳于意曾任齐太仓令，精医道，辨证审脉，治病多验。曾从公孙光学医，并从公乘阳庆学黄帝、扁鹊脉书。后因故获罪当刑，其女缇萦上书文帝，愿以身代，得免。《史记》记载了他的二十五例医案，称为"诊籍"，是中国现存最早的病史记录。赵章：病者。

⑲得：一作"能"。也：一作"矣"。

　　陈思王《辩道论》云①："世有方士②，吾王悉招致之③。甘陵有甘始，庐江有左慈，阳城有郄俭。始能行气，俭善辟谷④，悉号三百岁人。自王与太子及余之兄弟，咸以为调笑，不全信之⑤。然尝试郄俭辟谷百日，犹与寝处，行步起居自若也⑥。夫人不食七日则死，而俭乃能如是⑦。左慈修房中之术，差可以终命。然非有志至精，莫能行也。甘始老而少容⑧，自诸术士咸共归之。王令郤孟节主领诸人⑨。"

一说皇甫隆遇青牛道士⑩，姓封，名君达。其余《养性法》，即可放用⑪。大略云："体欲尝少劳，无过虚⑫；食去肥浓，节酸咸⑬；灭思虑，损喜怒⑭；除驰逐，慎房室施写⑮。秋冬闭藏⑯，详别篇。"武帝行之有效⑰。

【注释】

①陈思王：曹植。曹丕在世时曹植未被称作陈思王，此疑后人改窜。《辩道论》：是曹植论述方士虚伪的文章。

②方士：炼制丹药以求得道成仙的术士。

③吾王：指曹操。

④始能行气：曹植《辩道论》作"始能行气道引"。俭：或作"郤"，指郤俭。

⑤王：指曹操。与：或作"及"。太子：指曹丕。调笑：嘲戏取笑。不全信之：曹植文作"不信之矣"。

⑥百日：或作"事"。与：或作"有"。自若：自如。

⑦乃：竟。

⑧少容：犹言"童颜"。

⑨咸共：或作"共"。孟节：郤俭的字。诸人：其余的人。

⑩皇甫隆：当时的一个高寿者。青牛道士：汉末方士封君达之别号。

⑪余：遗留，遗存。养性法：涵养本性的方法。放用：仿效。放：同"仿"。

⑫体欲：人之欲望。过虚：过度空虚。

⑬肥浓：油脂过多的食物。节：节制，控制。

⑭思虑：思索，考虑。损：丧失，此谓抛弃。

⑮驰逐：追逐，此指射猎。施写：即房中术。施：施行。写：同"泻"，排除。

⑯闭藏：收藏，闭塞。

⑰武帝:指曹操。

　　王仲统①云:"甘始、左元放、东郭延年行容成御妇人法②,并为丞相所录问③。行其术,亦得其验。"降就道士刘景④受云母九子丸方,年三百岁,莫知所在。"武帝恒御此药⑤,亦云有验。刘德治淮南王狱⑥,得枕中鸿宝苑秘书⑦。及子向⑧,咸共奇之,信黄白之术可成⑨,谓神仙之道可致。卒亦无验,乃以罹罪也。刘根⑩不觉饥渴,或谓能忍盈虚⑪。王仲⑫都当盛夏之月,十炉火炙之不热。当严冬之时,裸之而不寒。桓君山⑬以为性耐寒暑。君山以无仙道,好奇者为之,前者已述焉。

【注释】

①王仲统:《全三国文》注:"此有脱落,据《博物志》下文是'东阿王及仲长统也'。"东阿王:即曹植。仲长统:东汉山阳高平人,字公理,著有《昌言》。或言"东阿"当为"东海"之误。

②左元放:即左慈,字元放。东郭延年:字公游。当时的方术之士。容成:方士,即《后汉书·方术传》中所称"容成公"。御妇人法:房中之术法。

③丞相:指曹操。录问:采纳。

④降就道士:即"方士"。降就:是道士的号。刘景:当时的方士。

⑤武帝:指曹操。恒御:经常服用。

⑥刘德:刘向的父亲。淮南王:指淮南王刘安。元狩元年,有人告刘安谋反,下狱自杀。

⑦枕中鸿宝苑秘书:道术书篇名,《汉书·刘向传》:"上复兴神仙方术之事,而淮南有枕中鸿宝苑秘书,书言神仙使鬼物为金之术。"

⑧子向:刘德的儿子刘向。

⑨黄白之术:道家所谓炼丹化成金银的法术。

⑩刘根:颍川人,隐居嵩山中,当时的方术之士。

⑪盈虚:满与空。

⑫王仲:指东阿王曹植和仲长统。

⑬桓君山:桓谭,字君山,王莽时为典乐大夫。光武即位为给事中,是当时排斥谶纬的著名学者。著有《新论》二十九篇。

论太宗①

文帝慈孝②,宽仁弘厚③,躬修玄默④,以俭率下⑤,奉生送终⑥,事从约省⑦。美声塞于宇宙⑧,仁风畅于四海⑨。

文帝思贤甚于饥渴⑩,用人速于顺流⑪。

【题解】

太宗是汉文帝的庙号。曹丕谈论汉文帝的文字有三段。前文《汉文帝论》为张溥所辑,此二段为严可均所辑。但从内容看,三段文字都是论述汉文帝的宽仁弘厚,或本文一篇而散出。

【注释】

①太宗:汉文帝庙号。

②慈孝:孝敬父母。

③宽仁:宽厚仁爱。

④躬修:即修身,修养身心。玄默:沉静无为。

⑤俭:俭约。率下:做下属的榜样。率:楷模。

⑥奉生送终:"奉""送"意同,谓遵循此道一直到终。

⑦约省:节俭。

⑧美声:美名。塞:充满。

⑨仁风:仁德。以上据《太平御览》卷八十八引《典论》。

⑩思:《北堂书钞》作"急"。

⑪速:急速。顺流:谓用人如流动的水。

典论佚文

其　一①

尧崩,舜避尧子于南河之南②;舜崩,禹避舜子于阳城③;禹崩,益避禹子于箕山之阴④。

【题解】

以下十五条类书引用时皆题《典论》,而未标明具体篇目,所以总题其为"典论佚文"。

【注释】

①此节《意林》卷五引,题作《典论》。

②尧子:指丹朱。南河:黄河。黄河在尧都城南面,故曰"南河"。相传舜避尧子丹朱于河南面之偃朱城。

③舜子:指商均。阳城:在今河南登封境内。

④益:即伯益,舜时东夷部落的首领,相传助禹治水有功。禹子:大禹的儿子启。

其　二①

如彼登山,乃勤以求高②;如彼浮川③,乃勤以求远。惟心弗勤,时亦靡克④。

【注释】

①此节《意林》卷五引,题作《典论》。

②勤:尽力,努力。

③浮川:渡河。

④时:时间。靡:无。克:战胜。

其　　三①

应场云②:"人生固有仁心③。"答曰:"在亲曰孝④,施物曰仁。仁者,有事之实名,非无事之虚称⑤。善者,道之母⑥,群行之主⑦。"

【注释】

①此节《意林》卷五引,题作《典论》。

②应场:字德琏,东汉汝南南顿(今河南项城南顿镇)人。东汉末文学家,"建安七子"之一。

③固:本来。

④亲:指父母。

⑤虚称:空虚的称呼。

⑥善:善良,即仁爱。道:道德。母:根源。

⑦群行之主:众人行动的根本。群:众。主:事物的根本。

其　　四①

桓、灵之际②,阉寺专命于上③,布衣横议于下④。干禄者殚货以奉贵⑤,要名者倾身以事势⑥。位成乎私门⑦,名定乎横巷⑧。由是户异议,人殊论。论无常检⑨,事无定价⑩。长爱恶⑪,兴朋党⑫。

【注释】

①此节《意林》卷五引,题作《典论》。

②桓、灵:即汉桓帝与汉灵帝。

③阉寺:太监、宦官。专命:不待请命而行事。上:指朝廷。

④布衣:平民。横议:随心所欲地议论。下:下层。

⑤干禄:求官。殚货:竭尽全部财货。

⑥要名者:求名的人。倾身:竭尽身心。事势:奉事权势。

⑦位:地位。私门:权豪之门。

⑧横巷:恃势妄为的宦官。巷:即巷伯,指阉官太监。因居于宫巷,掌管内事,故称。

⑨常检:规定的检验常规。

⑩定价:规定的价格。此谓定论,即确定不移的原则或结论。

⑪长:滋长。爱恶:即"好恶"。

⑫兴:兴起,建立。朋党:排除异己的宗派集团。

其　　五①

夷吾侈而鲍叔廉,此其志不同也;张竦洁而陈遵污,此其行不齐也。主与民有三求②:求其为己劳③,求其为己死,求其为己生。

【注释】

①此节《意林》卷五引,题作《典论》。

②主:国君。与:对于。

③劳:服务。

其　　六①

法者,主之柄②;吏者,民之命③。法欲简而明④,吏欲公而平⑤。

【注释】

①此节《意林》卷五引,题作《典论》。

②主:人主,国君。柄:权柄。

③命:性命。此句谓:官吏掌握着人民的生命。

④简而明:简洁、明晰。

⑤公而平:公正、公平。

其　七①

天下无切玉之刀,火浣之布②。

【注释】

①此二句《抱朴子·论仙篇》所引。

②浣:洗涤。

其　八①

火性酷烈②,无含生之气③。

【注释】

①此二句《搜神记》卷十三引。

②酷烈:残暴。

③含生:指有生命的。

其　九①

火尚能铄石销金②,何为不烧其布?

【注释】

①此二句《法苑珠林》卷四十七引。

②铄石销金:熔化金石。

其　十①

汝南许劭②,与族兄靖③,俱避地江东④,保吴郡⑤。争论于太守许贡坐⑥,至于手足相及⑦。

【注释】

①此节《太平御览》卷九百九十六引。

269

②汝南：郡名，汉高帝四年置，治所在上蔡，东汉移治平舆。

③族兄：同族之兄。靖：许靖。

④江东：指长江下游的南部地区。

⑤保：保有。吴郡：地名，约今长江以南全部，及长江以北之南通、海门诸地。

⑥论：或作"议"。太守：官名。秦设郡守，汉景帝时更名太守。许贡：人名。一作"许亥"。

⑦相及：相加，动手脚。

十　一①

欲得二女充备六宫②，佐宣阴阳③，聿修古义④。

【注释】

①此节《文选》卷四百一十九范蔚宗《后汉书·皇后传论》李善注引《典论》。

②二女：指献帝之二女。

③佐宣：佐助疏通。阴阳：指夫妻化育。

④聿：助词，用于句首或句中。修：遵循。古义：古训。

十　二①

君子谨乎约己②，弘乎接物③。

【注释】

①此二句见《文选》陆士龙《大将军宴会诗》注。

②君子：有才德的人。谨乎约己：管束自己要严格谨慎。

③弘乎接物：待人接物要有恢宏气度、博大胸怀。弘：弘大、博大。

十　三①

北海、郑玄②，学之渊府③。

【注释】

①此二句《北堂书钞》卷九十七引《魏文帝集》。

②北海、郑玄：即孔融和郑玄。孔融：字文举，东汉鲁人，献帝时为北海相，故称孔北海。郑玄：字康成，东汉高密人，著名的经学家。

③渊府：深博的藏书处。这里比喻学识渊博。

十　四①

结绳而治②。

【注释】

①此句见《北堂书钞》卷十五引《魏文帝集》。

②结绳而治：《易·系辞》："上古结绳而治，后世圣人易之以书契。"结绳：文字产生以前的一种记事方法。

十　五①

逾长城之阻②，登单于之台③。

【注释】

①此二句为《北堂书钞》卷十三所引。

②逾：越过。阻：障碍。

③单于台：地名。《汉书·武帝纪》元封元年："出长城，北登单于台。"《资治通鉴》注引杜佑云：单于台在云州云中县西北百余里。云中：今山西大同市。

失　题

其　一①

博览群书。

以下八条皆从类书引文中辑出，无所归属，所以总题"失题"。

【注释】

①《北堂书钞》卷十二引《魏文帝集》。

其　二①

源静则流清，本正则末茂，内修则外理，形端则影直。天生君子，所以治小人；天生小人，所以奉君子。无君子则无以畜小人②，无小人则无以养君子。

【注释】

①《意林》卷五引。

②畜：同"蓄"，养。

其　三①

人皆易华岳以谓卑小②，故登之而摧③；伤天以谓高大④，故不升而无殃⑤。

【注释】

①《意林》卷五引。

②华岳：高大的山。

③摧：谓丧命。

④伤：感伤。

⑤殃：祸殃。

其　四①

古有弟子病，师数往看之②。师至，弟子辄起③，因劳而致死。师非不仁，弟子非无礼，伤于数也。

【注释】

①《意林》卷五引。

②数：多次。

③辄：总是、就。

其　五①

薄冰当白日②，聚毛过猛火③，虽欲远害④，其势不可。

【注释】

①《意林》卷五引。

②当：面对。

③过：穿过。

④远：远离。

其　六①

蓼虫在蓼则生②，在芥则死③。非蓼善而芥贼，失于本不可也。

【注释】

①《意林》卷五引。

②蓼：草本植物，叶味辛香，古代用为调味品，亦可入药。

③芥：蔬菜名，叶辛辣，将芥子研磨成末后，可用调味或入药。

其　七①

谚曰②：己是而彼非，不当与非争；彼是而己非，不当与是争。

【注释】

①《意林》卷五引。

②谚曰:常言说、俗话说。

其　八①

仲尼无契于天下而德著古今②,善恶明也。镜照丑好而人不怨,法明善而人不恨。

【注释】

①此节《意林》卷五引。

②仲尼:即孔子,字仲尼。契:相合。著:显著。

佚句四则

其　一①

录人一善则无弃人②,采材一用则无弃材。

【题解】

以下四条皆从类书引文中辑出,无所归属,所以总题"佚句四则"。

【注释】

①《意林》卷五引。

②善:优点。

其　二①

鼎以希出而世重之②,釜锜常用而世轻之③。

【注释】

①《意林》卷五引。

②希:稀少、罕见。重:重视、看重。

③釜:炊具。铠:温器,似锅,三足。轻:轻视。

其 三①

君子表不隐里②,明暗同度③。

【注释】

①《意林》卷五引。

②隐:遮蔽、掩盖。

③度:标准。

其 四①

苦穷,富贵之梯阶②。

【注释】

①《意林》卷五引。

②梯阶:梯子与台阶,比喻上升的凭借。

议

田畴辞封议^①

　　昔蘧敖逃禄^②,传载其美,所以激浊世^③,励贪夫^④,贤于尸禄素餐之人也^⑤。故可得而小,不可得而毁^⑥。至于田畴,方斯近矣^⑦。免官加刑,于法为重。

【题解】

　　田畴(169—214),字子泰,右北平无终(今河北玉田人,现玉田县为古无终国)人,东汉末年隐士。好读书。初为幽州牧刘虞从事。建安十二年(207)曹操北征乌丸时投曹操,任司空户曹掾。因为向导平定乌丸有功,封亭侯,不受。后从征荆州,有功,以前爵封之,仍不受,拜为议郎。建安十九年(214)卒,年四十六。有司认为田畴不接受皇帝的封赏,是狷公违道,应该免官加刑。曹丕写此文,认为他的美德可以给世人榜样,不宜夺其节,如果给他免官加刑则太过了,不可行。

【注释】

　　①《全三国文》题作《有司劾田畴不受封宜免加刑议》。

　　②蘧敖:即孙叔敖,春秋时楚人。相传三任令尹而不喜,三次去职而不悔,事见《左传》宣公十一年、十二年。

　　③激:激励。浊世:混乱的时世。

　　④励:勉励。

　　⑤尸禄素餐:谓空食俸禄而不尽其职,无所事事。

⑥毁：拒绝、废除。

⑦方：比照起来，比较。

连珠

连珠三首①

其 一

盖闻琴瑟高张则哀弹发②,节士抗行则荣名至③。是以申胥流音于南极④,苏武扬声于朔裔⑤。

其 二

盖闻四节异气以成岁⑥,君子殊道以成名⑦。故微子奔走而显⑧,比干剖心而荣⑨。

其 三

盖闻驽骞服御⑩,良乐咨嗟⑪,铅刀剖截⑫,欧冶叹息⑬。故少师幸而季梁惧⑭,宰嚭任而伍员忧⑮。

【题解】

连珠,谓辞句连续,互相发明,历历如贯珠,故谓"连珠"。连珠体的特点是义明而词净,事圆而音泽。曹丕作为建安时期的文学家,对这种文体也有过创作尝试。曹丕此连珠由三段文字组成,用短小的篇幅说明了生活中的一些常理,寓意深刻,很好地体现了连珠体委婉曲折、辞丽言约的特点。

【注释】

①《全三国文》题作《连珠》,无"三首"二字。

②琴瑟:琴和瑟。二者同时弹奏,其音谐和。张:即"涨",高涨。哀弹:犹哀弦。

③节士:有节操的人。抗行:高尚的德行。荣名:尊贵的名位。

④申胥:即伍子胥。流音:流传名声。南极:南方,指吴地。

⑤苏武:字子卿,武帝时出使匈奴,被扣十九年,威武不屈。朔裔:北方边境,指匈奴。

⑥四节:即四季。异气:不同的气候。

⑦君子:有德才的人。殊道:不同的道德。

⑧微子:商纣王庶兄,名启。因数谏纣王不听,去国。周灭商时,称臣于周,周公旦既杀纣五子庚,乃以微子统率殷族。封于宋,为宋国之始祖。

⑨比干:商纣王叔伯(一说纣庶兄)。与箕子、微子并称殷之三仁。

⑩驽骞:低能的马,喻庸才。驽:劣马。骞:跛,行动迟缓。服御:驾车。

⑪良乐:王良和伯乐。王良:古之善御者。伯乐:春秋秦穆公时人,善相马。咨嗟:叹息。

⑫铅刀:铅质的刀,言其不锋利。

⑬欧冶:春秋时冶工,应越王聘,铸湛庐、巨阙、胜邪、鱼肠、纯钩(一作纯钩)五剑,后又与干将为楚王铸龙渊、泰阿、工布三剑。

⑭少师:官名,此人为随国佞臣。季梁:随国贤臣。

⑮宰嚭:即吴大宰伯嚭。伍员:即伍子胥。

铭

露陌刀铭①

于铄良刀②，胡炼䥽时③。譬诸麟角④，靡所任兹⑤。不逢不若⑥，永世宝持⑦。利用卫身，以威弗治⑧。

【题解】

《太平御览》："魏文帝《典论》曰：'余好击剑，善以短乘长，选兹良金，命彼国工，精而炼之，至于百辟……'又曰：'建安二十四年二月丙午魏太子造百辟宝剑。'"严可均《全三国文》载《剑铭》："精而炼之……以为宝器九。剑三，一曰飞景，二曰流采，三曰华锋。刀三，一曰灵宝，二曰含章，三曰素质。匕首二，一曰清刚，二曰扬文。露陌刀一，曰龙鳞……铭曰：惟建安廿有四载二月甲午，魏太子丕造……"曹丕对宝刀和宝剑十分喜爱，命良工打造了诸多宝刀宝剑，并在完成之后写作刀铭与剑铭。

【注释】

①《北堂书钞》卷一百二十三题作《百辟宝剑铭》，只有前两句和最后两句。《艺文类聚》卷六十题为《魏文帝露陌刀铭》，只有前六句。露陌刀：刀名。

②于：语助词。铄：同"烁"，美。

③胡：大。䥽时：正得其时。䥽：诚然，真正。

④麟角：喻珍贵稀有。

⑤靡：无。任：抵挡。

⑥不逢不若：不遇到它则不显示其锋利。若：锋利。

⑦永世宝持：永世把它视为珍宝带着。持：执，握。

⑧以威弗治：《全三国文》无此句。

赐钟繇五熟釜铭

铭曰：于赫有魏①，作汉藩辅②。厥相惟钟③，寔干心膂④。靖恭夙夜⑤，匪遑安处⑥。百僚师师⑦，楷兹度矩⑧。

【题解】

据《三国志·钟繇传》注引《魏略》："繇为相国，以五熟釜鼎范因太子铸之，釜成，太子与繇书。"曹丕铸造了五熟釜鼎赠予当时的相国钟繇，又为之作铭文，刻于釜上。铭文赞美了钟繇的勤劳王事，说百官都应该向他学习。

【注释】

①于赫：赞叹词。有：语助词。

②作：为。藩辅：屏障，辅助。

③厥：其。相：相国，辅助皇帝的最高官职。

④寔：同"实"，是。干：骨干。心膂：膂，脊骨。心和膂都是人体的重要部分，因以喻作为骨干的亲信。

⑤靖恭：恭谨。夙夜：早晚。

⑥匪遑安处：不曾得到安宁的休息场所。

⑦百僚：百官。师师：互相师法。

⑧楷：典范。度矩：法度，规则。

剑　铭

昔者周鲁宝赤刀孟劳①，雍狐之戟②，屈卢之矛③，孤父之戈④，楚越太阿纯钩⑤，徐氏匕首⑥，凡斯皆上世名器。君子虽有文事，必有武备矣⑦！余好击剑，善以短乘长⑧。选兹良金⑨，命彼国工⑩，精而炼之。至于百辟⑪，其始成也，五色充炉⑫，巨橐自鼓。灵物仿佛⑬，飞鸟翔舞，以为宝器九⑭。剑三：一曰飞景，二曰流采，三曰华锋；刀三⑮：一曰灵宝，二曰含章，三曰素质；匕首二：一曰清刚，二曰扬文；露陌刀一，曰龙鳞。因姿定名⑯，以铭其柎⑰。工非欧冶子⑱，金非昆吾⑲，亦一时之良也。

【题解】

此文散见于《文选注》《初学记》《北堂书钞》《艺文类聚》等书中，清人严可均《全三国文》将之辑出，并合为一篇，总题《剑铭》。与前文《露陌刀铭》相同，都是曹丕在铸造了宝刀、宝剑之后题写的铭文。

【注释】

①赤刀：红色的宝刀。孟劳：古代宝刀名。

②《管子·地数》："雍狐之山发而出水，金从之。蚩尤受而制之，以为雍狐之戟芮戈。是岁相兼者诸侯十二。故天下之君，顿戟一怒，伏尸满野，此见戈之本也。"雍狐之戟为古代兵器。

③屈卢：古代制矛的名匠。

④孤父：孤，同"狐"。狐父，地名，以产戈著称，故地在今安徽砀山附近。

⑤楚越：即楚国。太阿：剑名，也作"泰阿"。纯钩：也是利剑名，亦作"纯钧"。

⑥徐氏匕首：《战国策·燕策》："太子预求天下之利匕首，得赵人徐夫人之匕首，取之百金……乃为装遣荆轲。"荆轲刺秦王之匕首即此。

⑦文事：即文治。武备：武装的准备。

⑧乘：同"胜"，战胜，压服。

⑨良金:好金。

⑩国工:一国中技艺特别高超的人。

⑪百辟:古代兵器,以辟不祥,慑奸宄。

⑫五色:青、黄、赤、白、黑五色。充:充实。

⑬灵物:神灵之物。

⑭"宝器"以下文字据《北堂书钞》卷一百二十三补。

⑮刀三:原作"三刀",今据《全三国文》改。

⑯姿:形态。

⑰铭:铭刻。树:涂附。

⑱工:工匠。欧冶子:春秋时冶工。

⑲昆吾:山名。

　　铭曰①:惟建安廿有四载二月甲午②,魏太子丕造百辟宝剑三③。其一长四尺二寸④,重一斤十有五两⑤,淬以清漳,厉以礛诸⑥,饰以文玉,表以通犀,光似流星,名曰飞景。其二名流采,色似采虹,长四尺二寸,重一斤十有四两⑦。

　　魏太子丕造百辟宝刀三。其一长四尺三寸六分,重三斤六两,文似灵龟,名曰灵宝;其二采似丹霞,名曰含章,长四尺三寸三分,重三斤十两⑧;其三锋似明霜⑨,刀身剑铗,名曰素质,长四尺三寸,重二斤九两。铭曰⑩:于铄良刀,胡炼亶时。譬诸麟角,靡所任兹。不逢不若,永世宝持。

　　魏太子造百辟匕首二。其一理似坚冰,名曰清刚;其二曜似朝日,名曰扬文。又造百辟露陌刀一,长三尺二寸,状如龙文,名曰龙鳞。

【注释】

①铭曰:据《全三国文》补。

②惟：一作"唯"。甲午：初四日。《艺文类聚》作"壬午"，《御览》作"丙午"。

③百辟：古代兵器，以辟不祥，慑奸宄。

④其一：据《全三国文》补。

⑤此句据《北堂书钞》补。

⑥厉：《建安诸序》作"砺"，磨砺。礛诸：治玉用的石。

⑦采虹：或作"彩虹"。"其二"以下二十一字，据《白帖》卷二补。

⑧三：严可均曰："疑作二。"

⑨似明霜：《建安诸序》作"似崩霜"。

⑩"铭曰"以下至"永世宝持"与《露陌刀铭》重复。

文

即位告天文①（延康元年十一月辛未）

皇帝臣丕，敢用玄牡②，昭告于皇皇后帝③：汉历世二十有四④，践年四百二十有六⑤，四海困穷，三纲不立⑥，五纬错行⑦，灵祥并见⑧。推术数者⑨，虑之古道⑩，咸以为天之历数⑪，运终兹世⑫。凡诸嘉祥，民神之意⑬，比昭有汉数终之极⑭，魏家受命之符⑮。汉主以神器宜授于臣⑯，宪章有虞⑰，致位于丕。丕震畏天命⑱，虽休勿休⑲。群公庶尹六事之人⑳，外及将士，泊于蛮夷君长㉑，佥曰②：“天命不可以辞拒，神器不可以久旷㉓，群臣不可以无主，万机不可以无统㉔。”丕祇承皇象㉕，敢不钦承㉖。卜之守龟㉗，兆有大横㉘，筮之三易㉙，兆有革兆㉚。谨择元日㉛，与群僚登坛，受皇帝玺绶，告类于尔大神㉜：唯尔有神，尚飨永吉㉝，兆民之望㉞，祚于有魏世享㉟。

【题解】

建安二十五年十月辛未，汉献帝经过几次禅位之后，曹丕终于接受，建设禅坛，登坛受禅，公卿、列侯、诸将、匈奴单于、四夷朝者数万人陪位，燎祭天地、五岳四渎。此时曹丕作此文以告天，表示顺应天意而登基称帝。

【注释】

①《全三国文》题作《受禅告天文》，并注“延康元年十一月辛未”。
②玄牡：古代祭天地用的黑色公牛。

285

③皇皇后帝：即皇天上帝后土。

④历世：经过几代人可以说历多少世。

⑤践年：犹历年，经过的年岁。

⑥三纲：朝廷纲纪，此指国家的律条。三：或作"王"。

⑦五纬：金、木、水、火、土五大行星的总名。

⑧灵祥：异常的事物。见：同"现"。

⑨推：推究、推断。术数：用阴阳五行生克制化的数理来推断人世吉凶，如占卜、星命等。

⑩古道：从前的规律。

⑪历数：天道。此指朝代更替的次序。

⑫运终兹世：运行到这个时代（指汉献帝）为终止。

⑬民神：人民和神祇。

⑭比昭：一并显示。比，皆、都；昭，或即"照"。有汉：汉。数终：即运终。终，或作"尽"。

⑮此句原本作"魏家之符"，义不顺，今据《魏志》改。符：祥瑞的征兆。

⑯汉主：指汉献帝刘协。神器：祭祀礼仪当用之物，此指帝王符玺之类。

⑰宪章：效法。有虞：指虞舜。

⑱震畏：惊惧。

⑲虽休勿休：虽再三推辞。

⑳群公：众公卿。庶尹：百官之长。六事：六卿。

㉑洎：及。原作"泊"，今据《魏志》改。

㉒佥：皆。

㉓旷：空虚。

㉔万机：指帝王日常纷繁的政务。

㉕皇象：帝王之位。象：形于外者曰象。古代帝王认为受命于天，乃天子之下界。

㉖钦承：敬承，亲自遵奉。

㉗卜：用火烧龟甲取兆，以预测吉凶。

㉘大横:卦兆名。

㉙筮:以蓍草的奇偶占卦。三易:指《连山》《归藏》《周易》。

㉚革兆:卦名。《易·革》疏:"革者,改变之名也,此卦明改制、革命,故名革也。"

㉛元日:吉日。

㉜大神:尊神。

㉝飨:同"享",享受,享有。永吉:永远吉利。

㉞兆民:万民。

㉟祚:赐福。世享:累世享有。

哀策

武帝哀策文

痛神曜之幽潜①,哀鼎俎之虚置②。舒皇德而咏思③,遂腷臆以苤事④。矧乃小子⑤,夙遭不造⑥,茕茕在疚⑦。呜呼皇考⑧,产我曷晚⑨,弃我曷早⑩。群臣子辅⑪,夺我哀愿,猥抑奔墓⑫,俯就权变⑬。卜葬既从⑭,大隧既通⑮。漫漫长夜,窈窈玄宫⑯。有晦无明,曷有所穷。卤簿既整⑰,三官骈罗⑱。前驱建旗⑲,方相执戈⑳,弃此宫庭,陟彼山阿㉑。

【题解】

哀策,文体的一种。封建时代颂扬帝王、后妃生前功德的韵文,多书于玉石木竹之上。行葬礼时,由太史令读后,埋于陵中。建安二十五年正月,曹操卒,二月葬于高陵,曹丕作此文寄托对曹操的哀思。写作此文时,曹丕还没有登基称帝,也没有追尊曹操为魏武帝,所以文题"武帝"二字当为后人所加。

【注释】

①曜:谓日月星,此喻曹操。幽潜:谓日月星隐藏而昏暗无光,代指死亡。

②鼎俎:烹调用锅及割牲肉用的砧板。虚置:空放。谓鼎俎放在那里,无人享用。亦指曹操死。

③舒:抒发。皇德:大德,美德。

④膇:情绪郁结、纷纭。莅事:登位亲事。曹丕言自己刚继魏王、丞相位。

⑤矧乃:况且。小子:曹丕自称之谦词。

⑥夙:平素。不造:不成,不幸。

⑦茕茕:形容孤独无依靠。在疚:因丧事而悲痛、忧病。

⑧皇考:对亡父的尊称。

⑨产我曷晚:曹丕出生时曹操三十三岁,故云。曷:何。

⑩弃我曷早:曹操去世时,曹丕年三十三岁,故云。

⑪群臣子辅:谓群臣像儿子对待父亲那样地辅助你。

⑫猥抑:即抑猥,克制。奔墓:犹奔葬。

⑬俯就:屈从。权变:权宜之计。

⑭卜葬:占卜墓事。

⑮大隧:地道,墓道。

⑯窈窈:幽暗。玄宫:王者墓穴。

⑰卤簿:帝王驾出时扈从的仪仗队,此指送葬的队伍。

⑱三官:辅佐君主的官,指大司徒、大司马、大司空。骈罗:骈比,罗列。

⑲前驱:前导。建旗:旗子直立。

⑳方相:原为职掌"驱鬼"之官,后模拟其凶恶可怕的形象,作为驱疫避邪和出丧时开道之用。

㉑陟:进。山阿:山中凹处,指曹操的墓地邺城西冈。

诔

弟仓舒诔①

惟建安十有五年②五月甲戌③,童子曹仓舒卒④。呜呼哀哉⑤!乃作诔曰:

于惟淑弟⑥,懿矣纯良⑦。诞丰令质⑧,荷天之光⑨。既哲且仁⑩,爱柔克刚⑪。彼德之容⑫,兹义肇行⑬。猗欤公子⑭,终然允臧⑮。宜逢介祉⑯,以永无疆。如何昊天⑰,雕斯俊英⑱。呜呼哀哉!惟人之生,忽若朝露⑲,役役百年⑳,暨暨行暮㉑。矧尔夙夭㉒,十三而亡㉓。何辜于天㉔,景命不遂㉕。兼悲增伤,侘傺失气㉖。永思长怀,哀尔罔极㉗。贻尔良妃㉘,襚尔嘉服㉙。越以乙酉㉚,宅彼城隅㉛。增丘峨峨㉜,寝庙渠渠㉝。姻媾云会㉞,充路盈衢。悠悠群司㉟,岌岌其车㊱。倾都荡邑㊲,爰迄尔居㊳。魂而有灵,庶可以娱㊴。呜呼哀哉!

【题解】

曹冲(196—208),字仓舒,东汉末年神童、曹操之子,留有"曹冲称象"的典故。曹冲从小聪明仁爱,与众不同,深受曹操喜爱。曹操几次对群臣夸耀他,有让他继嗣之意。可惜曹冲还未成年就病逝,年仅十三岁。《三国志·魏书·邓哀王冲传》曰:"生五六岁,智意所及,有若成人之智……冲仁爱识达……太祖数对群臣称述,有欲传后意。年十三,建安十三年疾病,太祖亲为请命,及亡,哀甚。"曹丕作此文表达了对曹冲早夭的哀悼之情。

【注释】

①诔:哀祭文体的一种,用以表彰死者德行并致哀悼的文辞,仅用于上对下。

②建安十有五年:十五年,《艺文类聚》作"十二年"。据《三国志·邓哀王冲传》言其建安十三年疾病。

③五月甲戌:五月十九日。

④童子:未成年的人。

⑤此四字原缺,今据《全三国文》补。《魏文帝集全译》作:"建安十三年,五月甲戌,童子曹仓舒卒。乃作诔曰。"

⑥于:语助词,无实义。淑:善,指人品。

⑦懿:叹声,同"噫"。

⑧诞:生育。丰:充实。令质:美好的体性。

⑨荷:承受。

⑩哲:明智。

⑪爰:语助词。克:能。

⑫容:容纳、宽容。

⑬此句《艺文类聚》作"慈我聿行",今据《全三国文》改。兹义:仪表。肇:端正。

⑭猗欤:叹美词。

⑮允臧:实在美好。允:信、真正。

⑯介祉:大福。

⑰如何:奈何。昊:大,常用来指天。

⑱雕:同"凋",凋残、零落。

⑲忽:极快。朝露:以朝露易逝比喻人生短暂。

⑳役役:劳作不息。

㉑亹亹:勤劳不倦。行暮:犹到老。

㉒矧:况且。夙夭:早死。

㉓忘:同"亡"。《艺文类聚》卷四十五作"卒"。

㉔辜:辜负。

㉕景命：大命。

㉖侘傺（chà chì）：失意而精神恍惚。自"兼悲"以下七十六字原无，今据《古文苑》补。

㉗罔极：无穷尽。

㉘良妃：好的匹配，指甄氏女。

㉙襚：向死者赠送衣被。

㉚越：超过。乙酉：六月初一日。

㉛宅：此谓葬墓。

㉜丘：墓。峨峨：高耸。此谓增土使坟墓高大。

㉝寝庙：古代宗庙中的寝和庙的合称。庙为接神处，在前；寝为衣冠所藏处，在后。渠渠：高大，深广。

㉞姻媾云会：谓阴婚。

㉟群司：百官。

㊱岌岌：高耸貌，此谓灵车。

㊲倾都荡邑：即倾城而出。倾、荡：尽。

㊳爰：于。

㊴庶：副词，表示希望。

敕

敕豫州禁吏民往老子亭祷祝^①（黄初三年）

告豫州刺史^②：老聃贤人，未宜先孔子^③。不知鲁郡为孔子立庙成未^④？汉桓帝不师圣法^⑤，正以嬖臣而事老子^⑥，欲以求福，良足笑也^⑦！此祠之兴由桓帝。武皇帝以老子贤人^⑧，不毁其屋。朕亦以此亭当路^⑨，行来者辄往瞻视^⑩，而楼屋倾颓，倘能压人^⑪，故令修整。昨过视之，殊整顿^⑫。恐小人谓此为神^⑬，妄往祷祝^⑭，违犯常禁^⑮。宜宣告吏民，咸使知闻。

【题解】

敕是帝王的诏书、命令。汉桓帝推崇老子，曾于延熹八年两次遣中常侍祠老子。曹丕虽然认为老子是贤人，但认为他的地位不应该高于孔子，而且怕往来的百姓误认为老子是神而迷信之，所以在黄初三年作此敕，命令百姓不得妄自去老子亭祭拜、祈祷。

【注释】

①《全三国文》于题下注"黄初三年"。敕：皇帝的命令或诏书。

②豫州：州名，汉武帝所置十三刺史部之一，辖境约当今淮河以北伏牛山以东的豫东、皖北等地。三国魏以后屡有移徙，辖境伸缩不常。刺史：官名，秦设，监督各郡。掌管一州的军政大权，魏晋重要的州郡由都督兼任刺史，权力很大。

③老聃：即老子，道家的代表人物。未宜先：不应当超过。

④鲁郡:郡名,辖今山东曲阜一带。未:或作"否"。

⑤不师圣法:不效法圣人的法则。师:效法,学习。

⑥嬖臣:宠臣。

⑦良足笑也:实在可笑。

⑧武皇帝:指曹操。曹操死后,曹丕于黄初元年追尊为武皇帝。

⑨当:同"挡"。

⑩瞻视:瞻仰观看。

⑪倘:假如。一作"傥"。压人:砸人。此句谓楼屋倾颓,假如倒塌会砸到人。

⑫殊:特别。

⑬小人:见识浅薄的人。

⑭妄:狂乱,此谓随便。祷祝:祈神求愿。

⑮常禁:规定的禁令。

乐府

临高台

临台行高，高以轩①。下有水，清且寒②，中有黄鹄往且翻③。行为臣，当尽忠。愿令皇帝陛下三千岁④，宜居此宫⑤。鹄欲南游，雌不能随。我欲躬衔汝⑥，口噤不能开。我欲负之⑦，毛衣摧颓⑧。五里一顾，六里徘徊。

【题解】

《临高台》是汉乐府旧题，属乐府《鼓吹曲·汉铙歌》。《乐府解题》载"古辞言：'临高台以轩，下有清水清且寒，江有香草目以兰。黄鹤高飞离哉翻，关弓射鹄，令我主寿万年。'"黄节说："古辞《临高台》，盖记汉武帝南巡浮江之作。其所谓台者，当是临江之台。故辞中称下有清水，即继之以江有香草，明其水为江水也。文帝此篇，言台下有水，而未言江字，盖台为铜雀台也，水为芙蓉池水也。"

【注释】

①临：登高下视。台：指铜雀台。行：行走之意。轩：此引申为昂。

②水：指铜雀台下水。

③往且翻：往翻、旋飞貌。翻：飞，变换返转。

④令：《诗纪》作"今"。陛下：指魏武帝曹操。

⑤宜：合适、相称。宫：指铜雀园宫。

⑥躬：亲自。衔：含。汝：你。

⑦我:原无此字,今据《乐府诗集》卷十八补。负:背。

⑧毛衣:鸟羽。摧颓:毁坏脱落。

【汇评】

朱乾曰:此诗前后分两解,前约汉铙歌《临高台》,后约瑟调《艳歌何尝行》。疑时被命远征,故以黄鹄为比,前祝君,后自叹也。微意在"行为臣当尽忠"六字内,言臣固当尽忠,君亦当体恤臣也。此诗玩其词旨音节,当属瑟调《临高台行》。(《乐府正义》卷三)

钓　竿

东越河济水①,遥望大海涯②。钓竿何珊珊③,鱼尾何筷筷④。行路之好者⑤,芳饵欲何为⑥?

【题解】

《钓竿》,郭茂倩《乐府诗集》列为《鼓吹曲辞》,古辞已佚。崔豹《古今注》曰:"《钓竿》,伯常子妻所作也。伯常子避仇河滨,为渔父,其妻思之,每至河侧作钓竿之歌。后司马相如作钓竿之诗,今传为古曲。"

【注释】

①越:逾越,渡过。河济:指黄河和济水。

②海涯:海滨。涯:水边。

③珊珊:走路的姿态,用来形容钓竿的颤动。

④筷:即筛,原为筛物之什器。此处形容鱼尾摆动的姿态。

⑤好:喜爱。

⑥芳饵:诱鱼上钩的食物。

王夫之曰:读子桓乐府,即如引人于张乐之野,泠风善月,人世陵嚣之气,淘汰俱尽。古人所贵于乐者,将无在此。(《姜斋诗话》)

朱乾曰:言所挟非所求也,渊深而鱼藏,行路之好,是陆地求鱼,犹孟子所谓"缘木"也。虽有芳饵,意何所为。故求材必于大匠之门,取货必于五都之市。(《乐府正义》卷三)

十　五

登山而远望,溪谷多所有①。梗楠千余尺②,众草芝盛茂。华叶耀人目③,五色难可纪④。雉雊山鸡鸣⑤,虎啸谷风起⑥。号罴当我道⑦,狂顾动牙齿⑧。

【题解】

《十五》,属乐府旧题,古辞已失传。《乐府诗集》卷二七《相和歌辞》引《古今乐录》载"《十五》歌,文帝辞"。黄节说:"后解所歌,即相和瑟调曲文帝辞之《折杨柳行》也。《乐录》盖据《宋书·相和》'登山而远望'下注。《十五》,文帝辞。在《乐录》无误。然古辞不传。惟《乐府诗集·梁鼓角横吹曲·骑马歌辞》六曲有'十五从军征,八十始得归'以下四篇。《古今乐录》以为是古诗。朱乾《乐府正义》谓疑即此《十五》,而文帝拟之也。"此篇为曹丕登山所作。

【注释】

①溪谷:有溪涧的山谷。

②梗:树名,又名黄梗木。楠:即楠木。

③华:同"花"。此句说花朵和叶子光彩耀眼。

④五色:此指多种色彩。纪:同"记"。

⑤雉：山鸡。雊：雉鸡叫。

⑥谷风：东风。

⑦号：大声鸣叫。当道：拦阻道路。

⑧狂顾：凶狂顾盼。动牙齿：谓熊罴磨着牙齿。

【汇评】

陈祚明曰：《十五》，汗漫萧蓼，结句有致。（《采菽堂古诗选》卷五）

陌上桑

弃故乡，离室宅①，远从军旅万里客②。披荆棘③，求阡陌④，侧足独窘步⑤，路局窄⑥。虎豹嗥动⑦，鸡惊禽失，群鸣相索。登南山，奈何蹈盘石⑧，树木丛生郁差错⑨。寝蒺草⑩，荫松柏⑪，涕泣雨面沾枕席⑫。伴旅单⑬，稍稍日零落⑭。惆怅窃自怜，相痛惜。

【题解】

《陌上桑》属乐府《相和歌辞》。郭茂倩《乐府诗集》卷二八《相和歌辞》引《乐府解题》曰："一曰《艳歌罗敷行》。"崔豹《古今注》："陌上桑，出秦氏女子。秦氏，邯郸人，有女名罗敷，为邑人千乘王人妻。王人后为赵王家令。罗敷出采桑于陌上，赵王登台，见而悦之，因饮酒欲夺之，罗敷乃弹筝，作《陌上桑》之歌以自明焉。"《乐府解题》古辞言："罗敷采桑，为使君所邀，盛夸其夫婿为侍中郎以拒之。"曹丕此作借用乐府旧题来书写战事，极力铺写了士兵的久役之苦和思乡之情。

【注释】

①室宅：指家庭。

②军旅：军队。

③披：开辟。

④阡陌：田间小道。南北曰"阡"，东西曰"陌"。

⑤侧足：置足、插足。窘步：因惶急而不得前行。

⑥局窄：局促狭窄。

⑦嗥：野兽嚎叫声。

⑧蹈：踏、踩。盘石：巨石。

⑨郁：积。差错：交错杂乱貌。

⑩茭草：野草名，艾类。《魏文帝集校注》作"蒿"，《曹丕集校注》作"茭"。

⑪荫松柏：言士卒依松柏而睡。荫：荫庇、覆罩。

⑫雨面：眼泪像雨似的淋湿了面孔。雨：用作动词，下雨。

⑬单：孤单。

⑭稍稍：渐渐。零落：凋谢、丧失。

【汇评】

谭元春曰：奇调、奇思、奇语，无所不有。(《古诗归》卷七)

钟惺曰：他篇和雅，此作思路嵚崎，有武帝节奏。(《古诗归》卷七)

陈祚明曰：极仿孟德，荒荒苍苍，其情苦悲。"稍稍"句佳，足知从军之久。(《采菽堂古诗选》卷五)

短歌行

仰瞻帷幕①，俯察几筵②。其物如故，其人不存。
神灵倏忽，弃我遐迁③。靡瞻靡恃④，泣涕涟涟⑤。
呦呦游鹿⑥，草草鸣麑⑦。翩翩飞鸟⑧，挟子巢栖⑨。
我独孤茕⑩，怀此百离⑪。忧心孔疚，莫我能知。

人亦有言，忧令人老。嗟我白发，生一何早。

长吟永叹，怀我圣考⑫。曰仁者寿，胡不是保⑬。

【题解】

《短歌行》属乐府《相和歌·平调曲》，古辞已佚。崔豹《古今注》：“《长歌》《短歌》，言人寿命各有定分，不可妄求。”《乐府解题》云：“按古诗‘长歌正激烈’，魏文帝《燕歌行》‘短歌微吟不能长’，晋傅玄《艳歌行》‘吐来长歌续短歌’，盖歌声有长短，非言寿命也。”此篇作于建安二十五年，曹操葬后不久。宋郭茂倩《乐府诗集》卷三十引《古今乐录》曰：“王僧虔《技录》云：‘《短歌行》仰瞻一曲，魏氏遗令使节朔奏乐。魏文帝制此辞，自抚筝和歌。’歌者云‘贵官弹筝’，贵官即魏文帝也。此曲声制最美，辞不可入晏乐。”

【注释】

①仰：抬头。瞻：观望。

②几筵：祭祀的席位或灵座。

③遐迁：远逝，指死亡。

④靡：没有。瞻：尊仰。恃：依靠。

⑤涟涟：涕泪禁不住地下流。

⑥呦呦：鹿鸣声。

⑦草草：忧虑，心神不安貌。一作“衔草”。麂：小鹿。

⑧翩翩：鸟飞轻疾貌。

⑨挟：夹持。栖：栖息。

⑩孤茕：孤独无依靠。

⑪百离：即“百罹”，此谓满怀种种悲苦忧伤。离：同“罹”，忧。

⑫圣考：指曹操。

⑬胡：为什么。保：保佑。

王夫之曰:衔恤诗极不易下笔,子桓斯篇乃欲与《蓼莪》并峙,静约故也。悲者形必静,哀者声必约。(《姜斋诗话》)

朱嘉徵曰:《短歌行》歌仰瞻,孝思可风焉。(《乐府广序》)

黄节曰:《魏书》:延康元年七月,军次于谯。大飨六军及父老百姓,设伎乐百戏。是时武帝崩才数月,而文帝纵乐如是。乃知此诗词虽哀切,而全属伪饰也。自朱止黪以下,所论未得其义矣。(《魏文帝诗注》)

猛虎行

与君媾新欢①,托配于二仪②。充列于紫微③,升降焉可知④。梧桐攀凤翼⑤,云雨散洪池⑥。

【题解】

《猛虎行》属乐府《相和歌·平调曲》。郭茂倩《乐府诗集》卷三一《相和歌辞》题解中载其古辞四句:"饥不从猛虎食,暮不从野雀栖。野雀安无巢?游子为谁骄?"此作表达了一种未来变化莫测、升降不可知的心境。

【注释】

①媾:结为婚姻。

②二仪:天地。此谓男、女。封建社会,称男为天,女为地。故谓"托配于二仪"。

③紫微:原为星座名,此指帝王宫殿。

④升降焉可知:地位升降不可知。黄节注引《魏略》云:"太祖不时立太子,太子自疑,故有升降焉可知之言欤。"

⑤攀:攀连。凤翼:代指凤凰。

⑥云雨散洪池:喻贤士依附于明君。散:流向。洪池:池名,在洛阳东

十里。

朱嘉徵曰:曲辞似别有寄托。……梧桐二句,与古词"猛虎野雀"兴比略同,倒结"升降焉可知",意绝奇。(《乐府广序》)

王夫之曰:端际密窅,微情正尔动人,于艺苑讵不称圣! 钟嵘莽许陈思以入室,取子桓此许篇制与相颉颃,则彼之为行尸视肉,宁顾问哉!(《船山古诗评选》卷一)

燕歌行 三首

其 一

秋风萧瑟天气凉,草木摇落露为霜①。
群燕辞归雁南翔②,念君客游多思肠③。
慊慊思归恋故乡④,君何淹留寄他方⑤!
贱妾茕茕守空房,忧来思君不敢忘⑥,不觉泪下沾衣裳。
援琴鸣弦发清商⑦,短歌微吟不能长⑧。
明月皎皎照我床⑨,星汉西流夜未央⑩。
牵牛织女遥相望⑪,尔独何辜限河梁⑫!

【题解】

《燕歌行》属乐府《相和歌·平调曲》歌辞。《乐府广题》曰:"燕,地名。言良人从役于燕,而为此曲。"《乐府正义》曰:"《燕歌行》与《齐讴行》《吴趋行》《会吟行》,俱以各地声音为主,后世声音失传,于是但赋风土。而燕自汉末魏初,辽东西为慕容所居,地远势偏,征戍不绝,故为此者,往往作离别之辞。与《齐讴》诸行,又自不同。"今存汉乐府不见此题,所以从现有文献来看,曹丕此作是乐府此题的最早作品。

【注释】

①摇落:草木凋残、零落。

②燕、雁:皆候鸟。大雁南飞,表示秋天到了。

③君:指丈夫。多思肠:言思念之痛切。李善《文选》注作"思断肠"。

④慊慊:心不满足貌,不自满貌。

⑤淹留:久留、逗留。寄:寄居。

⑥敢:《玉台新咏》作"可"。

⑦援:取、拿。琴:《宋书》作"瑟"。鸣弦:使弦作响,即拨动琴弦。发:兴起或震动。清商:乐府曲调名。这种曲调"其节极短促",故下句曰"不能长"。

⑧微吟:细声吟唱。

⑨明月皎皎照我床:此句从《古诗》"明月何皎皎,照我罗床帷"变化而来。

⑩星汉:即云汉,银河。西流:向西移动。银河向西移动,表明深夜。未央:未尽。

⑪牵牛:即"河鼓星",位于银河之南。织女:一名"天女星",位于银河之北。二星隔河遥对,故曰"遥相望"。此句即尽人皆知的"牛郎织女"故事。

⑫尔:你,指牵牛、织女。何辜:无缘无故。《玉台新咏》作"何故",误。限河梁:既为银河所限,又为无梁所阻。或作偏意词解,河梁即"河"。梁:桥。

其 二

别日何易会日难,山川悠远路漫漫①。郁陶思君未敢言②,寄声浮云往不还③。涕零雨面毁容颜④,谁能怀忧独不叹。展诗清歌聊自宽⑤,乐往哀来摧肺肝⑥。耿耿伏枕不能眠⑦,披衣出户步东西⑧,仰看星月观云间⑨。飞鸽晨鸣声可怜⑩，留连顾怀不能存⑪。

【注释】

①悠：远。漫漫：长远。

②郁陶：忧思积聚貌。

③寄声：托人传语问候。《诗纪》作"寄书"。

④零：落。雨面：眼泪像雨似的淋湿了面孔。雨，用作动词。毁容颜：哀戚憔悴的面容。

⑤展诗：展开诗篇。清歌：独唱而无管弦相和曰"清歌"。聊：姑且。自宽：自我宽慰。

⑥摧：毁伤。

⑦耿耿：心中不宁。

⑧步东西：来回走动。

⑨云间：指星月隐现在云间。

⑩飞鸽：鸟名，即鸽鹕。

⑪顾怀：眷念。存：想念、问候，即安慰。

其 三

别日何易会日难，山川悠远路漫漫。郁陶思君未敢言，寄书浮云往不还。涕零雨面毁形颜①，谁能怀忧独不叹。耿耿伏枕不能眠，披衣出户步东西。展诗清歌聊自宽，乐往哀来摧心肝。悲风清厉秋气寒②，罗帷徐动经秦轩③，仰戴星月观云间④。飞鸟晨鸣，声气可怜⑤，留连顾怀不自存。

【注释】

①形颜：容颜、颜面。

②悲风：凄厉的寒风。清厉：凄清寒冽。秋气：秋天萧索的气息或气势。

③罗帷：丝织品制的帐幔。徐：舒缓。秦轩：西廊。

④仰戴：昂首顶载，即仰看。

⑤声气：即声音。可怜：怜爱。

【汇评】

胡应麟曰：纯用七字而无杂言，全取平声而无仄韵，则《柏梁》始之，《燕歌》《白纻》皆此体。（《诗薮》内编卷一）

谭元春曰：此歌中极和稳者，诵之不厌，可见好奇人，亦有公道也。（《古诗归》卷七）

陆时雍曰：七言古，自魏文、梁武以外，未见有佳。（《诗境总论》）

朱嘉徵曰：《燕歌行》歌秋风别日，悯征戍也。王者遣卒劳还，赋室家离索，以道其怀。或云，帝为中郎将北征时作。（《乐府广序》）

冯班曰：七言创于汉代，魏文帝有《燕歌行》，古诗有《东飞伯劳》，至梁末而七言盛于时，诗赋多有七言，或有杂五言者，唐人歌行之祖也。（《钝吟杂录》）

秋胡行三首

其　一

尧任舜禹①，当复何为②。百兽率舞③，凤凰来仪④。得人则安，失人则危⑤。唯贤知贤⑥，人不易知⑦。歌以咏言⑧，诚不易移⑨。鸣条之役⑩，万举必全⑪。明德通灵⑫，降福自天⑬。

【题解】

《秋胡行》属乐府《相和歌·清调曲》歌辞。原辞已失传。郭茂倩《乐府诗集》卷三六《秋胡行四解》引《西京杂记》曰："鲁人秋胡，娶妻三月，而游宦。三年，休还家。其妇采桑于郊。胡至郊，而不识其妻也。见而悦之，乃

305

遗黄金一镒。妻曰：'妾有夫，游宦不返。幽闺独处，三年于兹，未有被辱于今日也。'采桑不顾。胡惭而退。至家，问：'妻何在？'曰：'行采桑于郊，未返。'即归还，乃向所挑之妇也，夫妻并惭。妻赴沂水而死。"而曹丕此作共三首，内容都与秋胡的故事无关，都是思贤怀人之作。

【注释】

①尧任舜禹：尧、舜、禹，我国古代传说中的三个贤明帝王。黄节注："《尚书》：尧崩，而舜始任禹平水土。此言尧任者，盖据《史记》。禹、皋陶、契、后稷、伯夷、夔龙、倕、益、彭祖，自尧时而皆举用，未有分职之说也。"

②当复何为：还应该做什么呢？意思是天下有道，尧舜可以无为而治了。

③百兽率舞：谓音乐和谐之声感动群兽相率起舞，比喻天下升平。

④凤凰来仪：《尚书·益稷》："箫韶九成，凤皇来仪。"凤凰来舞而有容仪，古代以为祥瑞的预兆。

⑤失人：失去民心。

⑥唯贤知贤：《魏文帝集·答孟达诏》："萧何荐韩信，邓禹进吴汉，唯贤知贤也。"唯：唯有。

⑦人不易知：此谓人不易被了解。

⑧咏：《广文选》或作"永"。

⑨诚：确实。移：转化，改变。

⑩鸣条之役：鸣条，古地名，又名高侯原。在今山西运城安邑镇北，相传商汤伐夏桀，战于鸣条之野。

⑪举：推荐。

⑫明德：崇高显明的德性。通灵：与神灵通。《广文选》或作"通言"。

⑬降福：《艺文类聚》作"福降"。

其　二

泛泛绿池①，中有浮萍②。寄身流波，随风靡倾③。芙蓉含芳④，菡萏垂荣⑤。朝采其实⑥，夕佩其英⑦。采之遗谁⑧？所思在庭^⑨。双鱼比目^⑩,鸳鸯交颈^⑪。有美一人,婉如清扬^⑫。知音识曲^⑬,善为乐方^⑭。

【注释】

①泛泛:流动貌。绿:清澈,《乐府诗集》《艺文类聚》作"渌"。

②浮萍:浮生在水面上的萍草。萍浮水面,随风漂荡,喻漂泊之身世。此处指人才漂流。

③靡倾:倾倒。

④芙蓉:即荷花。

⑤菡萏:荷花的蓓蕾。

⑥实:果实,指莲子。

⑦英:花,指莲花。

⑧遗:给予、馈赠。

⑨庭:厅堂。

⑩比目:指比目鱼。

⑪鸳鸯:鸟名,雌雄常生活在一起。

⑫有美一人,婉如清扬:出自《诗经·郑风·野有蔓草》:"有美一人,婉如清扬。"毛传:"清扬:眉目之间,婉然美也。"婉如:即婉然。清:指眼睛之美;扬:指眉毛之美。

⑬知音:知晓音律。识曲:晓知曲调。

⑭乐方:指音乐的法度、技巧。

其 三

朝与佳人期^①,日夕殊不来^②。嘉肴不尝^③,旨酒停杯^④。寄言飞鸟^⑤,告余不能^⑥。俯折兰英^⑦,仰结桂枝^⑧。佳人不在,结之何为? 从尔何所之? 乃在大海隅^⑨。灵若道言^⑩,贻尔明珠^⑪。企予望之^⑫,步立踟蹰。佳人不来,何得斯须^⑬。

【注释】

①佳人:美女。借指有才干的人。期:约会、会晤。

②日夕:接近黄昏时。

③嘉肴:丰美的荤菜。肴:鱼肉等荤菜。

④旨酒:美酒。

⑤寄:委托,托人传送。

⑥能:读作"耐"。

⑦兰英:兰花。

⑧结:撷。桂:桂树。古时习俗,男女用香草相赠表示爱慕。

⑨海隅:海角。

⑩灵若:或曰海若,海神。

⑪贻:赠送。尔:指佳人。

⑫企:同"跂",举踵。予:助词,犹"而"。

⑬得:能,可。斯须:片刻。

【汇评】

　　王夫之曰:("泛泛绿池"篇)出入分合,巧而不琢。("朝与佳人期"篇)因云宛转,与风回合,总以灵府为达径,绝不从文字间津渡,宜乎迄今二千年,人间了无知者。(《姜斋诗话》卷下)

　　陈祚明曰:("尧任舜禹"篇)言志稍类孟德,而语便近。("泛泛绿池"篇)"有美一人",岂卞太后所见侍御者耶?所怀如此,体安得高。然固婉转有风致。(《采菽堂古诗选》卷五)

　　吴开曰:江文通有《拟汤惠休诗》云:"日暮碧云合,佳人殊未来。"盖用魏文帝《秋胡行》云:"朝与佳人期,日夕殊不来。"(《忧古堂诗话》)

善哉行四首

其 一

上山采薇①，薄暮苦饥②。溪谷多风③，霜露沾衣④。

野雉群雊⑤，猿猴相追。还望故乡⑥，郁何垒垒⑦。

高山有崖⑧，林木有枝⑨。忧来无方⑩，人莫之知⑪。

人生如寄⑫，多忧何为⑬？今我不乐，岁月如驰⑭。

汤汤川流⑮，中有行舟。随波转薄⑯，有似客游⑰。

策我良马⑱，被我轻裘⑲。载驰载驱⑳，聊以忘忧㉑。

【题解】

《善哉行》属乐府《相和歌·瑟调曲》歌辞。现存古辞有"来日大难"篇，是宴会时宾主赠答之歌。《文选》卷二七李善注："《歌录》曰：'《善哉行》古词也。'古《出夏门行》曰，善哉殊复善，弦歌乐我情。然'善哉'叹美之辞也。"《乐府诗集》著录此篇为魏武帝曹操的作品，《宋书·乐志》则定为曹丕之作。《善哉行》共四首，其中第一首描写旅人的思乡之情，是曹丕作品中的名篇。

【注释】

①采薇：薇，菜名，即巢菜，蔓生，可生食或作羹。《诗经·小雅·采薇》写征戍之苦，此诗乃沿用其意。

②薄暮：傍晚。薄：逼近。

③溪谷：山谷。

④霜露沾衣：《礼记·祭义》："霜露既降，君子履之，必有凄怆之心，非其寒之谓也。"《文选》注"沾"下有"我"字。

⑤雉：山鸡。雊：山鸡叫。

309

⑥还：回顾。

⑦郁何垒垒：黄节注："《诗经·秦风》毛传：郁，积也。"垒：同"纍"，或作"累"，重叠貌。

⑧崖：《艺文类聚》作"林"。

⑨林：《艺文类聚》作"崖"。

⑩无方：无缘无故，没有来由。

⑪人莫之知：即人莫知之。

⑫人生如寄：《尸子》曰："人生天地之间，寄也。"犹如客居一样，过往而已。比喻生命之短暂。

⑬何为：即为何。

⑭今我不乐，岁月如驰：《诗经·唐风·蟋蟀》："今我不乐，日月其除。"岁月：《诗纪》云"一作日月"，《文选》六臣本作"日月"。如驰：《宋书·乐志三》作"其驰"，《艺文类聚》作"若驰"。

⑮汤汤：大水急流貌。

⑯转：回旋。薄：借为"泊"，停泊。

⑰有似客游：与"人生如寄"义同。

⑱策：鞭策。良马：骏马。

⑲被：同"披"。轻裘：轻而暖的名贵皮衣。

⑳载驰载驱：即驱驰。载：语助词。

㉑聊：姑且。以：用，介词。

其 二

有美一人，婉如清扬。妍姿巧笑①，和媚心肠②。知音识曲，善为乐方。哀弦微妙③，清气含芳④。流郑激楚⑤，度宫中商⑥。感心动耳⑦，绮丽难忘。离鸟夕宿⑧，在彼中洲⑨。延颈鼓翼⑩，悲鸣相求⑪。眷然顾之⑫，使我心愁。嗟尔昔人⑬，何以忘忧！

【注释】

①妍姿:美好的姿容。巧笑:美丽的笑容。

②和:和顺,谐和。媚:美好,可爱。

③哀弦微妙:略含感伤的精微美妙的幽雅琴音。此指音乐精细入神,感人肺腑。

④清气:清彻的音响。

⑤流郑激楚:流:放荡,移动不定。郑:指郑声。儒家以《论语·卫灵公》有"郑声淫"之语来通指放荡的乐歌或文学作品,故称"流郑"。激:激荡昂扬。楚:指楚歌或楚声,其特点是悲壮、激昂,故称"激楚"。

⑥度宫中商:按宫商曲谱歌唱,即合于音律。"度""中"均有"符合"之意。

⑦感心动耳:《高唐赋》:"感心动耳,回肠伤气。"

⑧离鸟:离群之鸟。

⑨中洲:洲中。

⑩延颈鼓翼:思慕企求之状。延颈:伸长脖子远望。

⑪相求:婉转啼叫以求配偶。

⑫眷然:即顾念。

⑬嗟尔:语助词。昔人:前人。

其 三

朝日乐相乐①,酣饮不知醉②。悲弦激新声③,长笛吹清气④。

弦歌感人肠⑤,四坐皆欢悦。寥寥高堂上⑥,凉风入我室。

持满如不盈⑦,有德者能卒⑧。君子多苦心⑨,所愁不但一⑩。

慊慊下白屋⑪,吐握不可失⑫。众宾饱满归,主人苦不悉⑬。

比翼翔云汉⑭,罗者安所羁⑮?冲静得自然⑯,荣华何足为！

【注释】

①朝日：白昼。《初学记》作"今日"。

②酣饮：痛痛快快地饮酒。

③悲弦：琴弦发出的悲壮之声。《北堂书钞》作"悲筝"。激：激扬，指音调的强烈。新声：新曲。

④长笛：乐器名。东汉马融有《长笛赋》。

⑤弦歌：依琴瑟而歌咏。

⑥寥寥：空虚，此谓宽敞、空阔。

⑦持满如不盈：拿着装满水的器具好像水没有满，指居高位而不骄傲。

⑧德：《宋书》作"得"。卒：终结。此指始终如一。

⑨君子：指有才德的人。苦心：指忧心国事。

⑩但：只、唯。一：与众多相对应。此句意为君子所忧愁的不仅仅是少数人或个人的得失、身边的琐事。

⑪慊慊：同"谦谦"，虚心。下：动词。谦恭地对待在下的人。白屋：茅屋，贫贱人所居，此指贫苦士人。

⑫吐握：吐脯握发。《史记·鲁周公世家》载：相传周公礼贤下士，曾一饭三吐脯，一沐三握发，起以待士，犹恐失天下之贤人。曹丕以周公自比，表示要殷勤、谦虚地对待贤士。

⑬主人：指作者自己。悉：尽。此句谓唯恐不能尽得天下之贤才。

⑭比翼：鸟名。后世以之以喻关系密切。云汉：银河。此指高空。

⑮罗者：捕鸟人。罗：捕鸟的网。羁：束缚，捕捉。《宋书》作"羁"。

⑯冲静：恬静淡泊，不逐名利。

其　　四

朝游高台观①，夕宴华池阴②。大酋奉甘醪③，狩人献嘉禽④。

齐倡发东舞⑤，秦筝奏西音⑥。有客从南来，为我弹清琴⑦。

五音纷繁会⑧，柎者激微吟⑨。淫鱼乘波听⑩，踊跃自浮沈⑪。

飞鸟翻翔舞⑫，悲鸣集北林⑬。乐极哀情来⑭，寥亮摧肝心⑮。

清角岂不妙⑯？德薄所不任⑰。大哉子野言⑱，弭弦且自禁⑲。

【注释】

①高台观：当指铜雀台及文昌、迎风诸观。观：《文选》注作"侧"。

②华池：即玄武池。

③大酋：古酒官之长，犹今筵席上所称的酒司令。甘醪：美酒。

④狩人献嘉禽：狩：同"兽"。兽人，掌管禽兽的官员，也称兽虞。此泛指打猎的人。

⑤齐倡发东舞：齐：指齐国。倡：古代歌舞之人，《北堂书钞》或作"唱"，或作"瑟"。齐在东方，故曰"东舞"。

⑥秦筝奏西音：相传筝是秦将蒙恬所造，故曰秦筝。秦在西方，故曰"西音"。"东舞""西音"形容各处乐舞齐集。

⑦清琴：清澈的琴声。

⑧五音纷繁会：《楚辞》："五音纷兮繁会。"纷：盛貌。繁：众。

⑨柎：古乐器名，形如鼓，以革为之，著之以糠。

⑩淫鱼：犹沉鱼，一说为鱼名，喜欢听音乐，出头于水而听之。乘波：顺着波浪。

⑪浮沈：即浮沉。

⑫翻翔：上下回转飞翔。

⑬北林：林名。

⑭乐极哀情来：即谚语"乐极生悲"。

⑮寥亮：即嘹亮。

⑯清角:古代五音之一。

⑰不任:承受不了。

⑱大:知识渊博,意义深远。子野:春秋时晋国乐师师旷的字。

⑲弭:停止。禁:胜。

【汇评】

吴兢曰:右古词,"来日大难,口燥唇干"。言人命不可保,当乐见亲友,且求长生术,与王乔、八公游焉。又魏文帝词云"有美一人,婉如清扬",言其妍丽;"知音识曲,善为乐方",令人忘忧。此篇诸集所出,不入《乐志》。(《乐府古题要解》卷上)

胡应麟曰:今人例以七言长短句为歌行,汉、魏殊不尔也。诸歌行有三言者,《郊祀歌》《董逃行》之类;四言者,《安世歌》《善哉行》之类。(《诗薮》卷三)

钟惺曰:("有美一人"篇)缓节安歌,灵通幽感,其口角低回,心情温卒页,有含辞未吐,气若芳兰之意。又云:同是《短歌》,同是《善哉》,父子同作,详其生意,武帝之武,文帝之文,各在言表矣。(《古诗归》卷七)

丹霞蔽日行

丹霞蔽日,彩虹垂天。谷水潺潺,木落翩翩①。孤禽失群,悲鸣云间。月盈则冲②,华不再繁③。古来有之,嗟我何言!

【题解】

《丹霞蔽日行》属乐府《相和歌·瑟调曲》。黄节云:"此篇题目,《乐府诗集》未有解释。《楚辞·九章》曰:'山峻高以蔽日兮。'王逸注曰:'或曰日以喻君,山以喻臣,山峻高以蔽日者,谓臣蔽君明也。此意出楚辞。'而乐府古辞《杨柳行》曰:'谗邪害公正,浮云蔽白日。'义乃本之。至文帝此篇,曰'丹霞蔽日,彩虹垂天'。遂以篇首四字为题,曰《丹霞蔽日行》,盖用古《杨柳行》意也。"

【注释】

①木落:叶落。翩翩:原指鸟飞貌,此处形容叶落。

②盈:满,即月圆。冲:即月缺。

③华:花。繁:多而盛。

【汇评】

朱嘉徵曰:丹霞蔽日,刺主鉴失也。盈亏盛衰之感,可以弦歌觯座。(《乐府广序》)

王夫之曰:谋篇之洁,蔑以加矣。遂尔前有万年,后有百世。(《姜斋诗话》卷下)

折杨柳行①

西山一何高②,高高殊无极③。上有两仙童④,不饮亦不食⑤。与我一丸药⑥,光耀有五色。

服药四五日,身轻生羽翼。轻举乘浮云⑦,倏忽行万亿⑧。流览观四海⑨,茫茫非所识⑩。

彭祖称七百⑪,悠悠安可原⑫?老聃去西戎⑬,于今竟不还。王乔假虚辞⑭,赤松垂空言⑮。

达人识真伪⑯,愚夫好妄传。追念往古事⑰,愦愦千万端⑱。百家多迂怪⑲,圣道我所观⑳。

《折杨柳行》属乐府《相和歌·瑟调曲》。《宋书·乐志·大曲》之五曰："默默折杨柳行。"朱乾《乐府正义》曰："折杨柳曲起已远。《庄子》:'折杨皇荂。'《毛诗·采薇》有'杨柳依依'之句。故折赠行人,后世遂成故事。"黄节云："古辞以接舆归草庐句为主。文帝此篇,以彭祖、老聃、王乔、赤松为主,皆所谓追念往古事,与古辞义同。"

【注释】

①《宋书·乐志三》题作《西山》,《艺文类聚》题作《游仙诗》,《初学记》卷五题作《登山望远诗》。

②西山:山名,在邺城西。一何:多么。

③高高:《初学记》作"望望",《旧唐书》作"高处"。无极:无止境。

④两仙童:指传说中的桥、顺二子。任昉《述异记》:"相州栖霞谷,昔有桥、顺二子于此得仙,服飞龙一丸,十年不饥。"

⑤不饮亦不食:当即古代道家所称之辟谷,即行导引之术,不食五谷,可以长生,被附会为神仙入道之术。

⑥丸药:指飞龙药丸。

⑦轻举:轻轻地飘起。举:上升。浮云:飘浮于空中的云。

⑧倏忽:迅速、一瞬间。万亿:极言其远。

⑨流览:周游观览。四海:此指整个世界。

⑩茫茫:迷蒙,浮渺。识:识别。

⑪彭祖:人名。古代传说中的极长寿之人。

⑫悠悠:遥远。原:同"源",追溯。

⑬老聃:即老子,春秋战国之际苦县人,曾为周藏书室史官。他见周室衰落,离周西行,至函谷关时,守关令尹喜强叫他著书,于是写了五千余言的《道德经》。后不知所终。去:一作"适"。适即往。戎:西方的少数民族。此指西方。

⑭王乔:传说中的仙人王子乔。

⑮赤松:即赤松子,传说中的仙人。垂:留传。空言:虚而不实之词,无

意义的话。

　⑯达人：通达道理的人。

　⑰追念：回想。往古：久远。

　⑱愦愦：昏乱，糊涂。千万端：千头万绪。

　⑲迂怪：迂腐荒诞。

　⑳圣道：圣人之道。

【汇评】

　郭茂倩曰：《古今乐录》曰："《十五》，歌文帝辞，后解歌瑟调，'西山一何高''彭祖称七百'篇。"辞在瑟调。（《乐府诗集》卷三十七《折杨柳行》题解）

　朱嘉徵曰：《折杨柳行》歌"西山"，明王道也。道术之广崇，不止求长生一事，即此破却秦皇之惑、汉武之悔矣。（《乐府广序》）

饮马长城窟行

　　浮舟横大江①，讨彼犯荆虏②。武将齐贯𫓧③，征人伐金鼓④。长戟十万队，幽冀百石弩⑤。发机若雷电⑥，一发连四五。

【题解】

　《饮马长城窟行》，一曰《饮马行》，属乐府《相和歌·瑟调曲》。郭茂倩《乐府诗集》曰："长城，秦所筑以备胡者。其下有泉窟，可以饮马。古辞云：'青青河畔草，绵绵思远道。'言征戍之客，至于长城而饮其马，妇人思念其勤劳，故作是曲也。郦道元《水经注》曰：'始皇二十四年，使太子扶苏与蒙恬筑长城……凡万余里。民怨劳言……'民歌曰：生男慎勿举，生女哺用脯，不见长城下，尸骸相支柱。其冤痛如此。今白道南谷口有长城，自城北出有高坂，傍有土穴出泉，挹之不穷，《歌录》云饮马长城窟，信非虚言也。"

【注释】

①浮舟:言船行驶在水中。浮:漂浮。

②犯:侵犯,冲击。荆房:指孙权。荆:楚国别称,其地域大致相当于今湖南、湖北、安徽及江苏等,因孙权据江东,故称孙吴为"荆房"。

③贯:射中,穿过。铢:箭镞。

④伐:击。金鼓:乐器和鼓。

⑤幽冀:幽州和冀州。石:此读作 dàn,质量单位,古代以一百二十斤为石。弩:用机械发射的弓。

⑥机:指弩机。

【汇评】

郭茂倩曰:魏文帝《饮马长城窟行》曰:"泛舟横大江。"因以为题也。(《乐府诗集》卷三十八《泛舟横大江》题解)

朱乾曰:此以大江当长城,以浮舟当饮马,备言兵士危险,而家人之思,自在言外。后简文帝拟之为《泛舟浮大江》。(《乐府正义》卷八)

上留田行

居世一何不同①？上留田②。富人食稻与粱③,上留田!贫子食糟与糠④,上留田⑤！贫贱亦何伤⑥？上留田！禄命悬在苍天⑦,上留田！今尔叹息⑧,将欲谁怨？上留田！

【题解】

《上留田行》属乐府《相和歌·瑟调曲》歌辞。曹丕此篇模拟古辞,抒发了贫富不均、人生不同命运的感慨。

【注释】

①居世:处世。一何:犹今言"多么"。

②上留田:诗中每句都有"上留田",是和声,与正文无关。

③稻、粱:指精美的粮食。粱:粟的一种。《文选》补遗误作"田"。

④糟、糠:指粗劣食物。糟:酿酒所余之渣滓。糠:谷皮。

⑤上留田:《艺文类聚》缺此三字。

⑥亦:《广文选》作"一"。何伤:何妨。伤:妨害。

⑦禄命:古指人生盛衰贵贱的运数。禄:指盛衰兴废。命:指富贵贫贱。悬:吊挂,此谓"掌握"。苍天:上天。古人迷信,认为贫富、贵贱、寿夭均由上天决定,故云"悬在苍天"。

⑧今:《艺文类聚》作"命"。尔:指"贫子"。

【汇评】

朱嘉徵曰:魏文帝视诸弟衰薄,作此弭谤。(《乐府广序》)

陈祚明曰:此与《日重光》同一体。中间三字,文势却不可驻,须极流走,使紧接乃佳。此篇语亦古质不群。(《采菽堂古诗选》卷五)

大墙上蒿行①

阳春无不长成②,草木群类③。随大风起④,零落若何翩翩⑤。中心独立一何茕⑥,四时舍我驱驰⑦,今我隐约欲何为⑧?人生居天壤间⑨,忽如飞鸟栖枯枝。我今隐约欲何为?

适君身体所服⑩,何不恣君口腹所尝⑪?冬被貂鼲温暖⑫,夏当服绮罗轻凉⑬。行力自苦⑭,我将欲何为?不及君少壮之时⑮,乘坚车,策肥马良⑯。上有仓浪之天⑰,今我难得久来视;下有蠕蠕之地⑱,今我难得久来履⑲。何不恣意遨游⑳,从君所喜。

带我宝剑，今尔何为自低昂㉑？悲丽平壮观㉒，白如积雪㉓，利若秋霜㉔。駮犀标首㉕，玉琢中央㉖。帝王所服㉗，辟除凶殃。御左右㉘，奈何致福祥㉙。吴之辟闾㉚，越之步光㉛，楚之龙泉㉜，韩有墨阳㉝。苗山之铤，羊头之钢㉞。知名前代，咸自谓丽且美，曾不知君剑良绮难忘㉟。

冠青云之崔嵬㊱，纤罗为缨㊲，饰以翠翰㊳，既美且轻。表容仪㊴，俯仰垂光荣㊵。宋之章甫㊶，齐之高冠㊷，亦自谓美，盖何足观㊸？

排金铺㊹，坐玉堂㊺。风尘不起，天气清凉。奏桓瑟㊻，舞赵倡㊼。女娥长歌㊽，声协宫商㊾。感心动耳，荡气回肠㊿。酌桂酒(51)，脍鲤鲂(52)。与佳人期为乐康(53)。前奉玉卮(54)，为我行觞(55)。

今日乐，不可忘。乐未央(56)。为乐常苦迟，岁月逝，忽若飞。何为自苦(57)，使我心悲。

【题解】

《大墙上蒿行》属乐府《相和歌·瑟调曲》歌辞。古辞已失传。曹丕此篇拟古辞，劝隐士出山做官，反映了曹丕对人才的重视和建功立业的雄心壮志。本诗句法参差，自由奔放，对后世如李白等人的诗歌创作影响很大。

【注释】

①《北堂书钞》卷一百二十二题作《魏文帝歌》。

②阳春：温暖的春天。长成：滋生茂盛。

③类：物类。

④大风：指秋风。随：《魏文帝集全译》作“草木群类随”。

⑤若何：奈何。翩翩：飘飞貌。

⑥中心：内心。一何：多么。茕：孤独。

⑦四时：即四季。驱驰：本义为"策马疾驰"，这里指时光不等人，飞驰而逝。

⑧隐约：《后汉书·赵典传》"笃行隐约"，李贤注："隐，犹静也。约，俭也。"何为：即"为何"，为什么。

⑨居天壤间：活在世上。天壤间：指世上。

⑩适：合适。

⑪恣：任意，放纵。君：指隐士。诗中"君"和"我"指同一个人，是自问自答时用的代称。

⑫被：即"披"，穿。貂貜：动物名，皮毛可制成名贵的皮衣。

⑬绮罗：白色有纹的叫绮，纹路较疏的叫罗。

⑭行力：一作"力行"，指隐士的苦行贫困生活。

⑮及：趁。

⑯坚车：牢固的车。策：作动词用，鞭策。马良：即良马，骏马。

⑰仓浪：青仓色，此句用乐府《东门行》"上有仓浪天"成句。

⑱蜎蜎：动貌。

⑲履：践踏，行走。

⑳恣意：纵情，尽情。

㉑带我：《北堂书钞》或作"劳民"。尔：指宝剑。低昂：起伏，升降。这里指剑一高一低地动。

㉒悲：磋叹。平：正。此句赞叹宝剑的美正、壮观。

㉓白：《文选》注"白"上有"光"字。

㉔利若秋霜：《淮南子》："宝剑之色如秋霜。"谓剑之寒光。利：锋利。

㉕駮：兽名，其状如马，白身黑尾，一角，虎牙爪，音如鼓。犀：犀牛。标：表识。首：剑首，即剑柄之头。"駮犀标首"谓以駮或犀之角为剑首。

㉖玉琢中央：剑柄的中央用玉做装饰。琢：雕刻。中央：剑柄之正中。

㉗服：用。

㉘御：帝王所作所为及用物的敬词，此谓用、治。

㉙奈何：此二句是入乐时所加，与正文无关。福祥：幸福，吉祥。

㉚辟闾：剑名，又名“湛卢”，春秋时著名的铸剑工匠欧冶子为吴王阖闾所铸。

㉛步光：剑名，越王勾践所佩。

㉜龙泉：剑名，欧冶子和干将为楚王所铸。泉：本作“渊”，唐人避唐高祖李渊讳而改为“泉”。

㉝墨阳：韩地名，因其地盛产良剑而用作剑名。

㉞苗山：楚国山名。铤：未成器的铜铁。一说羊头或是羊头山。

㉟曾：乃，表示转折。良绮：非常精美。《魏文帝集全译》作“曾不如君剑良。绮难忘”。

㊱冠：用作动词，戴帽。崔嵬：高而不平貌。

㊲纤罗：纤细的绮罗。缨：冠带。

㊳翠：指翡翠鸟的羽毛。翰：锦鸡的红色羽毛。

㊴表：装饰。容仪：仪表容貌。

㊵俯仰：上下，亦指代各种礼仪。光荣：光辉。

㊶章甫：宋国的冠名。《礼记·儒行》：“（孔子）长居宋，冠章甫之冠。”

㊷高冠：即高山冠。蔡邕《独断》：“高山冠，齐冠也。”

㊸盖：承上启下之词。足：值得。

㊹排：推。金铺：门上的衔环底座，多用铜制，故曰金铺，此指代门。

㊺玉堂：华丽的殿堂。

㊻桓瑟：齐国之瑟。

㊼赵倡：赵国的倡女。此句写赵倡翩翩起舞。

㊽女娥：此泛指歌女。长歌：曼声歌唱。

㊾声协：声调协调和谐，合乎音律。

㊿感心动耳，荡气回肠：形容音乐优美动听，感人至深。

(51)桂酒：即桂花酒。此泛指美酒。

(52)脍：细切的鱼肉。鲂：鳊鱼。

(53)期：相会。乐康：安乐。

(54)前：上前。奉：献给，举起。卮：古代盛酒器皿。

(55)行觞：斟酒劝饮。

⑤央:尽。

⑤何为:《魏文帝集全译》同,《曹丕集校注》作"为何"。

【汇评】

朱乾曰:劝驾也。墙上生蒿,隐士之居。极言佩服之美、室女乐酒醴之盛,凡所以乐贤者无不尽。汉祖云:"有能从我游者,我能尊显之。"正此意。历叙衣服冠剑,极似子建《七启·容饰篇》,彼亦托言隐居而多方启之也。大意祖《楚辞·招魂》。按:时管宁在辽东,三十七年,魏文征之,乃浮海西归,以为大中大夫,不受,诗当为宁作也。(《乐府正义》卷八)

朱嘉微曰:大墙地据高危,蒿亦丛之。阳春所被虽广,秋风起,零落独先,喻高危者先蹶也。……第转调,则同汉武《秋风辞》矣。(《乐府广序》)

艳歌何尝行

何尝快独无忧①,但当饮醇酒,炙肥牛②。长兄为二千石③,中兄被貂裘④。小弟虽无官爵,鞍马驶驶⑤,往来王侯长者游⑥。但当在王侯殿上,快独樗蒲六博⑦,坐对弹棋⑧。男儿居世,各当努力。蹙迫日暮⑨,殊不久留⑩。少小相触抵⑪,寒苦常相随。忿恚安足诤⑫?吾中道与卿共别离⑬,约身奉事君⑭,礼节不可亏。上惭仓浪之天,下顾黄口小儿⑮。奈何复老心皇皇⑯,独悲谁能知?

【题解】

《艳歌何尝行》属乐府《相和歌·瑟调曲》。古辞即古《白鹄篇》。此诗《宋书·乐志》作古辞。曹丕此诗是刺世之作,批评了当时富豪之家骄奢淫逸的生活。

【注释】

①尝:同"曾"。快独:犹"快绝",极快乐。

②但当:只管。醇酒:指酒质厚,即美酒。炙:烧烤。

③二千石:汉代内至九卿郎将,外至郡守尉的俸禄等级。《汉书·百官公卿表》:"自太常至执金吾,秩皆中二千石。……自司隶至虎贲校尉,秩皆二千石。……奉车都尉……驸马都尉……秩比二千石。"

④被:同"披"。貂裘:貂皮衣。

⑤駮駮:马飞奔疾驰貌。

⑥长者:年高位高或辈分高。此指官高位尊之人。

⑦樗蒲:古代的一种赌博游戏。马融有《樗蒲赋》。六博:古代的一种棋戏。共十二棋,六黑六白,两人相对,每人六棋,故名。

⑧坐对:即对坐。弹棋:一种游戏。

⑨蹙迫:穷促急迫,指来日非长。

⑩殊:副词,极,甚。

⑪触抵:即抵触。

⑫忿恚:忿怒。诤:同"争",谏阻。

⑬吾:我,妻子自谓。中道:中途。卿:尊称词,古时夫妇可互称卿,此是妻称夫。

⑭约:检束,约束。

⑮仓浪之天:青天,指天老爷。仓浪:青仓色。顾:眷恋。黄口小儿:喻幼儿。

⑯皇皇:同"惶惶",心不安貌。

【汇评】

谭元春曰:以艳起,在悲结。任眼底驰驱享用。人心各有一段缺陷不自快处。钟惺曰:顾眄摇曳,情态之妙,生于音节。(《古诗归》卷七)

王夫之曰:序事不入传记,俳谐不入滑稽口号,古人幸有此天然乐府词。后来不苦芒芒除取下根,汉十可得九矣。(《船山古诗评选》卷一)

朱嘉徵曰:刺俗也。风教衰,礼乐废矣。王公大人之廷,游遨荡子,翩

其翔宇,弃室家之欢,忘忠上之节焉。(《乐府广序》)

煌煌京洛行①

　　夭夭园桃②,无子空长。虚美难假③,偏轮不行④。淮阴五刑⑤,鸟尽弓藏⑥。保身全命,独有子房⑦。大愤不收⑧,褒衣无带⑨。多言寡诚⑩,祗令事败⑪。苏秦之说⑫,六国以亡⑬。倾侧卖主⑭,车裂固当⑮。贤矣陈轸⑯,忠而有谋。楚怀不从,祸卒不救。祸夫吴起,智小谋大⑰。西河何健⑱,伏尸何劣⑲。嗟彼郭生⑳,古之雅人㉑。智矣燕昭,可谓得臣。峨峨仲连㉒,齐之高士㉓。北辞千金㉔,东蹈沧海㉕。

【题解】

　　《煌煌京洛行》属乐府《相和歌·瑟调曲》歌辞。此诗借"咏史"的方式,评论了古人之成败得失,表达了要吸取历史教训,君臣相处应该相知相得的想法。

【注释】

　　①《宋书·乐志三》题作《园桃》。
　　②夭夭:绚丽茂盛的样子。
　　③虚美:不真实的美。假:借用。指徒有其表而无实用。
　　④偏:偏斜、不正。指偏斜的车轮不能行走。
　　⑤淮阴五刑:淮阴,本县名,此指韩信,汉朝功臣,最后被刘邦夫人吕后用计杀害。五刑谓黥、劓、斩趾、断舌及枭。
　　⑥鸟尽弓藏:鸟打完了,就把弓收藏起来。比喻天下既定或大功告成之后,就把曾经出过力的人一脚踢开。
　　⑦子房:张良之字。张良为汉之开国功臣,后功成身退,得以保全性

命。

⑧愤：疑为"帻"，因形近而误。大帻：大幅的头巾。不收：不收敛。此句和下句"褒衣无带"相对，均比喻空言无实，大而无当，能放而不能收。

⑨褒：大的衣服、大裙。

⑩寡：缺少。

⑪衹：一作"抵"。败：毁坏。

⑫苏秦：战国时代的辩士，为"多言寡诚"的典型人物。

⑬六国：指齐、楚、燕、韩、赵、魏六国。

⑭倾侧：险诈，反复无常。

⑮车裂固当：《战国策》载：苏秦相齐，私下与燕王勾结，计划颠覆齐国，"共分其地"，阴谋泄露后，齐王大怒，车裂苏秦于市。

⑯陈轸：楚怀王大臣。

⑰智小谋大：比喻智慧小却谋求大，自不量力。

⑱健：雄才大略，能干。

⑲伏尸何劣：事见《史记·孙子吴起列传》。劣：卑鄙懦弱。

⑳郭生：即郭隗。

㉑雅人：指有才智、有见解的人。

㉒峨峨：高貌，此指端直美盛的形象。仲连：即鲁仲连，齐人。作者认为鲁仲连这样功成不爵、长揖而去是最明智的。

㉓高士：品行高尚的人，指鲁仲连。

㉔辞：推辞。赵国在齐西北，故曰"北辞"。

㉕蹈：踩上。沧海：大海。

【汇评】

王夫之曰：咏古诗，下语善秀，乃可歌可弦，而不犯史垒。足知以诗史称杜陵，定罚而非赏。（《船山古诗评选》卷一）

陈祚明曰：意取功名善全之士，比意新警，刻意作高古之调，杂引前人，并以抒其议论，故事事无不生动，此可以得使事之法矣。此等处极摹乃父。（《采菽堂古诗选》卷五）

朱嘉徵曰：志鉴戒焉。君子不忘人鉴，不忘古鉴。（《乐府广序》）

月重轮行

三辰垂光①，照临四海②。焕哉何煌煌③！悠悠与天地久长④。愚见目前⑤，圣睹万年⑥。明暗相绝，何可胜言⑦。

【题解】

《月重轮行》属乐府《相和歌·瑟调曲》，原辞已失传。曹丕此篇已不全，残存若干句写出了圣人和凡人之间眼界的不同。

【注释】

①三辰：日、月、星。

②照临：照射。

③焕：光明。煌煌：明亮辉耀貌，形容三辰的光明。

④悠悠：长久、遥远。

⑤愚：指愚人。目前：眼前，指目光短浅。

⑥圣：指圣人。

⑦胜：尽。

【汇评】

朱嘉徵曰：颂嗣王也。改歌君德，典诰之辞，自然藻耀。（《乐府广序》）

王夫之曰：无限笼罩，一以犹夷出之，陈子昂面勇耳。（《船山古诗评选》卷一）

陈祚明曰：名言古调。（《采菽堂古诗选》卷五）

董逃行

晨背大河南辕^①,跋涉遐路漫漫^②。师徒百万哗喧^③,戈矛若林成山^④,旌旗拂日蔽天^⑤。

【题解】

《董逃行》属乐府《相和歌·清调曲》,原辞尚存。曹丕此作仅存残句,描写了出征在外,大军声威赫赫,旌旗遮天蔽日的情景。

【注释】

①背:离开、避开。大河:指黄河。南辕:车辕向南,谓车向南行。辕:车前驾马的杠。

②跋涉:犹言登山涉水。遐路:远路。漫漫:遥远。

③师徒:兵士。哗喧:即喧哗,声音大而嘈杂,形容百万大军声威赫赫。

④戈矛:兵器。

⑤旌旗:旗帜的通称。拂:掠过。此句是说战旗在空中飘扬,遮天蔽日。

善哉行

自惜奇薄,少离凶殃^①。
喟然以恍叹,抱情不得叙^②。

【题解】

此篇已不全,仅存残句。

【注释】

①此句《文选》卷十六潘安仁《寡妇赋》"何遭命之奇薄今,遘天祸之未悔"句李善注引。奇薄:古代星相术士以奇数和偶数测定人的命运,以奇为不幸,偶为幸运。此谓命运不好。离:同"罹",遭受。凶殃:灾祸。

②此句《文选》卷二十六颜延年《夏夜呈从兄散骑车长沙》诗"屏居恻物变,慕类抱情殷"句李善注引。喟然:叹息、叹气的样子。恍叹:悲叹。抱情不得叙:自己内心的情感无处倾诉。

折杨柳行①

端居苦无惊②,驾游博望山③。

【题解】

此篇当是曹丕游览博望山所作,仅存佚句。

【注释】

①《文选》卷二十二谢朓《游东园诗》注引此二句。

②端居:犹言平居。无惊:没有心思。惊:心情。

③驾游:驾车游玩。驾:乘坐。博望山:古山名,即今安徽当涂西南东梁山。

诗

黎阳作_{三首}

其　一

朝发邺城^①,夕宿韩陵^②。霖雨载涂^③,舆人困穷^④。载驰载驱^⑤,沐雨栉风^⑥。舍我高殿,何为泥中^⑦。在昔周武^⑧,爰暨公旦^⑨。载主而征,救民涂炭。彼此一时,惟天所赞。我独何人,能不靖乱^⑩?

【题解】

黎阳,古县名,汉置,属魏郡,治今河南浚县。此诗共三首,作于建安八年由邺出发到黎阳的路上。第一、二首写将士在出征途中的艰难及英勇行为,第三首则写战士出征的盛况。

【注释】

①邺城:魏郡邺县,治今河北省临漳县,东汉末年,曹操击败袁绍,占据邺城,在此营建王都,所以也称邺城、邺都。

②韩陵:即韩陵山,俗称七里冈,在河南安阳市东北。

③霖雨:连绵大雨。载涂:满途,一路都是。载:充满。涂:路途。

④舆人:众人。

⑤载驰载驱:既放马快跑,又加以鞭打驱赶。形容骑马疾行。

⑥沐雨栉风:用雨洗头,用风梳头,形容饱经风雨,劳苦奔波。

⑦泥:泥淖、泥途。

⑧周武：即周武王，西周王朝的建立者。

⑨爰暨：以及。公旦：即周公，周武王之弟，名旦。

⑩靖乱：平定战乱。

其　二

殷殷其雷①，濛濛其雨②。我徒我车③，涉此艰阻。遵彼洹湄④，言刈其楚⑤。班之中路⑥，涂潦是御⑦。辚辚大车⑧，载低载昂⑨。嗷嗷仆夫⑩，载仆载僵⑪。蒙涂冒雨⑫，沾衣濡裳⑬。

【注释】

①殷殷：象声词，形容雷声。

②濛濛：形容水气绵细密布的样子。

③徒：步行。车：坐车。

④遵：沿着。洹：水名。《水经注》："洹水东北流经邺城南。"湄：水边，水与草交接的地方。

⑤言：语助词。刈：用镰刀等工具割取植物。楚：荆棘。此句出自《诗经·周南·汉广》，意为砍除道路中的荆条。

⑥班：一群人按次序排成的行列。中路：路中，倒文以合韵。

⑦涂潦：道路泥泞积水。御：抵御，指防止泥泞和积水。

⑧辚辚：象声词，车行声。

⑨低：下。昂：高。形容车子在泥途中忽高忽低，时起时伏的样子。

⑩嗷嗷：叫呼声、叫喊声。仆夫：驾驭车马之人，泛指供役使的人，犹言仆人。

⑪仆：向前倾跌。僵：仆倒。

⑫蒙涂：承受着泥泞。涂：泥泞。

⑬濡：湿润，浸渍。衣、裳：衣服。上为衣，下为裳。

其　三

千骑随风靡①，万骑正龙骧②。金鼓震上下③，干戚纷纵横④。白旄若素霓⑤，丹旗发朱光⑥。追思太王德⑦，胥宇识足臧⑧。经历万岁林⑨，行行到黎阳。

【注释】

①骑：一人一马曰骑。靡：倒下，指的是袁绍敌人的部队望风而逃，都被消灭。

②龙骧：龙腾跃或昂举。指的是曹魏的军队士卒气概威武。

③金鼓：古时作战壮声势的器具，击鼓则表示进军，鸣金则示意收兵。

④干戚：盾与斧，皆古代兵器。纷：盛多貌。形容很多兵器纵横交错。

⑤白旄：古代用白色牦牛尾装饰的旗子。素霓：白色的虹。

⑥丹旗：红色的旗。

⑦太王：指周文王的祖父古公亶父。

⑧胥宇：犹"相宅"，即察看地势，筹建屋宇。胥：相，视，察看。宇：屋宇。臧：善。

⑨万岁林：地名，所在不详。

【汇评】

王夫之曰：（"朝发邺城"篇）丕虽狂狡，而出音命序，聊以近和。百年闰位，非无福智人，漫焉抚有如此哉。（"殷殷其雷"篇）只用《毛诗》"雨雪载涂"一句，纵横成文，伤悲之心，慰劳之旨，皆寄文句之外。一以音响写之，此公子者，岂不允为诗圣！（《船山古诗评选》卷二）

陈祚明曰：（"朝发邺城"篇）命意居然得体，苦雨之叹已具。（"殷殷其雷"篇）"遵彼"四句，喜其雅切。"辚辚"六句，备极生动。（"千骑随风靡"篇）魏诗常调。起六语句法，自非晋人可及。（《采菽堂古诗选》卷五）

黎阳作

奉辞罚罪遄征①，晨过黎山巉峥②。东济黄河金营③，北观故宅顿倾④。中有高楼亭亭⑤,荆棘绕蕃丛生⑥。南望果园青青⑦,霜露惨凄宵零⑧,彼桑梓兮伤情⑨。

【题解】

此诗写作背景与上一首相同,也是曹丕奉命出征路过黎阳所作,不同的是此诗没有写出征将士,而是写了自己旧居的荒凉情形。

【注释】

①罚:讨伐、征伐。遐征:远征。

②黎山:山名,在今河南浚县东。巉峥:峻峭险要。

③济:渡河。金营:指黎侯城,也称金城,在黄河边。

④故宅:旧宅,指以前曹丕在黎阳的旧居。顿倾:停顿片刻。

⑤亭亭:高耸直立的样子。

⑥荆棘:指有刺的草木。蕃:篱笆。丛生:聚集杂生。

⑦青青:形容草木翠绿的颜色。

⑧惨凄:悲惨凄伤。宵零:一夜之间落下。零:草木凋落。形容果园没人看管,也会很快枯萎。

⑨桑梓:桑和梓是古代家宅旁边常栽的树木,东汉以来遂用作故乡的代称。

【汇评】

陈祚明曰:数言耳,景与情毕尽,且能生动悲凉,知其用笔之妙。(《采菽堂古诗选》卷五)

于谯作

清夜延贵客①,明烛发高光②。丰膳漫星陈③,旨酒盈玉觞④。弦歌奏新曲⑤,游响拂丹梁⑥。余音赴迅节⑦,慷慨时激扬⑧。献酬纷交错⑨,雅舞何锵锵⑩。罗缨从风飞⑪,长剑自低昂⑫。穆穆众君子⑬,和合同乐康⑭。

【题解】

谯,今安徽省亳州市,曹丕的故乡。曹丕继承魏王之后曾在黄初元年八月路过自己的家乡,在此大宴百姓,并减免了当地的赋税。此诗及《复谯租税令》均应作于当时。诗歌描写了当时饮宴歌舞的盛况。

【注释】

①清夜:寂静的夜晚。延:邀请。

②明烛:明亮的烛光。《初学记》或作"明灯"。高光:极为明亮的光。

③丰膳:丰厚的酒宴。陈:陈列、布置。

④旨酒:美酒。盈:充满。玉觞:玉制的酒器,泛指精美贵重的酒杯。

⑤弦歌:用琴瑟等伴奏歌唱。

⑥游响:流动的音响。丹梁:朱红色的梁。

⑦余音:指音乐停止后仍有音响。这句是说余音仍合着节拍。

⑧慷慨:意气激昂。激扬:犹"激昂"。

⑨献酬纷交错:主宾互相敬酒,交会错杂。主人向宾客劝饮曰"献",宾客回敬曰"酢";主人先自饮,又劝宾客,为"酬"。

⑩雅舞:古代帝王用以祭祀天地、祖先及朝贺、宴享的舞蹈,以歌颂本朝的文治武功。何:多么。锵锵:拟声词,形容声音高昂响亮。

⑪罗缨:一种用丝织品制成的彩带。

⑫低昂:起伏、时高时低。

⑬穆穆:仪态美好,举止端庄恭敬。

⑭和合:和谐交融。

王夫之曰:柔于《鲁颂》,雕于《小雅》,不及古人者此耳,他固不减。(《姜斋诗话》卷下)

陈祚明曰:此所谓建安体。华腴之中,妙能矫健。"罗缨"二句,便觉班坐林立,非一二人,生动有态。(《采菽堂古诗选》卷五)

孟　津

良辰启初节①,高会构欢娱②。通天拂景云③,俯临四达衢④。羽爵浮象樽⑤,珍膳盈豆区⑥。清歌发妙曲⑦,乐正奏笙竽⑧。曜灵忽西迈⑨,炎烛继望舒⑩。翊日浮黄河⑪,长驱旋邺都⑫。

【题解】

孟津,古黄河津渡名。在今河南省洛阳市孟津区东北、孟州市西南。相传周武王在此会盟诸侯并渡河,故一名盟津。一说本作盟津,后讹作孟津。为历代兵家争战要地。此诗描写了曹丕举行宴会的情形。

【注释】

①良辰:好日子、吉日。启:开启。初节:指元日,新年的第一天,正月初一。

②高会:盛大的聚会。构:引起。

③通天:满天。拂:飘浮、掠过。景云:祥云、瑞云。

④四达衢:通达四方的道路。

⑤羽爵:羽觞,古代酒器。浮:超过。象樽:酒器名。

⑥珍膳:珍贵的食物。盈:充满。豆区:古代量器,四升为豆,四豆为区。

⑦清歌:清脆嘹亮的歌声。

⑧乐正:乐官名,乐官之长。笙竽:簧管乐器。

⑨曜灵:太阳。西迈:向西方行走。

⑩炎烛:明亮的烛光。望舒:神话中为月神驾车的仙人,后用为月亮的代称。

⑪翊日:翌日、明天。浮:顺流飘浮。

⑫旋:返回。邺都:即邺城。

【汇评】

王夫之曰:本为将归燕客,岂无惜别之情,于乐正奏笙竽之后,忽尔带出,但叙本事,含情自远,其于吟咏,动以天矣。(《姜斋诗话》卷下)

陈祚明曰:平调亦有声节,铿锵可听。(《采菽堂古诗选》卷五)

芙蓉池作

乘辇夜行游①,逍遥步西园②。双渠相溉灌③,嘉木绕通川④。卑枝拂羽盖⑤,修条摩苍天⑥。惊风扶轮毂⑦,飞鸟翔我前。丹霞夹明月⑧,华星出云间⑨。上天垂光彩⑩,五色一何鲜⑪。寿命非松乔⑫,谁能得神仙?遨游快心意⑬,保己终百年⑭。

【题解】

建安十五年,曹操在邺城建铜雀台,芙蓉池即其中的景点之一。芙蓉,荷花的别名,芙蓉池因池中多种荷花而得名。当时曹丕经常和曹植、建安诸子聚会夜游,"酒酣耳热,仰而赋诗"。此诗即描写了在铜雀园夜游之景。

【注释】

①辇:人抬的车,即后世的轿子,秦汉以后特指帝后所乘之轿子。

②逍遥:自由自在、不受拘束。西园:指铜雀园。因园位于邺都正殿文昌殿之西侧,故谓之"西园"。

③溉灌:《艺文类聚》作"灌溉",两个水渠流经西园。

④嘉木绕通川:此句化用张衡《西京赋》"嘉木树庭"和司马相如《上林赋》"通川过于中庭"。嘉木:美好的树木。绕:环绕。通川:流通的河川。

⑤卑枝:低垂的枝条。卑:位置低下,此谓枝条低垂。拂:掠过、拂拭。羽盖:用鸟羽装饰的车盖。

⑥修条:长长的树干。修:长。摩:迫近。苍天:青天。

⑦惊风:急骤之风。扶轮毂:沿着车轮轴头。轮毂:车轮轴头。

⑧丹霞:红色的云霞。夹:相杂、掩映。

⑨华星:明亮的星。华:光辉。出:显现。谓明星闪耀在云间。

⑩垂:低下,挂下。此处有"布满"意,谓天空布满了奇光异彩。

⑪五色:指青、赤、黄、白、黑。一何:犹今言"多么"。

⑫松乔:即赤松子和王子乔,传说中的两个仙人。

⑬遨游:纵情游乐。

⑭保己:保全自己。

【汇评】

刘履曰:《芙蓉池》一篇,首言"乘辇夜行游,逍遥步西园",末云"遨游快心意,保己终百年"。则是缺人君弦济之度,纵一己流连之情,其不取也,宜矣。若夫"驱马出游,聊以写忧",亦人情所不能无者,读者不以词害意可也。(《选诗补注》卷二)

王夫之曰:灵光之气,每于景事中不期飞集,如"罗缨从风飞""丹霞夹明月",直令后人镂心腐意,不能仿佛。于建"朱华冒绿池",如雕金堆碧作,佛合庄严尔,天上五云宫殿,自无彼位平,只此平之一字,逐空千。(《姜斋诗话》卷下)

何焯曰:丹霞一绝,直书即目,自有帝王气象,合结语恰似文帝生平也。

337

"丹霞夹明月"二句,托兴与子建《公宴》诗同,写景亦有云霞之色。"寿命非乔松",收足夜游。"遨游快心意"二句,即君知吾喜否,意丕之所见如此,其语偷,不似民主,吴人以券其不十也。(《义门读书记》)

于玄武陂作

　　兄弟共行游,驱车出西城①。野田广开辟,川渠互相经②。黍稷何郁郁③,流波激悲声④。菱芡覆绿水,芙蓉发丹荣⑤。柳垂重荫绿⑥,向我池边生。乘渚望长洲⑦,群鸟谨哗鸣⑧。萍藻泛滥浮⑨,澹澹随风倾⑩。忘忧共容与⑪,畅此千秋情⑫。

【题解】
　　玄武陂即玄武池。建安十三年曹操在邺城开凿玄武池练水军,准备南征孙权。曹丕兄弟当时经常在此游玩,此诗即描写了一次游玩玄武池的情景。

【注释】
①西城:邺无西城,此句西城是指北城的西面。
②川渠:水道。经:谓渠道纵横交错。
③黍稷:黍和稷,为古代主要农作物,亦泛指五谷。郁郁:繁盛的样子。
④流波:流水。激:激荡、飞溅。悲声:动听感人之声。
⑤发:生发、开放。丹荣:红色的花。荣:草本植物的花。
⑥重荫:浓荫。
⑦乘:登。渚:水中小洲或小岛。长洲:指池中的岛屿。
⑧谨哗:同"喧哗"。
⑨萍藻:即浮萍。泛滥:形容水藻到处扩散、滋长。
⑩澹澹:水波荡漾的样子。倾:倾向、趋向。

⑪容与:悠闲自得的样子。

⑫千秋情:千载难忘、永恒的感情。

【汇评】

王夫之曰:亦野望,亦田园,自不入王、孟,岂不在气体之间。(《姜斋诗话》卷下)

陈祚明曰:柳垂有色,色美在重;群鸟有声,声美非一。水光泛滥,与风潆荡。佳处全在生动。写景如不生动,不如其已。(《采菽堂古诗选》卷五)

至广陵于马上作

观兵临江水,水流何汤汤①。戈矛成山林②,玄甲耀日光③。猛将怀暴怒④,胆气正纵横⑤。谁云江水广⑥,一苇可以航⑦。不战屈敌虏⑧,戢兵称贤良⑨。古公宅岐邑⑩,实始翦殷商⑪。孟献营虎牢⑫,郑人惧稽颡⑬。充国务耕殖⑭,先零自破亡⑮。兴农淮泗间⑯,筑室都徐方⑰。量宜运权略⑱,六军咸悦康⑲。岂如《东山》诗⑳,悠悠多忧伤㉑。

【题解】

广陵,古城扬州的先名,历史上的扬州,魏晋南北朝时期长江北岸重要都市和军事重镇。黄初六年,曹丕到广陵,临江观兵,有士卒十余万,旌旗数百里,准备大举进攻孙吴。当时曹丕在马上赋得此诗,书写了出征的壮阔景象。

【注释】

①汤汤:水势浩大、水流很急的样子。

②戈矛:戈和矛,亦泛指兵器。

③玄甲：黑色的铠甲。耀：照耀、闪耀。

④暴怒：急躁发怒。此句言猛将的精神、意志和气概。

⑤胆气：胆量气概。纵横：奔放，豪放。

⑥广：宽阔。

⑦苇：即芦苇。以一苇喻小船。航：航行。

⑧屈：《尔雅·释诂》："屈，治也。"此句言不战就可以制服敌方。

⑨戢兵：息兵，停止军事行动。

⑩古公：即古公亶父，周太王，古代周族领袖，传为后稷第十二代孙，周文王的祖父。宅：开辟为居住之处。岐邑：古邑名，在今陕西岐山县东北。周族古公亶父因受戎、狄威逼，由豳（今陕西彬州）迁至岐山下的周原（今陕西岐山北），建筑城郭家室，以居四方来归之民。

⑪实：确实。始：开始。翦：斩断、削弱。《曹丕集校注》作"剪"。

⑫孟献：即孟献子，春秋鲁大夫，以贤著称。营：营建。虎牢：古地名，古东虢国，春秋郑国地。见《穆天子传》。

⑬稽颡：旧丧礼，居父母之丧时跪拜宾客之礼，以额触地，表示极度悲痛。此谓郑向晋等国请罪，表示降服。

⑭充国：即赵充国，汉陇西上邽人，字翁孙。善骑射，通兵法，为人沉勇有方略。务：勉力从事。耕殖：耕作种植，指屯田。

⑮先零：汉代羌族的一支，又称先零羌。最初居于今甘肃、青海的湟水流域，以后离开湟中至西海盐池一地。宣帝时，复至湟水，为赵充国所破。

⑯淮泗：淮河和泗水。此谓淮河中下游流域和泗水流域，即今安徽东北部和江苏的北部地区。

⑰都：于。徐方：古族名，亦称徐夷或徐戎。春秋时为楚所灭。

⑱量：估量。宜：合适，相称。运：运用。权略：犹权谋，随机应变的谋略。

⑲六军：泛指朝廷的军队。悦康：即安乐。

⑳东山诗：指《诗经·豳风·东山》，相传为反映周公东征归来的诗歌。

㉑悠悠：忧愁。

沈德潜曰:《魏志》:"黄初六年,幸广陵故城,临江观兵,戎卒十余万,旌旗数百里,因于马上作诗。"本难飞渡,却云"一苇可航",此勉强之词也。然命意使事,居然独胜。(《古诗源》卷五)

杂诗二首

其 一

漫漫秋夜长,烈烈北风凉①。展转不能寐②,披衣起彷徨③。彷徨忽已久④,白露沾我裳。俯视清水波,仰看明月光。天汉回西流⑤,三五正纵横⑥。草虫鸣何悲,孤雁独南翔。郁郁多悲思⑦,绵绵思故乡⑧。愿飞安得翼,欲济河无梁⑨。向风长叹息,断绝我中肠⑩。

【题解】

杂诗是指兴致不一、不拘流例、遇物即言之诗。《文选》有杂诗一目,凡内容不属献诗、公宴、游览、行旅、赠答、哀伤、乐府诸目者,概列杂诗项。王粲、刘桢、曹植等人皆有题为杂诗的作品。曹丕这两首诗都书写了游子客居他乡,生活漂泊不定,未来充满忧愁的情状。

【注释】

①烈烈:猛烈而寒冷的样子。

②展转:翻来覆去,不能入睡貌。展:同"辗"。

③彷徨:徘徊。《艺文类聚》作"彷徉"。

④忽已久:不自觉地过去了很长一段时间。

⑤天汉:银河。西流:流转向西。指秋夜天河由西南向正西移动,表明夜已很深。

⑥三五:天空稀疏的星星。《诗经·召南·小星》:"嘒彼小星,三五在东。""三"指心星或参星,"五"指噣星或昴星。纵横:交错。

⑦郁郁:沉闷郁结。多:常常,此谓"阵阵"。

⑧绵绵:连续不断,言思绪之多又长。

⑨济:渡。梁:桥。

⑩中肠:衷肠,肝肠。中:同"衷"。

其 二

西北有浮云①,亭亭如车盖②。惜哉时不遇③,适与飘风会④。吹我东南行⑤,行行至吴会⑥。吴会非我乡,安得久留滞⑦。弃置勿复陈⑧,客子常畏人⑨。

【注释】

①浮云:飘浮于空中的云。

②亭亭:孤高貌。《编珠》作"团团"。如:《太平御览》及《事类赋》作"似"。车盖:古代车上的蓬子,形圆如伞,下有柄。

③时不遇:未遇上好时机。

④适:恰巧。飘风:暴起之风。

⑤吹我东南行:据《文选》李善注和五臣注,此诗的写作背景为伐吴之事。魏在西北,吴在东南,故云"西北浮云""东南行""至吴会"等。我:浮云自称,喻游子。

⑥行行:李善《文选》注作"南行"。吴会:吴郡和会稽郡,在今江浙一带。

⑦安:怎么。留滞:停留。

⑧弃置勿复陈:汉魏乐府诗中的套语。弃置:抛开,搁置。陈:叙说。意谓羁旅他乡的客子,日日思返而又怕勾起愁思的矛盾心理。

⑨客子:旅居于外之人。畏人:见人而惧。

郭茂倩曰：魏文帝诗曰："漫漫秋夜长，烈烈北风凉。展转不能寐，披衣起彷徨。彷徨忽已久，白露沾我裳。俯视清水波，仰看明月光。"又曰："草虫鸣何悲，孤雁独南翔。郁郁多悲思，绵绵思故乡。"《秋夜长》，其取诸此。（《乐府诗集》卷七十六）

范晞文曰：魏文帝："西北有浮云，亭亭如车盖。惜哉时不遇，适与飘风会。吹我东南行，行行至吴会。吴会非我乡，安能久留滞。弃置勿复陈，客子常畏人。"又子建："转蓬离本根，飘飘随长风。何意回飙举，吹我入云中。高高上无极，天路安可穷。类此游客子，捐躯还从戎。毛褐不掩形，薇藿常不充。去去莫复道，沉忧令人老。"此结句换韵之始。（《对床夜语》卷一）

王世贞曰：子建"谒帝承明庐""明月照高楼"，子桓"西北有浮云""秋风萧瑟"，非邺下诸子可及。仲宣、公干，远在下风。（《艺苑卮言》卷三）

张凤翼曰：二诗有疑惧意，应是操欲易世子时作。而旧注未及，故识此以发明诗旨。（《文选纂注》卷十二）

钟惺云：曹氏父子高古之音，苍凉之气，乐府妙手。五言古，则减价矣。谭元春云：钟此论极确。作乐府歌行手，以之为五言古，多有格格不合处，作者亦不自知。又云：此首独清丽，然寄意亦薄。（《古诗归》卷七）

沈德潜曰：二诗以自然为宗，言外有无穷悲感。（《古诗源》卷五）

清河作

方舟戏长水①，潺潺自浮沉②。弦歌发中流③，悲响有余音④。音声入君怀⑤，凄怆伤人心。心伤安所念？但愿恩情深⑥。愿为晨风鸟⑦，双飞翔北林⑧。

【题解】

清河是古河名，在今河北威县附近。此诗的内容和情感与下篇《清河见挽船士新婚与妻别作》相近，写出了夫妻感情深厚、不忍分别的心情。

①方舟:两船相并。

②澹澹:水波荡漾貌。《玉台新咏》作"湛澹",《广文选》作"湛淡"。浮沉:谓方舟在水中时起时伏。

③弦歌:琴瑟相和之歌。中流:河中间。

④悲响有余音:《艺文类聚》作"悲风漂余音"。悲响:动听的歌声,此谓动人的歌声飘扬在水面上。

⑤君:指意中人。

⑥愿:《广文选》作"顾"。

⑦晨风:鸟名。

⑧北林:林名。

【汇评】

王夫之曰:玄音绝唱。(《姜斋诗话》卷下)

陈祚明曰:辞旨宛转相抱,亦以自然独胜。(《采菽堂古诗选》卷五)

清河见挽船士新婚与妻别作

与君结新婚①,宿昔当别离②。凉风动秋草③,蟋蟀鸣相随④。冽冽寒蝉吟⑤,蝉吟抱枯枝⑥。枯枝时飞扬⑦,身体忽迁移⑧。不悲身迁移⑨,但惜岁月驰⑩。岁月无穷极⑪,会合安可知⑫?愿为双黄鹄⑬,比翼戏清池⑭。

【题解】

此诗《艺文类聚》作徐干诗,《玉台新咏》作曹丕诗。与《清河作》诗同时作。

【注释】

①君:指挽船人。此句用《古诗十九首·冉冉孤生竹》"与君为新婚,菟丝附女萝"意。

②宿昔:是"夙夕"的假借字,或作"夙昔",意及"早晚"或"旦夕",谓时间短促。

③动:吹动。

④相随:指蟋蟀相伴随着的鸣叫声,因物的相偶起兴。

⑤冽冽:寒冷貌。

⑥抱枯枝:喻独守空房。

⑦枯枝时飞扬:谓枯枝不时地被风吹起。时:时常。

⑧迁移:指寒蝉枯枝飘零。

⑨悲:悲叹。

⑩驰:流逝。

⑪穷极:尽头。

⑫会合:相聚会。

⑬黄鹄:鸟名。其形似鹤,苍黄色,亦有白色,其翔极高,一名天鹅。

⑭比翼:齐飞。此喻夫妇之间的亲密关系。戏:嬉戏。

【汇评】

王夫之曰:无穷其无穷,故动人不已;有度其有度,故含怨何终。乃知杜陵《三别》,傒厓灰颓,不足问津《风》《雅》。(《船山古诗评选》卷四)

寡妇 有序①

友人阮元瑜早亡,伤其妻孤寡②,为作此赋。

霜露纷兮交下③,木叶落兮凄凄④。候雁叫兮云中⑤,归燕翩兮徘徊⑥。妾心感兮怅惘⑦,白日急兮西颓⑧。守长夜兮思君⑨,魂一夕兮九乖⑩。怅延伫兮仰视⑪,星月随兮天回⑫。徒引领兮入房⑬,窃自怜兮孤栖⑭。愿从君兮终没⑮,愁何可兮久怀⑯。

【题解】

建安十七年(212),"建安七子"中的阮瑀病逝。曹丕和他感情深厚,感伤他的妻子孤寡,所以作诗及赋以表达对死者的怀念、对生者的安慰。

【注释】

①原本题无"有序",今据内容补。

②阮元瑜(?—212):阮瑀,字元瑜,陈留尉氏(今河南开封)人,汉魏文学家,"建安七子"之一。年轻时曾拜蔡邕为师。因得名师指点,文章写得十分精炼,闻名于当时。相传曹操闻听阮瑀有才,为搜罗人才,召他做官,阮瑀不应,后曹操又多次派人召见,匆忙中阮瑀逃进深山,曹操不甘心,命人放火烧山,这才逼出阮瑀,勉强应召。所作章表书记很出色,当时军国书檄文字,多为阮瑀与陈琳所拟。其妻:《艺文类聚》"其妻"下有"子"。

③纷:混淆,杂乱。交下:交错而下。

④木叶:树叶。凄凄:冷清貌。

⑤候雁:雁于冬季南来,夏初北归,往来有定时,故称候雁。

⑥燕:候鸟,冬迁南方。翩:疾飞貌。

⑦怅惘:即"惘怅",因失望或失意而哀伤。

⑧白日:明亮的太阳。颓:落下。此句以太阳的急骤西落喻寡妇失去了丈夫。

⑨思君:《诗纪》云:"一作君思。"

⑩九乖:言思君过甚,整夜不眠,魂不附体。乖:背离,指魂不附体。

⑪怅:失意,懊恼。延伫:久立等待。

⑫回:运转。

⑬徒:仅、只。引领:伸颈远望,喻盼望殷切。

⑭窃:犹言"私",常用作表示个人意见的谦词。孤栖:单身独居。

⑮君:指寡妇之亡夫。终没:死。

⑯久怀:久久地怀念。

【汇评】

沈德潜曰:潘岳《寡妇赋序》曰:"阮瑀既没,魏文悼之,并命知旧,作寡妇之赋。"指是篇也。(《古诗源》卷五)

张玉穀曰:诗伤寡妇,而竟代寡妇自伤,最为亲切。首四,就秋景说起,感时触物,苍莽而来。"妾心"八句,以心感字承醒起意,转入长夜思君之痛。星月回天,本赋夜景,然妇随夫倡,比意亦涵。跌出引领入房,自怜孤栖,喷醒题中"寡"字。夫寡妇之苦,何可尽言,而凉秋静夜,尤其凄其,故只就此写意,正复无所不包。末二,结到从死忘愁,曲达其深情,即隐坚其贞念也,何等宛至。(《古诗赏析》卷八)

令 诗

丧乱悠悠过纪①,白骨从横万里②。哀哀下民靡恃③,吾将以时整理④。复子明辟致仕⑤。

【题解】

《汉献帝传》载太史丞许芝等以图谶劝曹丕接受禅让称帝,曹丕因此作《答许芝上代汉图谶令》,同时也作了此诗。

【注释】

①丧乱:丧亡战乱。悠悠:遥远,无穷尽,时间长久。过:逾。纪:古代以十二年为一纪。此非实指,虚言丧乱时间长久。

②白骨从横万里:曹操《蒿里行》:"白骨露于野。"王粲《七哀诗》:"白骨

蔽平原。"从横：即纵横交错貌。

③哀哀：悲伤不止。下民：指世间的人民。因对天而言，故称下民。靡恃：无依靠。

④以时：乘机。以：乘。一作"佐"。整理：整顿治理。

⑤复：归还。辟：君主。致仕：辞官归居。作者借此表示：绝不受禅，仍归政于汉献帝，否则将辞官归居。

于明津作

遥遥山上亭①，皎皎云间星②。远望使心怀③，游子恋所生④。驱车出北门⑤，遥望河阳城⑥。凯风吹长棘⑦，夭夭枝叶倾⑧。黄鸟飞相追⑨，咬咬弄音声⑩。伫立望西河⑪，泣下沾罗缨⑫。

【题解】

明津，王夫之《姜斋诗话》作"盟津"，即孟津。诗中描写了行旅之苦和游子的思乡之情。

【注释】

①遥遥：远貌。

②皎皎：明亮貌。

③怀：一本作"思"。

④游子：远离家乡的人，此指士卒。所生：指所生之地，即家乡。

⑤驱车出北门：此从《古诗十九首》"驱车上东门"变化而来。驱：策马前进。

⑥河阳：古县名。春秋晋邑，汉置县，属河内郡，治所在今河南省孟州西。南临黄河，向为洛阳外围重镇。一本作"洛阳"。

⑦凯风:和风。棘:有刺的草木。

⑧夭夭:形容枝叶茂盛而艳丽。倾:侧,斜。

⑨黄鸟:鸟名。即黄莺或黄雀。

⑩咬:鸟叫声。弄:原意为奏乐,此谓黄鸟互相嬉戏。

⑪伫立:久立而等待。西河:战国魏地,今陕西东部黄河西岸地区。

⑫泣:暗哭而流泪。罗缨:用丝织品做成的冠带。

【汇评】

王夫之曰:意旖旎以无方,情纵横而皆可。此《凯风》《黄鸟》,固不妨用卫风,元无画一之兴故也。今人讳之,陋矣。(《姜斋诗话》卷下)

失　题

巾车出邺宫①,校猎东桥津②。重置施密网③,罤毕飘如云④。弯弓忽高驰⑤,一发连双麋⑥。

【题解】

此诗《艺文类聚》题作"魏文帝诗曰",无题,今题作"失题"。曹丕自幼喜好弓马游猎,登基称帝之后依然时常出猎,在出猎的时候写作了此诗。

【注释】

①巾车:有车衣的车。出:《初学记》误作"中"。邺宫:邺都的宫殿。

②校猎:用木栏围猎。东桥津:地名,在邺城近郊。津:渡口。

③重:层。置:捕兽的网。施:加。《初学记》作"结"。

④罤毕:指罤车,皇帝所用的仪仗。《魏文帝全集》译作"翬",《曹丕集校注》作"竿"。

⑤弯弓:拉满弓箭。忽:疾速。高驰:远走。

⑥连:连中。麋:即獐。

见挽船士兄弟辞别诗

郁郁河边树,青青野田草①。舍我故乡客②,将适万里道③。妻子牵衣袂,落泪沾怀抱④。还附幼童子⑤,顾托兄与嫂⑥。辞诀未及终⑦,严驾一何早⑧。负笮引船行⑨,饥渴常不饱⑩。谁令尔贫贱⑪,咨嗟何所道⑫!

【题解】

郭茂倩《乐府诗集》将此诗作为谢灵运《折杨柳行》。而《北堂书钞》《初学记》《白帖》等作曹丕诗。此诗与《清河见挽船士新婚与妻别作》相类似。写丈夫被征当挽船士离家,被迫与妻子、兄弟相分离。

【注释】

①"郁郁"两句:《古诗十九首》:"青青河畔草,郁郁园中柳。"郁郁:盛貌。青青:犹言长青。

②舍:《乐府诗集》误作"合"。客:非客人,乃谓亲戚朋友。

③适:往,去,到。道:征途。

④落:《乐府诗集》作"收",《北堂书钞》作"扠"。怀抱:胸前衣襟。

⑤附:同"抚",即抚爱。幼童子:指小孩。

⑥顾托:托付。

⑦辞诀:辞别。

⑧严驾:整治车马,准备出行。

⑨负:背。笮:竹制的绳索,此处用来牵引船只。

⑩不饱:《北堂书钞》作"不食",今据《乐府诗集》改。

⑪令:使。尔:你。

⑫咨嗟:叹息声。道:说。

代刘勋出妻王氏作_{有序}

王宋者,平虏将军刘勋妻也。入门二十余年,后刘勋悦山阳司马氏女,以宋无子出之。还于道中作诗。

翩翩床前帐①,张以蔽光辉②。昔将尔同去③,今将尔同归④。缄藏箧笥里⑤,当复何时披⑥。

【题解】

刘勋,字子台,琅琊人,曾任庐江太守。于建安四年投奔曹操,任征虏将军,后因恃宠而骄、图谋不轨而被诛杀,曾为曹魏平虏将军。其妻王宋,被他所休。此诗即曹丕以王宋的口吻叙述自己被休后的悲伤心情。

【注释】

①翩翩:轻盈貌。

②张:张挂。《艺文类聚》《古诗纪》均作"可"。

③将:携带。尔:你,指帐。去:往,指出嫁到刘家。

④同:《玉台新咏》作"共"。归:还,指返回娘家。

⑤缄:封闭,此谓锁藏。箧笥:盛衣服的竹箱。

⑥披:打开。

其　二

谁言去妇薄①,去妇情更重。千里不唾井,况乃昔所奉②!远望未为遥,峙(嵀)不得共③。

【注释】

①去妇:旧时被丈夫休弃的妇女,指刘勋的妻子王氏。薄:指感情淡薄。

②"千里"两句:此两句以不肯弄脏水井,比喻弃妇虽然被夫所弃,但对其仍有深厚的感情,照常爱护他的名声。乃:是。奉:侍奉。

③峙(嶂):同"踟蹰",欲进不进的样子。不得共:不能在一起。

【汇评】

陈祚明曰:("翩翩床前帐")此章心伤断绝,借物形己。("谁言去妇薄")此章惓惓不忘,情怀忠厚。初不言司马氏女,略露怨怼,甚得性情之正,语不须琢,婉曲缠绵矣。(《采菽堂古诗选》卷五)

夏日诗

夏日饶温和①,避暑就清凉②。比坐高阁下③,延宾作名倡④。弦歌随风厉⑤,吐羽含徵商⑥。嘉肴重叠来⑦,珍果在一旁⑧。棋局纵横陈⑨,博弈合双扬⑩。巧拙更胜负⑪,欢美乐人肠⑫。从朝至日夕,安知夏节长⑬!

【题解】

谢灵运《拟魏太子邺中集诗序》云:"建安末,余时在邺宫,朝游夕燕,究欢愉之极,天下良辰、美景、赏心、乐事,四者难并,今昆弟友朋,二三诸彦,共尽之矣。"曹丕在为五官中郎将的时候,经常与建安诸人宴集,此诗即为当时所作,描写了夏时避暑、饮宴歌舞的盛况。

【注释】

①饶:多。温和:暖和,热。温:《诗乘》作"清"。

②就：归，趋。

③比：亲近。指昆弟友朋。《太平御览》作"北"，《诗乘》同。高阁：高高的楼阁。

④延：邀请。作名倡：名倡作舞唱歌。

⑤厉：飞扬，疾飞。此指弦歌之声高扬疾飞。

⑥羽徵商：五音中的三个音。

⑦重叠：形容多。

⑧旁：或作"傍"。

⑨棋局：即棋盘。陈：陈列、布置。

⑩博弈：六博和围棋。合：同"和"。双扬：即双陆，古代的一种博戏。

⑪巧拙：灵巧与拙笨。

⑫欢美：喜乐美好。肠：心肠。

⑬夏节：即夏季。

游猎诗

行行游且猎①，且猎路南隅。弯我乌号弓②，骋我纤骊驹③。走者贯锋镝④，伏者值戈殳⑤。白日未及移⑥，手获三十余。

【题解】

本诗为建安十年(205)曹丕与其族兄曹真游猎于邺城西后所作。曹真字子丹，魏武帝曹操的族子。据《三国志》记载，曹操起兵讨伐董卓时，曹真之父曹邵为曹操招募兵马，后为豫州牧黄琬所杀害，曹操于是收养丧父的曹真。但另据裴松之注引《魏略》的记载，曹真本姓秦，其父秦邵(字伯南)素来与曹操相善。初平四年(193)，袁术部曲与曹操在豫州交战，曹操在一次外出侦察时，遭遇袁术部曲追杀，幸得曹真之父冒名顶替，袁术部曲误以为他就是曹操，遂杀之而去，使曹操躲过一劫。由此曹操想到秦邵恩德，因此曹操收养曹真,变易其姓,才转姓曹。曹操收养曹真后,让他与曹丕等一起生活,所以他们二人过从甚密,经常一起出猎。此诗见《太平御览》卷三百五十三。

【注释】

①游且猎:即游猎。且,连词。下句"且"为语气助词。

②弯:开弓。乌号:古良弓名。

③骋:纵马奔驰。纤骊驹:即纤离驹,古良马名。驹:少壮之马。

④走者:指惊走的兽。贯:射中。

⑤伏者:指隐藏的兽。值:碰,逢。戈殳:古兵器。

⑥移:挪动。此句是说太阳还没有走动,比喻时间极短。

歌　辞

长安城西有双圆阙①,上有双铜雀。一鸣五谷生②,再鸣五谷熟③。

【题解】

此诗《诗纪》作《古歌铜雀词》,编在汉诗。《北堂书钞》《文选》《太平御览》皆作魏文帝歌辞。此诗写了邺城铜雀台的景象。

【注释】

①长安:西汉都城,故城在今陕西西安市西北。圆阙:汉建章宫外的圆形阙。

②五谷:泛指各种主要的谷物。但五谷说法不一,比较普通的说法以稻、黍、稷、麦、菽为五谷。

③熟:长成熟。

佚句八则

其 一

蜘蛛网户牖,野草当阶生①。

【题解】

曹丕诗文集自宋以后亡佚,故有一些佚句散见于文籍之中,题目、内容皆不甚明晰,今辑得八则,总题为"佚句八则"以排列之。

【注释】

①《文选》卷二十九晋张协《杂诗》李善注引作魏文帝诗。《文选》卷三十南朝沈约《直学省愁卧》李善注引亦作魏文帝诗。网:此处用作动词,结网。户牖:门和窗。当:正在那时候或那地方。阶:台阶。

其 二

王韩独何人,翱翔随天途①。

【注释】

①见《文选》卷二十八晋陆机《前缓歌声》李善注引。王韩:即王子晋和韩众,是传说中的仙人。随:沿着。

其　三

回头四向望，眼中无故人^①。

【注释】

①《文选》卷二十五晋陆云《答张士然》诗李善注引此句。望：张望。故人：旧交，老朋友。

【汇评】

宋长白曰：魏文帝诗"回头四向望，眼中无故人"，陈思王诗"不见旧耆老，但睹新少年"。每于羁旅淹留之后，乍还乡井，讽咏此言，不自觉其酸风贯眸子也。（《柳亭诗话》卷五）

其　四

兰芷生兮芙蓉披^①。

【注释】

①《文选》卷三十一南朝梁江淹《杂诗》李善注引。兰、芷：香草名。兰：即兰草。芷：即白芷，也叫辟芷。芙蓉：荷花的别名。披：长满、覆盖。

其　五

高山吐庆云^①。

【注释】

①《文选》卷三十一南朝梁江淹《杂诗》李善注引。庆云:五色云,古人以为祥瑞之气。

其　六

酒人献三清,丝竹列南厢^①。

【注释】

①《敦煌鸣沙石室古籍丛残·类书残卷·宴乐类》引作曹丕诗。酒人:古官名,掌造酒,《周礼·天官冢宰·酒人》:"酒人掌为五齐三酒,祭祀则供奉之。"三清:酒名,即三酒,指事酒、昔酒和清酒。丝竹:琴瑟与箫管等,泛指乐器。列:排列。厢:正房两边的房子。

其　七

绢绡白如雪,轻华比蝉翼^①。

①唐白居易《白氏经史事类六帖》卷二引此诗句。绢:一种薄而坚韧的丝织物。绡:生丝。轻华:轻柔而有光泽。比:好像。蝉翼:蝉的翅膀,常用以比喻极轻、极薄之物。

其　八

画舸覆堤①。

【注释】

①宋王谠《唐语林》卷二引。画舸:画舫,装饰华丽的游船。覆:蔽盖,布满。

附录

魏文帝纪

裴松之　注

文皇帝讳丕，字子桓，武帝太子也。中平四年冬，生于谯。①建安十六年，为五官中郎将、副丞相。二十二年，立为魏太子。②太祖崩，嗣位为丞相、魏王。③尊王后曰王太后。改建安二十五年为延康元年。

①《魏书》曰：帝生时，有云气青色而圜如车盖当其上，终日，望气者以为至贵之证，非人臣之气。年八岁，能属文。有逸才，遂博贯古今经传诸子百家之书。善骑射，好击剑。举茂才，不行。

《献帝起居注》曰：建安十三年，为司徒赵温所辟。太祖表"温辟臣子弟，选举故不以实"。使侍中守光禄勋郗虑持节奉策免温官。"

②《魏略》曰：太祖不时立太子，太子自疑。是时有高元吕者，善相人，乃呼问之，对曰："其贵乃不可言。"问："寿几何？"元吕曰："其寿，至四十当有小苦，过是无忧也。"后无几而立为王太子，至年四十而薨。"

③袁宏《汉纪》载汉帝诏曰："魏太子丕：昔皇天授乃显考以翼我皇家，遂攘除群凶，拓定九州，弘功茂绩，光于宇宙，朕用垂拱负扆二十有余载。天不慭遗一老，永保余一人，早世潜神，哀悼伤切。丕奕世宣明，宜秉文武，绍熙前绪。今使使持节御史大夫华歆奉策诏授丕丞相印绶、魏王玺绂，领冀州牧。方今外有遗虏，退夷未宾，旗鼓犹在边境，干戈不得韬刃，斯乃播扬洪烈，立功垂名之秋也。岂得修谅暗之礼，究曾、闵

之志哉？其敬服朕命，抑弭忧怀，旁祗厥绪，时亮庶功，以称朕意。於戏，可不勉与！"

元年二月①壬戌，以太中大夫贾诩为太尉，御史大夫华歆为相国，大理王朗为御史大夫。置散骑常侍、侍郎各四人，其宦人为官者不得过诸署令；为金策著令，藏之石室。

①《魏书》载庚戌令曰："关津所以通商旅，池苑所以御灾荒，设禁重税，非所以便民；其除池籞之禁，轻关津之税，皆复什一。"辛亥，赐诸侯王将相已下大将粟万斛，帛千匹，金银各有差等。遣使者循行郡国，有违理掊克暴虐者，举其罪。

初，汉熹平五年，黄龙见谯，光禄大夫桥玄问太史令单飏："此何祥也？"飏曰："其国后当有王者兴，不及五十年，亦当复见。天事恒象，此其应也。"内黄殷登默而记之。至四十五年，登尚在。三月，黄龙见谯，登闻之曰："单飏之言，其验兹乎！"①

①《魏书》曰：王召见登，谓之曰："昔成风闻楚丘之繇而敬事季友，邓晨信少公之言而自纳光武。登以笃老，服膺占术，记识天道，岂有是乎！"赐登谷三百斛，遣归家。

己卯，以前将军夏侯惇为大将军。濊貊、扶馀单于、焉耆、于阗王皆各遣使奉献。①

①《魏书》曰：丙戌，令史官奏修重、黎、羲、和之职，钦若昊天，历象日月星辰以奉天时。

臣松之案:《魏书》有是言而不闻其职也。丁亥令曰:"故尚书仆射毛玠,奉常王修、凉茂,郎中令袁涣,少府谢奂、万潜,中尉徐奕、国渊等,皆忠直在朝,履蹈仁义,并早即世,而子孙陵迟,恻然愍之,其皆拜子男为郎中。"

夏四月丁巳,饶安县言白雉见。[①]庚午,大将军夏侯惇薨。[②]

①《魏书》曰:赐饶安田租,勃海郡百户牛酒,大酺三日;太常以太牢祠宗庙。

②《魏书》曰:王素服幸邺东城门发哀。

孙盛曰:在礼,天子哭同姓于宗庙门之外。哭于城门,失其所也。

五月戊寅,天子命王追尊皇祖太尉曰太王,夫人丁氏曰太王后,封王子叡为武德侯。[①]是月,冯翊山贼郑甘、王照率众降,皆封列侯。[②]

①《魏略》曰:以侍中郑称为武德侯傅,令曰:"龙渊、太阿出昆吾之金,和氏之璧由井里之田;砻之以砥砺,错之以他山,故能致连城之价,为命世之宝。学亦人之砥砺也。称笃学大儒,勉以经学辅侯,宜旦夕入侍,曜明其志。

②《魏书》曰:初,郑甘、王照及卢水胡率其属来降,王得降书以示朝曰:"前欲令吾讨鲜卑者,吾不从而降;又有欲使吾及今秋讨卢水胡者,吾不听,今又降。昔魏武侯一谋而当,有自得之色,见讥李悝。吾今说此,非自是也,徒以为坐而降之,其功大于动兵革也。"

酒泉黄华、张掖张进等各执太守以叛。金城太守苏则讨进，斩之。华降。①

①华后为兖州刺史，见《王凌传》。

六月辛亥，治兵于东郊，①庚午，遂南征。②

①《魏书》曰：公卿相仪，王御华盖，视金鼓之节。

②《魏略》曰：王将出征，度支中郎将新平霍性上疏谏曰："臣闻文王与纣之事，是时天下括囊无咎，凡百君子，莫肯用讯。今大王体则乾坤，广开四聪，使贤愚各建所规。伏惟先王功无与比，而今能言之类，不称为德。故圣人曰'得百姓之欢心'。兵书曰'战，危事也'。是以六国力战，强秦承弊，齮王不争，周道用兴。愚谓大王且当委重本朝而守其雌，抗威虎卧，功业可成。而今创基，便复起兵，兵者凶器，必有凶扰，扰则思乱，乱出不意。臣谓此危，危于累卵。昔夏启隐神三年，《易》有'不远而复'，《论》有'不惮改'。诚愿大王揆古察今，深谋远虑，与三事大夫算其长短。臣沐浴先王之遇，又初改政，复受重任，虽知言触龙鳞，阿谀近福，窃感所诵，危而不持。"奏通，帝怒，遣刺奸就考，竟杀之。既而悔之，追原不及。

秋七月庚辰，令曰："轩辕有明台之议，放勋有衢室之问，皆所以广询于下也。①百官有司，其务以职尽规谏，将率陈军法，朝士明制度，牧守申政事，缙绅考六艺，吾将兼览焉。"

①《管子》曰：黄帝立明台之议者，上观于兵也；尧有衢室之问者，下听于民也；舜有告善之旌，而主不蔽也；禹立建鼓于朝，而备诉讼也；汤有总街之廷，以观民非也；武王有灵台之囿，而贤者进也：此古圣帝明王所以有而勿失，得而勿忘也。

孙权遣使奉献。蜀将孟达率众降。武都氐王杨仆率种人内附,居汉阳郡。①

> ①《魏略》载王自手笔令曰:"日前遣使宣国威灵,而达即来。吾惟《春秋》褒仪父,即封拜达,使还领新城太守。近复有扶老携幼首向王化者。吾闻夙沙之民自缚其君以归神农,崤国之众襁负其子而入丰、镐,斯岂驱略迫胁之所致哉? 乃风化动其情而仁义感其衷,欢心内发使之然也。以此而推,西南将万里无外,权、备将与谁守死乎?"

甲午,军次于谯,大飨六军及谯父老百姓于邑东。① 八月,石邑县言凤皇集。

> ①《魏书》曰:设伎乐百戏,令曰:"先王皆乐其所生,礼不忘其本。谯,霸王之邦,真人本出,其复谯租税二年。"三老吏民上寿,日夕而罢。丙申,亲祠谯陵。
>
> 孙盛曰:昔者先王之以孝治天下也,内节天性,外施四海,存尽其敬,亡极其哀,思慕谅暗,寄政冢宰,故曰"三年之丧,自天子达于庶人";夫然,故在三之义惇,臣子之恩笃,雍熙之化隆,经国之道固,圣人之所以通天地,厚人伦,显至教,敦风俗,斯万世不易之典,百王服膺之制也。是故丧礼素冠,郄人著庶见之讥,宰予降期,仲尼发不仁之叹,子颡忘戚,君子以为乐祸,鲁侯易服,《春秋》知其不终,岂不以坠至痛之诚心,丧哀乐之大节者哉? 故虽三季之末,七雄之弊,犹未有废缞斩于旬朔之间,释麻杖于反哭之日者也。逮于汉文,变易古制,人道之纪,一旦而废,缞素夺于至尊,四海散其遏密,义感阙于群后,大化坠于君亲;虽心存贬约,虑在经纶,至于树德垂声,崇化变俗,固以道薄于当年,风颓于百代矣。且武王载主而牧野不阵,晋襄墨缞而三帅为俘,应务济功,服其焉害? 魏王既追汉制,替其大礼,处莫重之哀而设飨宴之乐,居贻厥之始而坠王化之基,及至受禅,显纳二女,忘其至恤以诬先圣之典,天心丧矣,将何以终! 是以知王龄之不遐,卜世之期促也。

冬十月癸卯，令曰："诸将征伐，士卒死亡者或未收敛，吾甚哀之；其告郡国给槥椟殡敛，槥音卫。送致其家，官为设祭。"①丙午，行至曲蠡。

①《汉书》高祖八月令曰："士卒从军死，为槥。"应劭曰："槥，小棺也，今谓之椟。"应璩《百一诗》曰："槥车在道路，征夫不得休。"陆机《大墓赋》曰："观细木而闷迟，睹洪椟而念槥。"

汉帝以众望在魏，乃召群公卿士，①告祠高庙。使兼御史大夫张音持节奉玺绶禅位，册曰："咨尔魏王：昔者帝尧禅位于虞舜，舜亦以命禹，天命不于常，惟归有德。汉道陵迟，世失其序，降及朕躬，大乱兹昏，群凶肆逆，宇内颠覆。赖武王神武，拯兹难于四方，惟清区夏，以保绥我宗庙，岂予一人获乂，俾九服实受其赐。今王钦承前绪，光于乃德，恢文武之大业，昭尔考之弘烈。皇灵降瑞，人神告征，诞惟亮采，师锡朕命，佥曰尔度克协于虞舜，用率我唐典，敬逊尔位。於戏！天之历数在尔躬，允执其中，天禄永终；君其祗顺大礼，飨兹万国，以肃承天命。"②乃为坛于繁阳。庚午，王升坛即阼，百官陪位。事讫，降坛，视燎成礼而反。改延康为黄初，大赦。③

①袁宏《汉纪》载汉帝诏曰："朕在位三十有二载，遭天下荡覆，幸赖祖宗之灵，危而复存。然仰瞻天文，俯察民心，炎精之数既终，行运在乎曹氏。是以前王既树神武之绩，今王又光曜明德以应其期，是历数昭明，信可知矣。夫大道之行，天下为公，选贤与能，故唐尧不私于厥子，而名播于无穷。朕羡而慕焉，今其追踵尧典，禅位于魏王。"

②《献帝传》载禅代众事曰：左中郎将李伏表魏王曰："昔先王初建魏国，在境外者闻之未审，皆以为拜王；武都李庶、姜合羁旅汉中，谓臣曰：'必为魏公，未便王也。定天下者，魏公子桓，神之所命，当合符谶，以应天人之位。'臣以合辞语镇南将军张鲁，鲁亦问合知书所出，合曰：

'孔子《玉版》也。天子历数,虽百世可知。'是后月余,有亡人来,写得册文,卒如合辞。合长于内学,关右知名。鲁虽有怀国之心,沉溺异道变化,不果寤合之言。后密与臣议策质。国人不协,或欲西通,鲁即怒曰:'宁为魏公奴,不为刘备上客也。'言发恻痛,诚有由然。合先迎王师,往岁病亡于邺。自臣在朝,每为所亲宣说此意,时未有宜,弗敢显言。殿下即位初年,祯祥众瑞,日月而至,有命自天,昭然著见。然圣德洞达,符表豫明,实乾坤挺庆,万国作孚。臣每庆贺,欲言合验;事君尽礼,人以为谄。况臣名行秽贱,入朝日浅,言为罪尤,自抑而已,今洪泽被四表,灵恩格天地,海内翕习,殊方归服,兆应并集,以扬休命,始终允臧。臣不胜喜舞,谨具表通。"王令曰:"以示外。薄德之人,何能致此,未敢当也;斯诚先王至德通于神明,固非人力也。"

魏王侍中刘虞、辛毗、刘晔,尚书令桓阶,尚书陈矫、陈群,给事黄门侍郎王毖、董遇等言:"臣伏读左中郎将李伏上事,考图纬之言,以效神明之应,稽之古代,未有不然者也。故尧称历数在躬,璇玑以明天道;周武未战而赤乌衔书;汉祖未兆而神母告符;孝宣仄微,字成木叶;光武布衣,名已勒谶。是天之所命以著圣哲,非有言语之声,芬芳之臭,可得而知也,徒县象以示人,微物以效意耳。自汉德之衰,渐染数世,桓、灵之末,皇极不建,暨于大乱,二十余年。天之不泯,诞生明圣,以济其难,是以符谶先著,以彰至德。殿下践阼未期,而灵象变于上,群瑞应于下,四方不羁之民,归心向义,唯惧在后,虽典籍所传,未若今之盛也。臣妾远近,莫不虎藻。"王令曰:"犁牛之驳似虎,莠之幼似禾,事有似是而非者,今日是已。睹斯言事,良重吾不德。"于是尚书仆射宣告官寮,咸使闻知。

辛亥,太史丞许芝条魏代汉见谶纬于魏王曰:"《易传》曰:'圣人受命而王,黄龙以戊己日见。'七月四日戊寅,黄龙见,此帝王受命之符瑞最著明者也。又曰:'初六,履霜,阴始凝也。'又有积虫大穴天子之宫,厥咎然,今蝗虫见,应之也。又曰:'圣人以德亲比天下,仁恩洽普,厥应麒麟以戊己日至,厥应圣人受命。'又曰:'圣人清净行中正,贤人福至民从命,厥应麒麟来。'《春秋汉含孳》曰:'汉以魏,魏以征。'《春秋玉版谶》曰:'代赤者魏公子。'《春秋佐助期》曰:'汉以许昌失天下。'故白马令李云上事曰:'许昌气见于当涂高,当涂高者当昌于许。'当涂高者，魏也；象魏者，两观阙是也；当道而高大者魏。魏当代汉。今魏基昌于许，汉征绝于许，乃今效见，如李云之言，许昌相应也。《佐助期》又曰：'汉以蒙孙亡。'说者以蒙孙汉二十四帝，童蒙愚昏，以弱亡。或以杂文为蒙其孙当失天下，以为汉帝非正嗣，少时为董侯，名不正，蒙乱之荒惑，其子孙以弱亡。《孝经中黄谶》曰：'日载东，绝火光。不横一，圣聪明，四百之外，易姓而王。天下归功，致太平，居八甲，共礼乐，正万民，嘉乐家和杂。'此魏王之姓讳，著见图谶。《易运期谶》曰：'言居东，西有午，两日并光日居下。其为主，反为辅，五八四十，黄气受，真人出。'言午，许字。两日，昌字。汉当以许亡，魏当以许昌。今际会之期在许，是其大效也。《易运期》又曰：'鬼在山，禾女连，王天下。'臣闻帝王者，五行之精；易姓之符，代兴之会，以七百二十年为一轨。有德者过之，至于八百，无德者不及，至四百载。是以周家八百六十七年，夏家四百数十年，汉行夏正，迄今四百二十六岁。又高祖受命，数虽起乙未，然其兆征始于获麟。获麟以来七百余年，天之历数将以尽终。帝王之兴，不常一姓。太微中，黄帝坐常明，而赤帝坐常不见，以为黄家兴而赤家衰，凶亡之渐。自是以来四十余年，又荧惑失色不明十有余年。建安十年，彗星先除紫微，二十三年，复扫太微。新天子气见东南以来，二十三年，白虹贯日，月蚀荧惑，比年己亥、壬子、丙午日蚀，皆水灭火之象也。殿下即位，初践阼，德配天地，行合神明，恩泽盈溢，广被四表，格于上下。是以黄龙数见，凤皇仍翔，麒麟皆臻，白虎效仁，前后献见于郊甸；甘露醴泉，奇兽神物，众瑞并出。斯皆帝王受命易姓之符也。昔黄帝受命，风后受《河图》；舜、禹有天下，凤皇翔，洛出《书》；汤之王，白鸟为符；文王为西伯，赤鸟衔丹书；武王伐殷，白鱼升舟；高祖始起，白蛇为征。巨迹瑞应，皆为圣人兴。观汉前后之大灾，今兹之符瑞，察图谶之期运，揆河洛之所甄，未若今大魏之最美也。夫得岁星者，道始兴。昔武王伐殷，岁在鹑火，有周之分野也。高祖入秦，五星聚东井，有汉之分野也。今兹岁星在大梁，有魏之分野也。而天之瑞应，并集来臻，四方归附，襁负而至，兆民欣戴，咸乐嘉庆。《春秋大传》曰：'周公何以不之鲁？盖以为虽有继体守文之君，不害圣人受命而王。'周公反政，《尸子》以为孔子非之，以为周公不圣，不为兆民也。京房作《易传》

曰:'凡为王者,恶者去之,弱者夺之。易姓改代,天命应常,人谋鬼谋,百姓与能。'伏惟殿下体尧舜之盛明,膺七百之禅代,当汤武之期运,值天命之移受,河洛所表,图谶所载,昭然明白,天下学士所共见也。臣职在史官,考符察征,图谶效见,际会之期,谨以上闻。"王令曰:"昔周文三分天下有其二,以服事殷,仲尼叹其至德;公旦履天子之籍,听天下之断,终然复子明辟,《书》美其人。吾虽德不及二圣,敢忘高山景行之义哉?若夫唐尧、舜、禹之迹,皆以圣质茂德处之,故能上和灵祇,下宁万姓,流称今日。今吾德至薄也,人至鄙也,遭遇际会,幸承先王馀业,恩未被四海,泽未及天下,虽倾仓竭府以振魏国百姓,犹寒者未尽暖,饥者未尽饱。夙夜忧惧,弗敢遑宁,庶欲保全发齿,长守今日,以没于地,以全魏国,下见先王,以塞负荷之责。望狭志局,守此而已;虽屡蒙祥瑞,当之战惶,五色无主。若芝之言,岂所闻乎?心栗手悼,书不成字,辞不宣口。吾闲作诗曰:'丧乱悠悠过纪,白骨纵横万里,哀哀下民靡恃,吾将佐时整理,复子明辟致仕。'庶欲守此辞以自终,卒不虚言也。宜宣示远近,使昭赤心。"于是侍中辛毗、刘晔,散骑常侍傅巽、卫臻,尚书令桓阶,尚书陈矫、陈群,给事中博士骑都尉苏林、董巴等奏曰:"伏见太史丞许芝上魏国受命之符;令书恳切,允执谦让,虽舜、禹、汤、文,义无以过。然古先哲王所以受天命而不辞者,诚急遵皇天之意,副兆民之望,弗得已也。且易曰:'观乎天文以察时变,观乎人文以化成天下。'又曰:'天垂象,见吉凶,圣人则之;河出图,洛出书,圣人效之。'以为天文因人而变,至于河洛之书,著于《洪范》,则殷、周效而用之矣。斯言,诚帝王之明符,天道之大要也。是以由德应录者代兴于前,失道数尽者迭废于后,《传》讥苌弘欲支天之所坏,而说蔡墨'雷乘乾'之说,明神器之存亡,非人力所能建也。今汉室衰替,帝纲堕坠,天子之诏,歇灭无闻,皇天将舍旧而命新,百姓既去汉而为魏,昭然著明,是可知也。先王拨乱平世,将建洪基;至于殿下,以至德当历数之运,即位以来,天应人事,粲然大备,神灵图籍,兼仍往古,休徵嘉兆,跨越前代;是芝所取《中黄》《运期》姓纬之谶,斯文乃著于前世,与汉并见。由是言之,天命久矣,非殿下所得而拒之也。神明之意,候望禋享,兆民颙颙,咸注嘉愿,惟殿下览图籍之明文,急天下之公义,辄宣令外内,布告州郡,使知符命著明,而殿下谦虚之意。"令曰："下四方以明孤款心，是也。至于览余辞，岂余所谓哉？宁所堪哉？诸卿指论，未若孤自料之审也。夫虚谈谬称，鄙薄所弗当也。且闻比来东征，经郡县，历屯田，百姓面有饥色，衣或裋褐不完，罪皆在孤；是以上惭众瑞，下愧士民。由斯言之，德尚未堪偏王，何言帝者也！宜止息此议，无重吾不德，使逝之后，不愧后之君子。"

癸丑，宣告群寮。督军御史中丞司马懿、侍御史郑浑、羊秘、鲍勋、武周等言："令如左。伏读太史丞许芝上符命事，臣等闻有唐世衰，天命在虞，虞氏世衰，天命在夏；然则天地之灵，历数之运，去就之符，惟德所在。故孔子曰：'凤鸟不至，河不出图，吾已矣夫！'今汉室衰，自安、和、冲、质以来，国统屡绝，桓、灵荒淫，禄去公室，此乃天命去就，非一朝一夕，其所由来久矣。殿下践阼，至德广被，格于上下，天人感应，符瑞并臻，考之旧史，未有若今日之盛。夫大人者，先天而天弗违，后天而奉天时，天时已至而犹谦让者，舜、禹所不为也，故生民蒙救济之惠，群类受育长之施。今八方颙颙，大小注望，皇天乃眷，神人同谋，十分而九以委质，义过周文，所谓过恭也。臣妾上下，伏所不安。"令曰："世之所不足者道义也，所有馀者苟妄也；常人之性，贱所不足，贵所有余，故曰'不患无位，患所以立'。孤虽寡德，庶自免于常人之贵。夫'石可破而不可夺坚，丹可磨而不可夺赤'。丹石微物，尚保斯质，况吾托士人之末列，曾受教于君子哉？且於陵仲子以仁为富，柏成子高以义为贵，鲍焦感子贡之言，弃其蔬而槁死，薪者讥季札失辞，皆委重而弗视。吾独何人？昔周武，大圣也，使叔旦盟胶鬲于四内，使召公约微子于共头，故伯夷、叔齐相与笑之曰：'昔神农氏之有天下，不以人之坏自成，不以人之卑自高。'以为周之伐殷以暴也。吾德非周武而义惭夷、齐，庶欲远苟妄之失道，立丹石之不夺，迈於陵之所富，蹈柏成之所贵，执鲍焦之贞至，遵薪者之清节。故曰：'三军可夺帅，匹夫不可夺志。'吾之斯志，岂可夺哉？"

乙卯，册诏魏王禅代天下曰："惟延康元年十月乙卯，皇帝曰，咨尔魏王：夫命运否泰，依德升降，三代卜年，著于《春秋》，是以天命不于常，帝王不一姓，由来尚矣。汉道陵迟，为日已久，安、顺已降，世失其序，冲、质短祚，三世无嗣，皇纲肇亏，帝典颓沮。暨于朕躬，天降之灾,遭无妄厄运之会,值炎精幽昧之期。变兴辇毂,祸由阉宦。董卓乘衅,恶甚浇、殪,劫迁省御,火扑宫庙,遂使九州幅裂,强敌虎争,华夏鼎沸,蝮蛇塞路。当斯之时,尺土非复汉有,一夫岂复朕民?幸赖武王德膺符运,奋扬神武,芟夷凶暴,清定区夏,保乂皇家。今王缵承前绪,至德光昭,御衡不迷,布德优远,声教被四海,仁风扇鬼区,是以四方效珍,人神响应,天之历数实在尔躬,昔虞舜有大功二十,而放勋禅以天下;大禹有疏导之绩,而重华禅以帝位。汉承尧运,有传圣之义,加顺灵祇,绍天明命,釐降二女,以嫔于魏。使使持节行御史大夫事太常音,奉皇帝玺绶,王其永君万国,敬御天威,允执其中,天禄永终,敬之哉!"于是尚书令桓阶等奏曰:"汉氏以天子位禅之陛下,陛下以圣明之德,历数之序,承汉之禅,允当天心。夫天命弗可得辞,兆民之望弗可得违,臣请会列侯诸将、群臣陪隶,发玺书,顺天命,具礼仪列奏。"令曰:"当议孤终不当承之意而已。犹猎,还方有令。"

尚书令等又奏曰:"昔尧、舜禅于文祖,至汉氏,以师征受命,畏天之威,不敢怠遑,便即位行在所之地。今当受禅代之命,宜会百寮群司,六军之士,皆在行位,使咸睹天命。营中促狭,可于平敞之处设坛场,奉答休命。臣辄与侍中常侍会议礼仪,太史官择吉日讫,复奏。"令曰:"吾殊不敢当之,外亦何豫事也!"

侍中刘廙、常侍卫臻等奏议曰:"汉氏遵唐尧公天下之议,陛下以圣德膺历数之运,天人同忻,靡不得所,宜顺灵符,速践皇阼。问太史丞许芝,今月十七日己未直成,可受禅命,辄治坛场之处,所当施行别奏。"令曰:"属出见外,便设坛场,斯何谓乎?吾当辞让不受诏也。但于帐前发玺书,威仪如常,且天寒,罢作坛士使归。"既发玺书,王令曰:"当奉还玺绶,为让章。吾岂奉此诏承此贶邪?昔尧让天下于许由、子州支甫,舜亦让于善卷、石户之农、北人无择,或退而耕颍之阳,或辞以幽忧之疾,或远入山林,莫知其处,或携子入海,终身不反,或以为辱,自投深渊;且颜阖惧太朴之不完,守知足之明分,王子搜乐丹穴之潜处,被熏而不出,柳下惠不以三公之贵易其介,曾参不以晋、楚之富易其仁:斯九士者,咸高节而尚义,轻富而贱贵,故书名千载,于今称焉。求仁得仁,仁岂在远?孤独何为不如哉?义有蹈东海而逝,不奉汉朝之诏也。亟为上章还玺绶,宣之天下,使咸闻焉。"己未,宣告群僚，下魏，又下天下。

辅国将军清苑侯刘若等百二十人上书曰："伏读令书，深执克让，圣意恳恻，至诚外昭，臣等有所不安。何者？石户、北人，匹夫狂狷，行不合义，事不经见者，是以史迁谓之不然，诚非圣明所当希慕。且有虞不逆放勋之禅，夏禹亦无辞位之语，故传曰：'舜陟帝位，若固有之。'斯诚圣人知天命不可逆，历数弗可辞也。伏惟陛下应乾符运，至德发闻，升昭于天，是三灵降瑞，人神以和，休征杂沓，万国响应，虽欲勿用，将焉避之？而固执谦虚，违天逆众，慕匹夫之微分，背上圣之所蹈，违经谶之明文，信百氏之穿凿，非所以奉答天命，光慰众望也。臣等昧死以请，辄整顿坛场，至吉日受命，如前奏，分别写令宣下。"王令曰："昔柏成子高辞夏禹而匿野，颜阖辞鲁币而远迹，夫以王者之重，诸侯之贵，而二子忽之，何则？其节高也。故烈士徇荣名，义夫高贞介，虽蔬食瓢饮，乐在其中。是以仲尼师王骀，而子产嘉申徒。今诸卿皆孤股肱腹心，足以明孤，而今咸若斯，则诸卿游于形骸之内，而孤求为形骸之外，其不相知，未足多怪。亟为上章还玺绶，勿复纷纷也。"

辅国将军等一百二十人又奏曰："臣闻符命不虚见，众心不可违，故孔子曰：'周公其为不圣乎？以天下让。是天地日月轻去万物也。'是以舜向天下，不拜而受命。今火德气尽，炎上数终，帝迁明德，祚隆大魏。符瑞昭晰，受命既固，光天之下，神人同应，虽有虞仪凤，成周跃鱼，方今之事，未足以喻。而陛下违天命以饰小行，逆人心以守私志，上忤皇穹眷命之旨，中忘圣人达节之数，下孤人臣翘首之望，非所以扬圣道之高衢，乘无穷之懿勋也。臣等闻事君有献可替否之道，奉上有逆鳞固争之义，臣等敢以死请。"令曰："夫古圣王之治也，至德合乾坤，惠泽均造化，礼教优乎昆虫，仁恩洽乎草木，日月所照，戴天履地含气有生之类，靡不被服清风，沐浴玄德；是以金革不起，苛慝不作，风雨应节，祯祥触类而见。今百姓寒者未暖，饥者未饱，鳏者未室，寡者未嫁；权、备尚存，未可舞以干戚，方将整以齐斧；戎役未息于外，士民未安于内，耳未闻康哉之歌，目未睹击壤之戏，婴儿未可托于高巢，余粮未可以宿于田亩：人事未备，至于此也。夜未曜景星，治未通真人，河未出龙马，山未出象车，蓂荚未植阶庭，萐莆未生庖厨，王母未献白环，渠搜未见珍衷：灵瑞未效，又如彼也。昔东户季子、容成、大庭、轩辕、赫胥之君，咸得以此就功勒名。今诸卿独不可少假孤精心竭虑，以和天人，以格至理，使彼众事备，群瑞效，然后安乃议此乎，何遽相愧相迫之如是也？速为让章，上还玺绶，无重吾不德也。"

侍中刘廙等奏曰："伏惟陛下以大圣之纯懿，当天命之历数，观天象则符瑞著明，考图纬则文义焕炳，察人事则四海齐心，稽前代则异世同归；而固拒禅命，未践尊位，圣意恳恻，臣等敢不奉诏？辄具章遣使者。"奉令曰："泰伯三以天下让，人无得而称焉，仲尼叹其至德，孤独何人？"

庚申，魏王上书曰："皇帝陛下：奉被今月乙卯玺书，伏听册命，五内惊震，精爽散越，不知所处。臣前上还相位，退守藩国，圣恩听许。臣虽无古人量德度身自定之志，保己存性，实其私愿。不寤陛下猥损过谬之命，发不世之诏，以加无德之臣。且闻尧禅重华，举其克谐之德，舜授文命，采其齐圣之美，犹下咨四岳，上观璇玑。今臣德非虞、夏，行非二君，而承历数之谄，应选授之命，内自揆抚，无德以称。且许由匹夫，犹拒帝位，善卷布衣，而逆虞诏。臣虽鄙蔽，敢忘守节以当大命，不胜至愿。谨拜章陈情，使行相国永寿少府粪土臣毛宗奏，并上玺绶。"辛酉，给事中博士苏林、董巴上表曰："天有十二次以为分野，王公之国，各有所属，周在鹑火，魏在大梁。岁星行历十二次国，天子受命，诸侯以封。周文王始受命，岁在鹑火，至武王伐纣十三年，岁星复在鹑火，故《春秋传》曰：'武王伐纣，岁在鹑火；岁之所在，即我有周之分野也。'昔光和七年，岁在大梁，武王始受命，为时将讨黄巾。是岁改年为中平元年。建安元年，岁复在大梁，始拜大将军。十三年复在大梁，始拜丞相。今二十五年，岁复在大梁，陛下受命。此魏得岁与周文王受命相应。今年青龙在庚子，《诗推度灾》曰：'庚者更也，子者滋也，圣命天下治。'又曰：'王者布德于子，治成于丑。'此言今年天更命圣人制治天下，布德于民也。魏以改制天下，与时协矣。颛顼受命，岁在豕韦，卫居其地，亦在豕韦，故《春秋传》曰：'卫，颛顼之墟也。'今十月斗之建，则颛顼受命之分也，始魏以十月受禅，此同符始祖受命之验也。魏之氏族，出自颛顼，与舜同祖，见于《春秋》世家。舜以土德承尧之火，今魏亦以土德承汉之火，于行运会于尧舜授受之次。臣闻天之去就，固有常分，圣人当之，昭然不疑，故尧捐骨肉而禅有虞，终无吝色，舜发陇亩而君天下，若固有之，其相受授，间不替漏；天下已传矣，所以急天命，天下不可一日无君也。今汉期运已终，妖异绝之已审，陛下受天之命，符瑞告征，丁宁详悉，反覆备至，虽言语相喻，无以代此。今既发诏书，玺绶未御，固执谦让，上逆天命，下违民望。臣谨案古之典籍，参以图纬，魏之行运及天道所在，即尊之验，在于今年此月，昭晰分明。唯陛下迁思易虑，以时即位，显告天帝而告天下，然后改正朔，易服色，正大号，天下幸甚。"令曰："凡斯皆宜圣德，故曰：'苟非其人，道不虚行。'天瑞虽彰，须德而光；吾德薄之人，胡足以当之？今让，冀见听许，外内咸使闻知。"

壬戌，册诏曰："皇帝问魏王言：遣宗奉庚申书到，所称引，闻之。朕惟汉家世逾二十，年过四百，运周数终，行祚已讫，天心已移，兆民望绝，天之所废，有自来矣。今大命有所底止，神器当归圣德，违众不顺，逆天不祥。王其体有虞之盛德，应历数之嘉会，是以祯祥告符，图谶表录，神人同应，受命咸宜。朕畏上帝，致位于王；天不可违，众不可拂。且重华不逆尧命，大禹不辞舜位，若夫由、卷匹夫，不载圣籍，固非皇材帝器所当称慕。今使音奉皇帝玺绶，王其陟帝位，无逆朕命，以祗奉天心焉。"

于是尚书令桓阶等奏曰："今汉使音奉玺书到，臣等以为天命不可稽，神器不可渎。周武中流有白鱼之应，不待师期而大号已建，舜受大麓，桑荫未移而已陟帝位，皆所以祗承天命，若此之速也。故无固让之义，不以守节为贵，必道信于神灵，符合于天地而已。《易》曰：'其受命如响，无有远近幽深，遂知来物，非天下之至赜，其孰能与于此？'今陛下应期运之数，为皇天所子，而复稽滞于辞让，低回于大号，非所以则天地之道，副万国之望。臣等敢以死请，辄敕有司修治坛场，择吉日，受禅命，发玺绶。"令曰："冀三让而不见听，何汲汲于斯乎？"

甲子，魏王上书曰："奉今月壬戌玺书，重被圣命，伏听册告，肝胆战悸，不知所措。天下神器，禅代重事，故尧将禅舜，纳于大麓，舜之命禹，玄圭告功；烈风不迷，九州攸平，询事考言，然后乃命，而犹执谦让于德不嗣。况臣顽固，质非二圣，乃应天统，受终明诏；敢守微节，归志箕山，不胜大愿。谨拜表陈情，使并奉上玺绶。"

侍中刘廙等奏曰："臣等闻圣帝不违时，明主不逆人，故《易》称通天下之志，断天下之疑。伏惟陛下体有虞之上圣，承土德之行运，当亢阳明夷之会，应汉氏祚终之数，合契皇极，同符两仪。是以圣瑞表征，天下同应，历运去就，深切著明；论之天命，无所与议，比之时宜，无所与争。故受命之期，时清日晏，曜灵施光，休气云蒸。是乃天道悦怿，民心欣戴，而仍见闭拒。于礼何居？且群生不可一日无主，神器不可以斯须无统，故臣有违君以成业，下有矫上以立事，臣等敢不重以死请。"王令曰："天下重器，王者正统，以圣德当之，犹有惧心，吾何人哉？且公卿未至乏主，斯岂小事，且宜以待固让之后，乃当更议其可耳。"

丁卯，册诏魏王曰："天讫汉祚，辰象著明，朕祗天命，致位于王，仍陈历数于诏册，喻符运于翰墨；神器不可以辞拒，皇位不可以谦让，稽于天命，至于再三。且四海不可以一日旷主，万机不可以斯须无统，故建大业者不拘小节，知天命者不系细物，是以舜受大业之命而无逊让之辞，圣人达节，不亦远乎！今使音奉皇帝玺绶，王其钦承，以答天下向应之望焉。"

相国华歆、太尉贾诩、御史大夫王朗及九卿上言曰："臣等被召到，伏见太史丞许芝、左中郎将李伏所上图谶、符命，侍中刘廙等宣叙众心，人灵同谋。又汉朝知陛下圣化通于神明，圣德参于虞、夏，因瑞应之备至，听历数之所在，遂献玺绶，固让尊号。能言之伦，莫不抃舞，《河图》《洛书》，天命瑞应，人事协于天时，民言协于天叙。而陛下性秉劳谦，体尚克让，明诏恳切，未肯听许，臣妾小人，莫不伊邑。臣等闻自古及今，有天下者不常在乎一姓；考以德势，则盛衰在乎强弱；论以终始，则废兴在乎期运。唐、虞历数，不在厥子而在舜、禹。舜、禹虽怀克让之意迫，群后执玉帛而朝之，兆民怀欣戴而归之，率土扬歌谣而咏之，故其守节之拘，不可得而常处，达节之权，不可得而久避；是以或逊位而不吝，或受禅而不辞，不吝者未必厌皇宠，不辞者未必渴帝祚，各迫天命而不得以已。既禅之后，则唐氏之子为宾于有虞，虞氏之胄为客于夏代，然则禅代之义，非独受之者实应天福，授之者亦与有余庆焉。汉自章、和之后，世多变故，稍以陵迟，洎乎孝灵，不恒其心，虐贤害仁，聚敛无度，政在嬖竖，视民如仇，遂令上天震怒，百姓从风如归；当时则四海鼎沸，既没则祸发宫庭，宠势并竭，帝室遂卑，若在帝舜之末节，犹择圣代而授之，荆人抱玉璞，犹思良工而刊之，况汉国既往，莫之能匡，推器移君，委之圣哲，固其宜也。汉朝委质，既愿禅礼之速定也，天祚率土，必将有主；主率土者，非陛下其孰能任之？所谓论德无与为比，考功无推让矣。天命不可久稽，民望不可久违，臣等悚悚，不胜大愿。伏请陛下割伪谦之志，修受禅之礼，副人神之意，慰外内之愿。"令曰："以德则孤不足，以时则戎虏未灭。若以群贤之灵，得保首领，终君魏国，于孤足矣。若孤者，胡足以辱四海？至乎天瑞人事，皆先王圣德遗庆，孤何有焉？是以未敢闻命。"

己巳，魏王上书曰："臣闻舜有宾于四门之勋，乃受禅于陶唐，禹有存国七百之功，乃承禄于有虞。臣以蒙蔽，德非二圣，猥当天统，不敢闻命。敢屡抗疏，略陈私愿，庶章通紫庭，得全微节，情达宸极，永守本志。而音重复衔命，申制诏臣，臣实战悚，不发玺书，而音迫于严诏，不敢复命。愿陛下驰传聘驿，召音还台。不胜至诚，谨使宗奉书。"

相国歆、太尉诩、御史大夫朗及九卿奏曰："臣等伏读诏书，於邑益甚。臣等闻《易》称圣人奉天时，《论语》云君子畏天命，天命有去就，然后帝者有禅代。是以唐之禅虞，命在尔躬，虞之顺唐，谓之受终；尧知天命去己，故不得不禅舜，舜知历数在躬，故不敢不受；不得不禅，奉天时也，不敢不受，畏天命也。汉朝虽承季末陵迟之余，犹务奉天命以则尧之道，是以愿禅帝位而归二女。而陛下正于大魏受命之初，抑虞、夏之达节，尚延陵之让退，而所枉者大，所直者小，所详者轻，所略者重，中人凡士犹为陛下陋之。没者有灵，则重华必忿愤于苍梧之神墓，大禹必郁悒于会稽之山阴，武王必不悦于高陵之玄宫矣。是以臣等敢以死请。且汉政在阉宦，禄去帝室七世矣，遂集矢石于其宫殿，而二京为之丘墟。当是之时，四海荡覆，天下分崩，武王亲衣甲而冠胄，沐雨而栉风，为民请命，则活万国，为世拨乱，则致升平，鸠民而立长，筑宫而置吏，元元无过，罔于前业，而始有造于华夏。陛下即位，光昭文德，以翊武功，勤恤民隐，视之如伤，惧者宁之，劳者息之，寒者以暖，饥者以充，远人以德服，寇敌以恩降，迈恩种德，光被四表；稽古笃睦，茂于放勋，网漏吞舟，弘乎周文。是以布政未期，人神并和，皇天则降甘露而臻四灵，后土则挺芝草而吐醴泉，虎豹鹿兔，皆素其色，雉鸠燕雀，亦白其羽，连理之木，同心之瓜，五采之鱼，珍祥瑞物，杂沓于其间者，无不毕备。古人有言：'微禹，吾其鱼乎！'微大魏，则臣等之白骨交横于旷野矣。伏省群臣外内前后章奏，所以陈叙陛下之符命者，莫不条河洛之图书，据天地之瑞应，因汉朝之款诚，宣万方之景附，可谓信矣著矣；三王无以及，五帝无以加。民命之悬于魏邦，民心之系于魏政，三十有余年矣，此乃千世时至之会，万载一遇之秋；达节广度，宜昭于斯际，拘牵小节，不施于此时。久稽天命，罪在臣等。辄营坛场，具礼仪，择吉日，昭告昊天上帝，秩群神之礼，须禋祭毕，会群寮于朝堂，议年号、正朔、服色当施行，上。"复令曰："昔者大舜饭糗茹草，将终身焉，斯则孤之前志也。及至承尧禅，被珍裘，妻二女，若固有之，斯则顺天命也。群公卿士诚以天命不可拒，民望不可违，孤亦曷以辞焉！"

庚午，册诏魏王曰："昔尧以配天之德，秉六合之重，犹睹历运之数，移于有虞，委让帝位，忽如遗迹。今天既讫我汉命，乃眷北顾，帝皇之业，实在大魏。朕守空名以窃古义，顾视前事，犹有惭德，而王逊让至于三四，朕用惧焉。夫不辞万乘之位者，知命达节之数也，虞、夏之君，处之不疑，故勋烈垂于万载，美名传于无穷。今遣守尚书令侍中颛喻，王其速陟帝位，以顺天人之心，副朕之大愿。"

于是尚书令桓阶等奏曰："今汉氏之命已四至，而陛下前后固辞，臣等伏以为上帝之临圣德，期运之隆大魏，斯岂数载？《传》称周之有天下，非甲子之朝，殷之去帝位，非牧野之日也，故《诗》序商汤，追本玄王之至，述姬周，上录后稷之生，是以受命既固，厥德不回。汉氏衰废，行次已绝，三辰垂其徵，史官著其验，耆老记先古之占，百姓协歌谣之声。陛下应天受禅，当速即坛场，柴燎上帝，诚不宜久停神器，拒亿兆之愿。臣辄下太史令择元辰，今月二十九日，可登坛受命，请诏王公群卿，具条礼仪别奏。"令曰："可。"

③《献帝传》曰：辛未，魏王登坛受禅，公卿、列侯、诸将、匈奴单于、四夷朝者数万人陪位，燎祭天地、五岳、四渎，曰："皇帝臣丕敢用玄牡昭告于皇皇后帝：汉历世二十有四，践年四百二十有六，四海困穷，三纲不

立,五纬错行,灵祥并见,推术数者,虑之古道,咸以为天之历数,运终兹世,凡诸嘉祥民神之意,比昭有汉数终之极,魏家受命之符。汉主以神器宜授于臣,宪章有虞,致位于丕。丕震畏天命,虽休勿休。群公庶尹六事之人,外及将士,泊于蛮夷君长,佥曰:'天命不可以辞拒,神器不可以久旷,群臣不可以无主,万几不可以无统。'丕祗承皇象,敢不钦承。卜之守龟,兆有大横,筮之三易,兆有革兆,谨择元日,与群寮登坛受帝玺绶,告类于尔大神;唯尔有神,尚飨永吉,兆民之望,祚于有魏世享。"遂制诏三公:"上古之始有君也,必崇恩化以美风俗,然百姓顺教而刑辟厝焉。今朕承帝王之绪,其以延康元年为黄初元年,议改正朔,易服色,殊徽号,同律度量,承土行,大赦天下;自殊死以下,诸不当得赦,皆赦除之。"

《魏氏春秋》曰:帝升坛礼毕,顾谓群臣曰:"舜、禹之事,吾知之矣。"

干宝《搜神记》曰:宋大夫邢史子臣明于天道,周敬王之三十七年,景公问曰:"天道其何祥?"对曰:"后五十年五月丁亥,臣将死;死后五年五月丁卯,吴将亡;亡后五年,君将终;终后四百年,邾王天下。"俄而皆如其言。所云邾王天下者,谓魏之兴也。邾,曹姓,魏亦曹姓,皆邾之后。其年数则错,未知邢史失其数邪,将年代久远,注记者传而有谬也?

黄初元年十一月癸酉,以河内之山阳邑万户奉汉帝为山阳公,行汉正朔,以天子之礼郊祭,上书不称臣,京都有事于太庙,致胙;封公之四子为列侯。追尊皇祖太王曰太皇帝,考武王曰武皇帝,尊王太后曰皇太后。赐男子爵人一级,为父后及孝悌力田人二级。以汉诸侯王为崇德侯,列侯为关中侯。以颍阴之繁阳亭为繁昌县。封爵增位各有差。改相国为司徒,御史大夫为司空,奉常为太常,郎中令为光禄勋,大理为廷尉,大农为大司农。郡国县邑,多所改易。更授匈奴南单于呼厨泉魏玺绶,赐青盖车、乘舆、宝剑、玉玦。十二月,初营洛阳宫,戊午幸洛阳。①

①臣松之案:诸书记是时帝居北宫,以建始殿朝群臣,门曰承明,陈思王植诗曰"谒帝承明庐"是也。至明帝时,始于汉南宫崇德殿处起太极、昭阳诸殿。

《魏书》曰:以夏数为得天,故即用夏正,而服色尚黄。

《魏略》曰:诏以汉火行也,火忌水,故"洛"去"水"而加"隹"。魏于行次为土。土,水之牡也,水得土而乃流,土得水而柔,故除"隹"加"水",变"雒"为"洛"。

是岁,长水校尉戴陵谏不宜数行弋猎,帝大怒;陵减死罪一等。

二年春正月,郊祀天地、明堂。甲戌,校猎至原陵,遣使者以太牢祠汉世祖。乙亥,朝日于东郊。①初令郡国口满十万者,岁察孝廉一人;其有秀异,无拘户口。辛巳,分三公户邑,封子弟各一人为列侯。壬午,复颍川郡一年田租。②改许县为许昌县。以魏郡东部为阳平郡,西部为广平郡。③

①臣松之以为礼天子以春分朝日,秋分夕月;寻此年正月郊祀,有月无日,乙亥朝日,则有日无月,盖文之脱也。案明帝朝日夕月,皆如礼文,故知此纪为误者也。

②《魏书》载诏曰:"颍川,先帝所由起兵征伐也。官渡之役,四方瓦解,远近顾望,而此郡守义,丁壮荷戈,老弱负粮。昔汉祖以秦中为国本,光武恃河内为王基,今朕复于此登坛受禅,天以此郡翼成大魏。"

③《魏略》曰:改长安、谯、许昌、邺、洛阳为五都;立石表,西界宜阳,北循太行,东北界阳平,南循鲁阳,东界郯,为中都之地,令天下听内徙,复五年,后又增其复。

诏曰:"昔仲尼资大圣之才,怀帝王之器,当衰周之末,无受命之运,在鲁、卫之朝,教化乎洙、泗之上,凄凄焉,遑遑焉,欲屈己以存道,贬身以救世。于时王公终莫能用之,乃退考五代之礼,修素王之事,因鲁史而制《春秋》,就太师而正《雅》《颂》,俾千载之后,莫不宗其文以述作,仰其圣以成谋,咨!可谓命世之大圣,亿载之师表者也。遭天下大乱,百祀堕坏,旧居之庙,毁而不修,褒成之后,绝而莫继。阙里不闻讲颂之声,四时不睹蒸尝之位,斯岂所谓崇礼报功,盛德百世必祀者哉!其以议郎孔羡为宗圣侯,邑百户,奉孔子祀。"令鲁郡修起旧庙,置百户吏卒以守卫之,又于其外广为室屋以居学者。

三月,加辽东太守公孙恭为车骑将军。初复五铢钱。夏四月,以车骑将军曹仁为大将军。五月,郑甘复叛,遣曹仁讨斩之。六月庚子,初祀五岳四渎,咸秩群祀。[1]丁卯,夫人甄氏卒。戊辰晦,日有食之,有司奏免太尉,诏曰:"灾异之作,以谴元首,而归过股肱,岂禹、汤罪己之义乎?其令百官各虔厥职,后有天地之眚,勿复劾三公。"

[1]《魏书》:甲辰,以京师宗庙未成,帝亲祠武皇帝于建始殿,躬执馈奠,如家人之礼。

秋八月,孙权遣使奉章,并遣于禁等还。丁巳,使太常邢贞持节拜权为大将军,封吴王,加九锡。冬十月,授杨彪光禄大夫。[1]以谷贵,罢五铢钱。[2]己卯,以大将军曹仁为大司马。十二月,行东巡。是岁筑陵云台。

[1]《魏书》曰:己亥,公卿朝朔旦,并引故汉太尉杨彪,待以客礼,诏曰:"夫先王制几杖之赐,所以宾礼黄耇褒崇元老也。昔孔光、卓茂皆以

淑德高年，受兹嘉锡。公故汉宰臣，乃祖已来，世著名节，年过七十，行不逾矩，可谓老成人矣，所宜宠异以章旧德。其赐公延年杖及冯几；谒请之日，便使杖入，又可使著鹿皮冠。"彪辞让不听，竟著布单衣、皮弁以见。

《续汉书》曰：彪见汉祚将终，自以累世为三公，耻为魏臣，遂称足挛，不复行。积十余年，帝即王位，欲以为太尉，令近臣宣旨。彪辞曰："尝以汉朝为三公，值世衰乱，不能立尺寸之益，若复为魏臣，于国之选，亦不为荣也。"帝不夺其意。黄初四年，诏拜光禄大夫，秩中二千石，朝见位次三公，如孔光故事。彪上章固让，帝不听，又为门施行马，致吏卒，以优崇之。年八十四，以六年薨。子修，事见陈思王传。

②《魏书》曰：十一月辛未，镇西将军曹真命众将及州郡兵讨破叛胡治元多、卢水、封赏等，斩首五万余级，获生口十万，羊一百一十一万口，牛八万，河西遂平。帝初闻胡决水灌显美，谓左右诸将曰："昔隗嚣灌略阳，而光武因其疲弊，进兵灭之。今胡决水灌显美，其事正相似，破胡事今至不久。"旬日，破胡告檄到，上大笑曰："吾策之于帷幕之内，诸将奋击于万里之外，其相应若合符节。前后战克获虏，未有如此也。"

三年春正月丙寅朔，日有蚀之。庚午，行幸许昌宫。诏曰："今之计、孝，古之贡士也；十室之邑，必有忠信，若限年然后取士，是吕尚、周晋不显于前世也。其令郡国所选，勿拘老幼；儒通经术，吏达文法，到皆试用。有司纠故不以实者。"①

①《魏书》曰：癸亥，孙权上书，说："刘备支党四万人，马二三千匹，出秭归，请往扫扑，以克捷为效。"帝报曰："昔隗嚣之弊，祸发枸邑，子阳之禽，变起捍关，将军其亢厉威武，勉蹈奇功，以称吾意。"

二月，鄯善、龟兹、于阗王各遣使奉献，诏曰："西戎即叙，氐、羌来王，《诗》《书》美之。顷者西域外夷并款塞内附，①其遣使者抚劳之。"是后西域遂通，置戊己校尉。

①应劭《汉书注》曰：款，叩也；皆叩塞门来服从。

三月乙丑，立齐公睿为平原王，帝弟鄢陵公彰等十一人皆为王。初制封王之庶子为乡公，嗣王之庶子为亭侯，公之庶子为亭伯。甲戌，立皇子霖为河东王。甲午，行幸襄邑。夏四月戊申，立鄄城侯植为鄄城王。癸亥，行还许昌宫。五月，以荆、扬、江表八郡为荆州，孙权领牧故也；荆州江北诸郡为郢州。

闰月，孙权破刘备于夷陵。初，帝闻备兵东下，与权交战，树栅连营七百余里，谓群臣曰："备不晓兵，岂有七百里营可以拒敌者乎！'苞原隰险阻而为军者为敌所禽'，此兵忌也。孙权上事今至矣。"后七日，破备书到。

秋七月，冀州大蝗，民饥，使尚书杜畿持节开仓廪以振之。八月，蜀大将黄权率众降。①

①《魏书》曰：权及领南郡太守史郃等三百一十八人，诣荆州刺史奉上所假印绶、棨戟、幢麾、牙门、鼓车。权等诣行在所，帝置酒设乐，引见于承光殿。权、郃等人人前自陈，帝为论说军旅成败去就之分，诸将无不喜悦。赐权金帛、车马、衣裘、帷帐、妻妾，下及偏裨皆有差。拜权为侍中镇南将军，封列侯，即日召使骖乘；及封史郃等四十二人皆为列侯，为将军郎将百余人。

九月甲午，诏曰："夫妇人与政，乱之本也。自今以后，群臣不得奏事太后，后族之家不得当辅政之任，又不得横受茅土之爵。以此诏传后世，若有背违，天下共诛之。"① 庚子，立皇后郭氏。赐天下男子爵人二级;鳏寡笃癃及贫不能自存者赐谷。

①孙盛曰:夫经国营治,必凭俊哲之辅,贤达令德,必居参乱之任,故虽周室之盛,有妇人与焉。然则坤道承天,南面罔二,三从之礼,谓之至顺,至于号令自天子出,奏事专行,非古义也。昔在申、吕,实匡有周。苟以天下为心,惟德是杖,则亲疏之授,至公一也,何至后族而必斥远之哉?二汉之季世,王道陵迟,故令外戚凭宠,职为乱阶。此自时昏道丧,运祚将移,纵无王、吕之难,岂乏田、赵之祸乎?而后世观其若此,深怀酖毒之戒也。至于魏文,遂发一概之诏,可谓有识之爽言,非帝者之宏议。

冬十月甲子,表首阳山东为寿陵,作终制曰:"礼,国君即位为椑,椑音扶历反。存不忘亡也。①昔尧葬穀林,通树之,禹葬会稽,农不易亩,②故葬于山林,则合乎山林。封树之制,非上古也,吾无取焉。寿陵因山为体,无为封树,无立寝殿,造园邑,通神道。夫葬也者,藏也,欲人之不得见也。骨无痛痒之知,冢非栖神之宅,礼不墓祭,欲存亡之不黩也,为棺椁足以朽骨,衣衾足以朽肉而已。故吾营此丘墟不食之地,欲使易代之后不知其处。无施苇炭,无藏金银铜铁,一以瓦器,合古涂车、刍灵之义。棺但漆际会三过,饭含无以珠玉,无施珠襦玉匣,诸愚俗所为也。季孙以玙璠敛,孔子历级而救之,譬之暴骸中原。宋公厚葬,君子谓华元、乐莒不臣,以为弃君于恶。汉文帝之不发,霸陵无求也;光武之掘,原陵封树也。霸陵之完,功在释之;原陵之掘,罪在明帝。是释之忠以利君,明帝爱以害亲也。忠臣孝子,宜思仲尼、丘明、释之之言,鉴华元、乐莒、明帝之戒,存于所以安君定亲,使魂灵万载无危,斯则贤圣之忠孝矣。自古及今，未有不亡之国，亦无不掘之墓也。丧乱以来，汉氏诸陵无不发掘，至乃烧取玉匣金缕，骸骨并尽，是焚如之刑，岂不重痛哉！祸由乎厚葬封树。'桑、霍为我戒'，不亦明乎？其皇后及贵人以下，不随王之国者，有终没皆葬涧西，前又以表其处矣。盖舜葬苍梧，二妃不从，延陵葬子，远在嬴、博，魂而有灵，无不之也，一涧之间，不足为远。若违今诏，妄有所变改造施，吾为戮尸地下，戮而重戮，死而重死。臣子为蔑死君父，不忠不孝，使死者有知，将不福汝。其以此诏藏之宗庙，副在尚书、秘书、三府。"

①臣松之按：礼，天子诸侯之棺，各有重数；棺之亲身者曰椑。

②《吕氏春秋》：尧葬于穀林，通树之；舜葬于纪，市廛不变其肆；禹葬会稽，不变人徒。

是月，孙权复叛。复郢州为荆州。帝自许昌南征，诸军兵并进，权临江拒守。十一月辛丑，行幸宛。庚申晦，日有食之。是岁，穿灵芝池。

四年春正月，诏曰："丧乱以来，兵革未戢，天下之人，互相残杀。今海内初定，敢有私复仇者皆族之。"筑南巡台于宛。三月丙申，行自宛还洛阳宫。癸卯，月犯心中央大星。①丁未，大司马曹仁薨。是月大疫。

①《魏书》载丙午诏曰："孙权残害民物，朕以寇不可长，故分命猛将三道并征。今征东诸军与权党吕范等水战，则斩首四万，获船万艘。大司马据守濡须，其所禽获亦以万数。中军、征南，攻围江陵，左将军张郃等舳舻直渡，击其南渚，贼赴水溺死者数千人，又为地道攻城，城中外雀鼠不得出入，此几上肉耳！而贼中疠气疾病，夹江涂地，恐相染污。昔周武伐殷，旋师孟津，汉祖征隗嚣，还军高平，皆知天时而度贼情

也。且成汤解三面之网,天下归仁。今开江陵之围,以缓成死之禽。且休力役,罢省繇戍,畜养士民,咸使安息。"

夏五月,有鹈鹕鸟集灵芝池,诏曰:"此诗人所谓污泽也。《曹诗》'刺恭公远君子而近小人',今岂有贤智之士处于下位乎?否则斯鸟何为而至?其博举天下俊德茂才、独行君子,以答曹人之刺。"[1]

[1]《魏书》曰:辛酉,有司奏造二庙,立太皇帝庙,大长秋特进侯与高祖合祭,亲尽以次毁;特立武皇帝庙,四时享祀,为魏太祖,万载不毁也。

六月甲戌,任城王彰薨于京都。甲申,太尉贾诩薨。太白昼见。是月大雨,伊、洛溢流,杀人民,坏庐宅。[1]秋八月丁卯,以廷尉钟繇为太尉。[2]辛未,校猎于荥阳,遂东巡。论征孙权功,诸将已下进爵增户各有差。九月甲辰,行幸许昌宫。[3]

[1]《魏书》曰:七月乙未,大军当出,使太常以特牛一告祠于郊。

臣松之按:魏郊祀奏中,尚书卢毓议祀厉殃事云:"具牺牲祭器,如前后师出告郊之礼。"如此,则魏氏出师,皆告郊也。

[2]《魏书》曰:有司奏改汉氏宗庙《安世乐》曰《正世乐》,《嘉至乐》曰《迎灵乐》,《武德乐》曰《武颂乐》,《昭容乐》曰《昭业乐》,《云翘舞》曰《凤翔舞》,《育命舞》曰《灵应舞》,《武德舞》曰《武颂舞》,《文始舞》曰《大韶舞》,《五行舞》曰《大武舞》。

[3]《魏书》曰:十二月丙寅,赐山阳公夫人汤沐邑,公女曼为长乐郡公主,食邑各五百户。是冬,甘露降芳林园。

臣松之按:芳林园即今华林园,齐王芳即位,改为华林。

五年春正月,初令谋反大逆乃得相告,其余皆勿听治;敢妄相告,以其罪罪之。三月,行自许昌还洛阳宫。夏四月,立太学,制五经课试之法,置《春秋穀梁》博士。五月,有司以公卿朝朔望日,因奏疑事,听断大政,论辨得失。秋七月,行东巡,幸许昌宫。八月,为水军,亲御龙舟,循蔡、颍,浮淮,幸寿春。扬州界将吏士民,犯五岁刑已下,皆原除之。九月,遂至广陵,赦青、徐二州,改易诸将守。冬十月乙卯,太白昼见。行还许昌宫。①十一月庚寅,以冀州饥,遣使者开仓廪振之。戊申晦,日有食之。

　　①《魏书》载癸酉诏曰:"近之不绥,何远之怀? 今事多而民少,上下相弊以文法,百姓无所措其手足。昔太山之哭者,以为苛政甚于猛虎,吾备儒者之风,服圣人之遗教,岂可以目玩其辞,行违其诚者哉? 广议轻刑,以惠百姓。"

　　十二月,诏曰:"先王制礼,所以昭孝事祖,大则郊社,其次宗庙,三辰五行,名山大川,非此族也,不在祀典。叔世衰乱,崇信巫史,至乃宫殿之内,户牖之间,无不沃酹,甚矣其惑也。自今,其敢设非祀之祭,巫祝之言,皆以执左道论,著于令典。"是岁穿天渊池。

　　六年春二月,遣使者循行许昌以东尽沛郡,问民所疾苦,贫者振贷之。①三月,行幸召陵,通讨虏渠。乙巳,还许昌宫。并州刺史梁习讨鲜卑轲比能,大破之。辛未,帝为舟师东征。五月戊申,幸谯。壬戌,荧惑入太微。

　　①《魏略》载诏曰:"昔轩辕建四面之号,周武称'予有乱臣十人',斯盖先圣所以体国君民,亮成天工,多贤为贵也。今内有公卿以镇京师,外设牧伯以监四方,至于元戎出征,则军中宜有柱石之贤帅,辎重所在,

384

又宜有镇守之重臣，然后车驾可以周行天下，无内外之虑。吾今当征贼，欲守之积年。其以尚书令颍乡侯陈群为镇军大将军，尚书仆射西乡侯司马懿为抚军大将军。若吾临江授诸将方略，则抚军当留许昌，督后诸军，录后台文书事；镇军随车驾，当董督众军，录行尚书事；皆假节鼓吹，给中军兵骑六百人。吾欲去江数里，筑宫室，往来其中，见贼可击之形，便出奇兵击之；若或未可，则当舒六军以游猎，飨赐军士。"

六月，利成郡兵蔡方等以郡反，杀太守徐质。遣屯骑校尉任福、步兵校尉段昭与青州刺史讨平之；其见胁略及亡命者，皆赦其罪。

秋七月，立皇子鉴为东武阳王。八月，帝遂以舟师自谯循涡入淮，从陆道幸徐。九月，筑东巡台。冬十月，行幸广陵故城，临江观兵，戎卒十余万，旌旗数百里。①是岁大寒，水道冰，舟不得入江，乃引还。十一月，东武阳王鉴薨。十二月，行自谯过梁，遣使以太牢祀故汉太尉桥玄。

①《魏书》载帝于马上为诗曰："观兵临江水，水流何汤汤！戈矛成山林，玄甲耀日光。猛将怀暴怒，胆气正从横。谁云江水广？一苇可以航。不战屈敌虏，戢兵称贤良。古公宅岐邑，实始翦殷商。孟献营虎牢，郑人惧稽颡。充国务耕植，先零自破亡。兴农淮、泗间，筑室都徐方。量宜运权略，六军咸悦康。岂如《东山诗》，悠悠多忧伤。"

七年春正月，将幸许昌，许昌城南门无故自崩，帝心恶之，遂不入。壬子，行还洛阳宫。三月，筑九华台。夏五月丙辰，帝疾笃，召中军大将军曹真、镇军大将军陈群、征东大将军曹休、抚军大将军司马宣王，并受遗诏辅嗣主。遣后宫淑媛、昭仪已下归其家。丁巳，帝崩于嘉福殿，时年四十。①六月戊寅，葬首阳陵。自殡及葬，皆以终制从事。②

①《魏书》曰：殡于崇华前殿。

②《魏氏春秋》曰：明帝将送葬，曹真、陈群、王朗等以暑热固谏，乃止。

孙盛曰：夫窀穸之事，孝子之极痛也，人伦之道，于斯莫重。故天子七月而葬，同轨毕至。夫以义感之情，犹尽临隧之哀，况乎天性发中，敦礼者重之哉！魏氏之德，仍世不基矣。昔华元厚葬，君子以为弃君于恶，群等之谏，弃孰甚焉！

鄄城侯植为诔曰："惟黄初七年五月十七日，大行皇帝崩，呜呼哀哉！于时天震地骇，崩山陨霜，阳精薄景，五纬错行，百姓呼嗟，万国悲伤，若丧考妣，思慕过唐，擗踊郊野，仰想穹苍，金日何辜，早世殒丧，呜呼哀哉！悲夫大行，忽焉光灭。永弃万国，云往雨绝。承问荒忽，悁惽哽咽。袖锋抽刃，叹自僵毙。追慕三良，甘心同穴。感惟南风，惟以郁滞。终于偕没，指景自誓。考诸先记，寻之哲言。生若浮寄，唯德可论。朝闻夕逝，孔志所存。皇虽一没，天禄永延。何以述德？表之素旟。何以咏功？宣之管弦。乃作诔曰：皓皓太素，两仪始分。中和产物，肇有人伦。爰暨三皇，实秉道真。降逮五帝，继以懿纯。三代制作，踵武立勋。季嗣不维，网漏于秦。崩乐灭学，儒坑礼焚。二世而歼，汉氏乃因。弗求古训，嬴政是遵。王纲帝典，阒尔无闻。末光幽昧，道究运迁。乾坤回历，简圣授贤。乃眷大行，属以黎元。龙飞启祚，合契上玄。五行定纪，改号革年。明明赫赫，受命于天。仁风偃物，德以礼宣。祥惟圣质，巋在幼妍。庶几六典，学不过庭。潜心无罔，抗志青冥。才秀藻朗，如玉之莹。听察无向，瞻睹未形。其刚如金，其贞如琼。如冰之洁，如砥之平。爵公无私，戮违无轻。心镜万机，揽照下情。思良股肱，嘉昔伊、吕。搜扬侧陋，举汤代禹。拔才岩穴，取士蓬户。唯德是萦，弗拘袯祖。宅土之表，道义是图，弗营厥险，六合是虞。齐契共遵，下以纯民。恢拓规矩，克绍前人。科条品制，褒贬以因。乘殷之辂，行夏之辰。金根黄屋，翠葆龙鳞。绂冕崇丽，衡纮维新。尊肃礼容，瞩之若神。方牧妙举，钦于恤民。虎将荷节，镇彼四邻。朱旗所剿，九壤被震。畴克不若？孰敢不

386

臣？县旌海表，万里无尘。虏备凶彻，鸟殪江岷。权若涸鱼，乾腊矫鳞。肃慎纳贡，越裳效珍。条支绝域，侍子内宾。德侪先皇，功侔太古。上灵降瑞，黄初叔祜。河龙洛龟，凌波游下。平钧应绳，神鸾翔舞。数英阶除，系风扇暑。皓兽素禽，飞走郊野。神钟宝鼎，形自旧土。云英甘露，瀳涂被宇。灵芝冒沼，朱华荫渚。回回凯风，祁祁甘雨。稼穑丰登，我稷我黍。家佩惠君，户蒙慈父。图致太和，洽德全义。将登介山，先皇作俪。镌石纪勋，兼录众瑞。方隆封禅，归功天地。宾礼百灵，勋命视规。望祭四岳，燎封奉柴。肃于南郊，宗祀上帝。三牲既供，夏禘秋尝。元侯佐祭，献璧奉璋。鸾舆幽蔼，龙旂太常。爰迄太庙，钟鼓锽锽。颂德咏功，八佾锵锵。皇祖既飨，烈考来享。神具醉止，降兹福祥。天地震荡，大行康之。三辰暗昧，大行光之。皇纮绝维，大行纲之。神器莫统，大行当之。礼乐废弛，大行张之。仁义陆沉，大行扬之。潜龙隐凤，大行翔之。疏狄遐康，大行匡之。在位七载，元功仍举。将永太和，绝迹三五。宜作物师，长为神主。寿终金石，等算东父。如何奄忽，摧身后土。俾我茕茕，靡瞻靡顾。嗟嗟皇穹，胡宁忍务？呜呼哀哉！明监吉凶，体远存亡。深垂典制，申之嗣皇。圣上虔奉，是顺是将。乃创玄宇，基为首阳。拟迹穀林，追尧慕唐。合山同陵，不树不疆。涂车刍灵，珠玉靡藏。百神警侍，来宾幽堂。耕禽田兽，望魂之翔。于是，俟大隧之致功兮，练元辰之淑祯。潜华体于梓官兮，冯正殿以居灵。顾望嗣之号咷兮，存临者之悲声。悼晏驾之既修兮，感容车之速征。浮飞魂于轻霄兮，就黄墟以灭形。背三光之昭晰兮，归玄宅之冥冥。嗟一往之不反兮，痛冈阆之长扃。咨远臣之眇眇兮，感凶讳以怛惊。心孤绝而靡告兮，纷流涕而交颈。思恩荣以横奔兮，阂阙塞之峣峥。顾衰经以轻举兮，迫关防之我婴。欲高飞而遥憩兮，惮天网之远经。遥投骨于山足兮，报恩养于下庭。慨拊心而自悼兮，惧施重而命轻。嗟微躯之是效兮，甘九死而忘生。几司命之役籍兮，先黄发而陨零。天盖高而察卑兮，冀神明之我听。独郁伊而莫诉兮，追顾景而怜形。奏斯文以写思兮，结翰墨以敷诚。呜呼哀哉！"

初,帝好文学,以著述为务,自所勒成垂百篇。又使诸儒撰集经传,随类相从,凡千余篇,号曰《皇览》。①

①《魏书》曰:帝初在东宫,疫疠大起,时人凋伤,帝深感叹,与素所敬者大理王朗书曰:"生有七尺之形,死唯一棺之土,唯立德扬名,可以不朽,其次莫如著篇籍。疫疠数起,士人凋落,余独何人,能全其寿?"故论撰所著《典论》、诗赋,盖百余篇,集诸儒于肃城门内,讲论大义,侃侃无倦。常嘉汉文帝之为君,宽仁玄默,务欲以德化民,有贤圣之风。时文学诸儒,或以为孝文虽贤,其于聪明,通达国体,不如贾谊。帝由是著《太宗论》曰:"昔有苗不宾,重华舞以干戚,尉佗称帝,孝文抚以恩德,吴王不朝,锡之几杖以抚其意,而天下赖安;乃弘三章之教,恺悌之化,欲使曩时累息之民,得阔步高谈,无危惧之心。若贾谊之才敏,筹画国政,特贤臣之器,管、晏之姿,岂若孝文大人之量哉?"三年之中,以孙权不服,复颁《太宗论》于天下,明示不愿征伐也。他日又从容言曰:"顾我亦有所不取于汉文帝者三:杀薄昭;幸邓通;慎夫人衣不曳地,集上书囊为帐帷。以为汉文俭而无法,舅后之家,但当养育以恩而不当假借以权,既触罪法,又不得不害矣。"其欲秉持中道,以为帝王仪表者如此。

胡冲《吴历》曰:帝以素书所著《典论》及诗赋饷孙权,又以纸写一通与张昭。

评曰:文帝天资文藻,下笔成章,博闻强识,才艺兼该;①若加之旷大之度,励以公平之诚,迈志存道,克广德心,则古之贤主,何远之有哉!

①《典论》帝《自叙》曰:初平之元,董卓杀主鸩后,荡覆王室。是时四海既困中平之政,兼恶卓之凶逆,家家思乱,人人自危。山东牧守,咸以《春秋》之义,"卫人讨州吁于濮",言人人皆得讨贼。于是大兴义兵,名豪大侠,富室强族,飘扬云会,万里相赴;兖、豫之师战于荥阳,河内之甲军于孟津。卓遂迁大驾,西都长安。而山东大者连郡国,中者婴

城邑，小者聚阡陌，以还相吞灭。会黄巾盛于海、岱，山寇暴于并、冀，乘胜转攻，席卷而南，乡邑望烟而奔，城郭睹尘而溃，百姓死亡，暴骨如莽。余时年五岁，上以世方扰乱，教余学射，六岁而知射，又教余骑马，八岁而知骑射矣。以时之多故，每征，余常从。建安初，上南征荆州，至宛，张绣降。旬日而反，亡兄孝廉子修、从兄安民遇害。时余年十岁，乘马得脱。夫文武之道，各随时而用，生于中平之季，长于戎旅之间，是以少好弓马，于今不衰；逐禽辄十里，驰射常百步，日多体健，心每不厌。建安十年，始定冀州，濊、貊贡良弓，燕、代献名马。时岁之暮春，勾芒司节，和风扇物，弓燥手柔，草浅兽肥。与族兄子丹猎于邺西，终日手获獐鹿九，雉兔三十。后军南征次曲蠡，尚书令荀彧奉使犒军，见余谈论之末，或言："闻君善左右射，此实难能。"余言："执事未睹夫项发口纵，俯马蹄而仰月支也。"或喜笑曰："乃尔！"余曰："埒有常径，的有常所，虽每发辄中，非至妙也。若驰平原，赴丰草，要狡兽，截轻禽。使弓不虚弯，所中必洞，斯则妙矣。"时军祭酒张京在坐，顾彧拊手曰"善"。余又学击剑，阅师多矣，四方之法各异，唯京师为善。桓、灵之间，有虎贲王越善斯术，称于京师。河南史阿言昔与越游，具得其法，余从阿学之精熟。尝与平虏将军刘勋、奋威将军邓展等共饮，宿闻展善有手臂，晓五兵，又称其能空手入白刃。余与论剑良久，谓言将军法非也，余顾尝好之，又得善术，因求与余对。时酒酣耳热，方食芉蔗，便以为杖，下殿数交，三中其臂，左右大笑。展意不平，求更为之。余言吾法急属，难相中面，故齐臂耳。展言愿复一交，余知其欲突以取交中也，因伪深进，展果寻前，余却脚鄛，正截其颡，坐中惊视。余还坐，笑曰："昔阳庆使淳于意去其故方，更授以秘术，今余亦愿邓将军捐弃故伎，更受要道也。"一坐尽欢。夫事不可自谓己长，余少晓持复，自谓无对；俗名双戟为坐铁室，镶楯为蔽木户；后从陈国袁敏学，以单攻复，每为若神，对家不知所出，先日若逢敏于狭路，直决耳！余于他戏弄之事少所喜，唯弹棋略尽其巧，少为之赋。昔京师先工有马合乡侯、东方安世、张公子，常恨不得与彼数子者对。上雅好诗书文籍，虽在军旅，手不释卷，每每定省从容，常言人少好学则思专，长则善忘，长大而能勤学者，唯吾与袁伯业耳。余是以少诵诗、论，及长而备历五经、四部，《史》、《汉》、诸子百家之言，靡不毕览。

《博物志》曰：帝善弹棋，能用手巾角。时有一书生，又能低头以所冠著葛巾角撇棋。

魏文帝大事纪年(187—226)

公元	干支	帝王年号	大　　事
187	丁卯	东汉灵帝中平四年	**一岁**　冬,曹丕生于豫州沛国谯县。 曹丕之父曹操为避祸乱,称病回故乡谯县,于县东五十里筑舍闲居。
191	辛未	汉献帝初平二年	**五岁**　曹丕《**典论·自叙**》云:"余时年五岁,上以世方扰乱,教余学射。"
192	壬申	三年	**六岁**　曹丕《**典论·自叙**》云:"六岁而知射。又教余骑马。" 曹操任兖州牧,击破青州黄巾军,得兵三十余万。 曹植诞生。
194	甲戌	兴平元年	**八岁**　曹丕《**典论·自叙**》云:"八岁而知骑射矣。以时之多故,每征,余常从。"又《**三国志·文帝纪**》注引《**魏书**》:"年八岁,能属文。有逸才……" 曹操被吕布击败,失兖州。孙策南渡长江,攻取江东。

391

公元	干支	帝王年号	大　　事
196	丙子	建安元年	**十岁**　九月,曹操迎汉献帝至许县,升任大将军,封武平侯。十月,曹操让大将军于袁绍。十一月,自任司空、车骑将军。是时,曹操大兴屯田。曹冲诞生。
197	丁丑	二年	**十一岁**　正月,曹丕随曹操攻宛城张绣,绣降。既而张绣复反,举兵攻曹操。曹操中流矢;其长子曹昂、侄儿曹安民被杀;曹丕善骑,乘马奔逃而脱险。
198	戊寅	三年	**十二岁**　十二月,曹操东征徐州,擒杀吕希。
199	己卯	四年	**十三岁**　春,袁绍杀公孙瓒,据有冀、幽、青、并四州,欲兴兵十万,南攻曹操。
200	庚辰	五年	**十四岁**　十月,曹操大破袁绍于官渡。曹丕随父在军,于官渡植柳以为纪念。 孙策死,其弟孙权继业统治江东。

公元	干支	帝王年号	大　　　事
201	辛巳	六年	**十五岁** 四月,曹操再破袁绍军于仓亭津。 九月,曹操击刘备,备南奔荆州投刘表。 孙权贡巨角,曹冲巧称象重,时年六岁。
202	壬午	七年	**十六岁** 五月,袁绍病死。九月,曹操攻袁绍之子袁尚、袁谭,连战战胜。
203	癸未	八年	**十七岁** 四月,曹操进军邺城。
204	甲申	九年	**十八岁** 八月,曹军攻破邺城,曹丕纳袁绍次子袁熙之妻甄氏。九月,曹操兼任冀州牧。 邺城破,陈琳投降曹操。
205	乙酉	十年	**十九岁** 正月,曹操进攻南皮,杀袁谭,平定冀州全境,曹丕留守邺城。三月,曹丕与族兄曹真"猎于邺西,终日手获獐鹿九、雉兔三十"。四月,曹丕至南皮。五月,曹丕与徐干、应场、陈琳、阮瑀、刘桢、吴质、曹真、曹休等人在南皮畅游欢会。

公元	干支	帝王年号	大　　事
206	丙戌	十一年	**二十岁**　正月,曹操征并州高干,曹丕留守邺城。 曹丕数出游猎,冀州别驾从事崔琰谏之,丕遂止。 曹叡生。
207	丁亥	十二年	**二十一岁**　曹丕守邺城。八月,曹操大破塞外乌桓,收降二十余万口。 辽东公孙康杀袁尚、袁熙。刘备三顾草庐,诸葛亮与之纵论天下大势及鼎立三分之策。
208	戊子	十三年	**二十二岁**　五月,曹冲死,曹丕作诔文祭之。 七月,曹操南征荆州。冬,曹军败于赤壁,曹操退还北方。
209	己丑	十四年	**二十三岁**　三月,曹丕随父东征孙权,至谯县治水军。七月,自涡水入淮,屯军合肥。十二月,随父还谯县。
210	庚寅	十五年	**二十四岁**　曹丕随父回邺城。冬,曹操下令起铜雀台。

公元	干支	帝王年号	大　　事
211	辛卯	十六年	**二十五岁**　正月,汉献帝命曹丕为五官中郎将,置官属,为曹操丞相之副手。七月,曹操西征关中,留曹丕守邺。曹丕与官属聚会,有"君父先后"之论辩。刘备西入益州。
212	壬辰	十七年	**二十六岁**　春,曹氏父子同游新落成之西园铜雀台,与诸弟作赋颂之。夏,曹丕置酒普请文学侍从之臣,刘桢与吴质因酒后失礼,受到曹操的惩罚。十月,曹丕随父东征孙权。阮瑀病死,刘备举兵进攻刘璋。
213	癸巳	十八年	**二十七岁**　四月,曹丕随父还邺。五月,曹操受封为魏公。魏国虽建而未立太子,曹丕、曹植兄弟对于太子位置的争夺从此开始。刘备进围雒城,庞统战死。
214	甲午	十九年	**二十八岁**　七月,曹丕随父东征孙权。曹植受命留守邺城,称职,曹操有意立为太子。刘备攻克成都,得益州。

公元	干支	帝王年号	大　　事
215	乙未	二十年	**二十九岁**　三月,曹操西征张鲁。五月,曹丕应父命赴孟津。途经官渡,作《柳赋》。至孟津,撰《与吴质书》。
216	丙申	二十一年	**三十岁**　五月,曹操晋爵魏王,但仍未立太子。 十月,曹丕随父东征孙权。十一月,至谯县。
217	丁酉	二十二年	**三十一岁**　四月,曹操受命设天子旌旗,出入称"警跸"。九月,曹丕随父还邺。十月,曹操受命戴十二旒王冠,乘金根车,驾六马,设五时副车。同月,汉献帝以曹丕为魏王太子,置太子官属多人。大疫,王粲、徐干、应玚、陈琳、刘桢等人病逝。曹丕撰《与王朗书》,提出"惟立德扬名,可以不朽,其次莫若著篇籍"。于是致力于撰述。
218	戊戌	二十三年	**三十二岁**　曹丕编定徐干、应玚、陈琳、刘桢、阮瑀、王粲诸子文集,并撰《又与吴质书》,评论六子之文学成就。

公元	干支	帝王年号	大　　事
219	己亥	二十四年	**三十三岁**　九月,魏相国府西曹掾魏讽等人密谋起兵攻邺,事发,曹丕以邺城留守身份发兵捕杀魏讽及同谋者数十人。时曹操在长安,亦杀杨修。 刘备得汉中,称汉中王。刘备大将关羽自荆州北攻襄阳、樊城,水淹七军,"威震华夏"。不久,孙权遣吕蒙袭杀关羽,夺得荆州。
220	庚子	东汉献帝建安二十五年、延康元年、魏文帝黄初元年	**三十四岁**　正月,曹操至洛阳,二十三日庚子,曹操病死,终年六十六岁。曹丕继王位于邺,并任丞相。二月二十一日丁卯,葬曹操于高陵,事毕,遣诸侯就国。六月,曹丕宜称南征孙权。七月,曹丕至谯县。十月,曹丕至曲蠡,二十九日辛未,代汉称帝,改元黄初。十二月,曹丕至洛阳,居汉北宫,登建始殿接见群臣。

公元	干支	帝王年号	大　　事
221	辛丑	黄初二年	**三十五岁**　正月,以长安、谯、许昌、邺、洛阳为五都。六月,废杀甄氏于邺。八月,遣使拜孙权为大将军,封吴王。 临菑侯曹植受到贬爵处分。蜀汉刘备称帝于成都。
222	壬寅	三年	**三十六岁**　二月,西域诸国遣使者朝觐,西域复通,置戊己校尉。三月,初制宗室封爵之制。十月,自选首阳山东麓为陵寝之地,作《**终制**》。同月,自许昌南征孙权。 孙权改元黄武,脱离曹魏而自立。
223	癸卯	四年	**三十七岁**　三月,回洛阳。五月,令诸王朝京师。六月十七日甲戌,任城王曹彰暴毙于洛阳。九月,曹丕至许昌。
224	甲辰	五年	**三十八岁**　三月,回洛阳。七月,至许昌,兴大军伐吴。九月,至广陵,长江水涨,兼有暴风,舟船难以渡江,遂撤军。十月,至许昌。

公元	干支	帝王年号	大　　事
225	乙巳	六年	**三十九岁**　三月,自许昌伐吴。五月,至谯县。十月,由陆路至广陵,临江观兵。时天大寒,冰,舟船不得入江,遂撤军。
226	丙午	七年	**四十岁**　正月,至许昌,以南门无故自崩,不入,改还洛阳。五月十六日丙辰,病危,召中军大将军曹真、镇军大将军陈群、征东大将军曹休、抚军大将军司马懿,辅佐太子曹叡。次日,死于洛阳皇宫之嘉福殿。六月九日戊寅,葬于洛阳东北之首阳山东麓。

参考文献

1. 丁晏纂、叶菊生校订《曹集铨评》，文学古籍刊行社 1957 年版。

2. 哈尔滨师范学院中文系七三·三班工农兵学员选注《曹操诗文选注》，黑龙江人民出版社 1976 年版。

3. 中央民族学院语文系选注《曹操诗文选》，北京人民出版社 1975 年版。

4. 上海人民出版社编《曹操传注》，上海人民出版社 1975 年版。

5. 刘维崇《曹植评传》，台北黎明文化事业公司 1977 年版。

6. 余冠英选注《三曹诗选》，人民文学出版社 1979 年版。

7. 安徽亳县《曹操集》译注小组的《曹操集译注》，中华书局 1979 年版。

8. 河北师范学院中文系古典文学教研组编《三曹资料汇编》，中华书局 1980 年版。

9. 张可礼《三曹年谱》，齐鲁书社 1983 年版。

10. 赵幼文《曹植集校注》，人民文学出版社 1984 年版。

11. 章映阁《曹操新传》，上海人民出版社 1989 年版。

12. 张亚新《曹操大传》，中国文学出版社 1994 年版。

13. 王巍《三曹评传》，辽宁古籍出版社 1995 年版。

14. 傅亚庶《三曹诗文全集译注》，吉林文史出版社 1997 年版。

15. 陈庆元《三曹诗选评》，上海古籍出版社 2002 年版。

16. 韩格平等校注《全魏晋赋校注》，吉林文史出版社 2008 年版。

17. 张可礼、宿美丽编选《曹操 曹丕 曹植集》，凤凰出版社 2009 年版。

18. 魏宏灿《曹丕集校注》，安徽大学出版社 2009 年版。

19. 张作耀《曹操评传：附曹丕、曹植评传》，南京大学出版社 2011 年版。

20. 中华书局编辑部编《曹操集》，中华书局 2012 年版。

21. 方北辰《曹丕：文豪天子》，北京大学出版社 2013 年版。

图书在版编目（CIP）数据

曹丕全集：汇校汇注汇评 / 林久贵，胡涛编著．--
武汉：崇文书局，2021.6（2025.7 重印）
　（中国古典诗词校注评丛书）
　ISBN 978-7-5403-5346-9

　Ⅰ．①曹… Ⅱ．①林… ②胡… Ⅲ．①曹丕（187-
226）－全集 Ⅳ．① Z423.61

中国版本图书馆 CIP 数据核字（2021）第 109231 号

丛书策划：王重阳
项目统筹：程可嘉
责任编辑：李慧娟
责任印制：李佳超

曹丕全集：汇校汇注汇评
CAOPI QUANJI:HUIJIAO HUIZHU HUIPING

出版发行： 长江出版传媒　崇文书局
地　　址：武汉市雄楚大街 268 号 C 座 11 层
电　　话：(027)87677133　邮政编码　430070
印　　刷：湖北恒泰印务有限公司
开　　本：880mm×1230mm　1/32
印　　张：13.125
字　　数：230 千
版　　次：2021 年 6 月第 1 版
印　　次：2025 年 7 月第 3 次印刷
定　　价：59.00 元
（如发现印装质量问题，影响阅读，由本社负责调换）

中国古典诗词校注评丛书

（已出书目）

诗经全集	韩偓诗全集
汉乐府全集	李煜全集
曹操全集	花间集笺注
曹丕全集	林逋诗全集
曹植全集	张先诗词全集
陆机诗全集	欧阳修词全集
谢朓全集	苏轼词全集
庾信诗全集	秦观词全集
陈子昂诗全集	周邦彦词全集
孟浩然诗全集	李清照全集
王维诗全集	陈与义诗词全集
高适诗全集	张元幹词全集
杜甫诗全集	朱淑真词全集
韦应物诗全集	辛弃疾诗词全集
刘禹锡诗全集	姜夔词全集
元稹诗全集	吴文英词全集
李贺全集	草堂诗馀
温庭筠词全集	王阳明诗全集
李商隐诗全集	纳兰词全集
韦庄诗词全集	龚自珍诗全集
晏几道词全集	